Les Sagesses orientales

Maquette couverture et intérieur : Isabelle Mouton

Cartographie exclusive réalisée par Légendes Cartographie

Diffusion/Distribution : Interforum

38, rue Rantheaume
BP 256, 89004 Auxerre Cedex
Tél. : 03 86 72 07 00/Fax : 03 86 52 53 26
ISBN = 978-2-36106-620-8

OUVRAGES DE LAURENT TESTOT

Cataclysmes. *Une histoire environnementale de l'humanité*

Payot, 2017, rééd. 2018.

Prix Léon de Rosen de l'Académie française 2018.

Homo Canis. *Une histoire des chiens et de l'humanité*

Payot, 2018.

La Nouvelle Histoire du Monde

Sciences Humaines Éditions, 2019.

OUVRAGES DIRIGÉS PAR LAURENT TESTOT

La Religion. *Unité et diversité*

avec Jean-François Dortier, Sciences Humaines Éditions, 2005.

Une histoire du monde global

avec Philippe Norel et Vincent Capdepuy, Sciences Humaines Éditions, 2012.

La Guerre. *Des origines à nos jours*

avec Jean-Vincent Holeindre, Sciences Humaines Éditions, 2014.

Histoire globale. *Un nouveau regard sur le Monde*

Sciences Humaines Éditions, 2008, rééd. 2015.

Les Religions. *Des origines au IIIe millénaire*

avec Jean-François Dortier, Sciences Humaines Éditions, 2017.

La Grande Histoire de l'islam

Sciences Humaines Éditions, 2018.

La Grande Histoire du christianisme

Sciences Humaines Éditions, 2019.

Collapsus. *Changer ou disparaître ? Le vrai bilan sur notre planète*

avec Laurent Aillet, Albin Michel, 2020.

PRÉFACE

Les Sagesses orientales

Bouddhisme, hindouisme, taoïsme, confucianisme... Toutes les grandes religions et pensées d'Asie, vues comme des « sagesses » issues des Mondes indien et chinois (voir p. 12), ont en commun de fasciner les Occidentaux. Ces derniers n'en ont pourtant, trop souvent, qu'une image partielle, souvent réduite à des stéréotypes.

Cela peut venir de plusieurs biais. D'abord du regard que nous avons voulu porter sur ces religions : n'avaient-elles pas un petit quelque chose qui nous manquait en Occident ? Un je-ne-sais-quoi de spiritualité, qui aurait constitué un efficace antidote à notre supposé excès de matérialité ? Les *gurû**[1] ont dès lors produit un discours pour séduire l'Occident, qui a aussi affecté ces religions en retour. Comme l'ont montré les Beatles, adeptes des ashrams* et de la Méditation transcendantale, toute idéologie se construit dans l'échange et la circulation des idées.

Pour autant, ce serait une illusion de croire que ces pensées ne sont que question de modes. Elles s'appuient souvent sur des millénaires de réflexions philosophiques, elles ont nourri des milliers de livres oubliés, des courants entiers qui ont parfois disparu. Saviez-vous que du bouddhisme des anciens, une trentaine d'écoles, il n'en subsiste plus qu'une, le theravâda ?

Du bouddhisme comme des autres, on ne retient souvent que quelques poncifs, grossièrement connectés à des préoccupations contemporaines. Être taoïste (ou chamaniste, ou hindou), ce serait entrer en harmonie avec la nature. Être confucianiste : respecter l'ordre social – une vieille obsession chinoise. Être zen se limiterait à méditer pour mieux supporter les vicissitudes de l'existence ! Or le zen, comme le taoïsme, l'hindouisme ou le confucianisme, sont des tourbillons de pensées foisonnantes. Leurs longues histoires ont produit des philosophies complexes et diverses.

C'est pour atteindre la nature de ces phénomènes, au-delà des idées reçues, que nous avons conçu ce livre. Car une connaissance objective se construit d'abord sur l'expertise des chercheurs. Tous ici se sont engagés à livrer la quintessence de leur savoir sur l'Orient. Et ils ont bâti de concert une précieuse synthèse, une vision claire de ces pensées d'Asie.

Laurent Testot, 2020.

1- Les * renvoient aux mots-clés expliqués en annexe.

SOMMAIRE

INTRODUCTION

L'aventure orientale de la pensée

Au 19e siècle, l'Europe dominait le Monde. Ses militaires, marchands et missionnaires quadrillaient des colonies couvrant les trois quarts de la planète, et exploraient les rares États demeurés indépendants, telles la Perse, la Thaïlande et la Chine. L'histoire s'écrivait du point de vue occidental, les pensées européennes servant de référence. Les missionnaires envoyés en Asie collectaient de leur côté, depuis déjà quelques siècles, des épopées magnifiques, des pensées complexes, des philosophies de haut vol et des religions qui, loin de se limiter à quelques cultes primitifs, faisaient preuve d'une sophistication remarquable. Et parfois, comme le bouddhisme, montraient une étonnante proximité, dans les rituels, avec le christianisme : usage d'eau bénite ou lustrale, articulation similaire des espaces sacrés, présence de clergé et d'ordres monastiques...

LAURENT TESTOT
Journaliste, formateur et conférencier (www.histoire-mondiale.com). Contributeur régulier de *Sciences Humaines* et des newsletters « Bouddha News » (https://bouddhanews.fr/) et « Monde des religions » (http://www.lemondedesreligions.fr). Il a, entre autres, dirigé *Histoire globale. Un autre regard sur le monde* (Éditions Sciences Humaines, 2015), et codirigé avec Laurent Aillet *Collapsus. Changer ou disparaître ? Le vrai bilan sur notre planète* (Albin Michel, 2020). Il est l'auteur de *Cataclysmes. Une histoire environnementale de l'humanité* (Payot, 2017, rééd. Poche 2018, lauréat du prix Léon de Rosen de l'Académie française 2018), *Homo canis. Une histoire des chiens et de l'humanité* (Payot, 2018) et La *Nouvelle Histoire du Monde* (Éditions Sciences Humaines, 2019).

De là vient la confusion des termes : doit-on parler de sagesses, de pensées, d'idéologies, de philosophies ou de religions quand on réfère à ces réflexions indiennes et chinoises ? Tout terme utilisé pose une hiérarchie implicite, qui ici dérive du moment où l'Occident a « découvert » ces pensées. C'est une longue histoire, parfois surprenante. Qui se souvient de ce temps, dans les années 1950, où les intellectuels français initiés au soufisme* faisaient de l'islam une religion « éclairée », spirituellement comparable à leur vision du christianisme, tout en considérant le bouddhisme comme une religion « arriérée », un ramassis de superstitions ?

Les temps changent, les perceptions aussi. Les orientalistes ont accumulé un Himalaya de connaissances. L'Asie a une histoire que l'on a bien explorée sur les deux derniers millénaires. Démographiquement, l'Inde, la Chine, l'Asie du Sud-Est et l'Asie insulaire ont représenté, de tout temps, plus des deux tiers de l'humanité. Là sont nées des villes immenses, aux alentours du début de notre ère, en tous points comparables à Athènes ou à Rome. Au Moyen Âge, l'Inde et la Chine étaient bien plus riches et dynamiques que l'Europe. Nul étonnement si les pensées alors développées valent bien, en diversité et complexité, les philosophies grecques ou les théologies chrétiennes. Le *Mahâbhârata**, un des récits sacrés de l'hindouisme, est bien plus long que la Bible. Les *sûtra** du bouddhisme furent les premiers livres imprimés au monde, dès le 8e siècle, en Chine et en Corée.

À la lumière de ce savoir nouveau, quel terme employer ? Doit-on parler de philosophies, de religions, d'idéologies ? Un peu de tout ça, et selon le contexte historique. Illustrons :

- **En Inde, tout commence avec le védisme.** Un ensemble de rituels de sacrifice, pratiqué en Iran et Inde du Nord, qui se structure autour de prêtres entre -1500 et -600. À la fin, le védisme accouche de nombreux textes, les quatre principaux étant dits Veda*, ou gnose ; de commentaires ; et d'épopées.

- **Au 6e siècle, le védisme se divise en trois branches :** bouddhisme, brahmanisme (qui deviendra hindouisme vers le 6e siècle de notre ère) et jaïnisme.

- **Le bouddhisme, né en Inde, s'est diffusé dans toute l'Asie.** Aujourd'hui, on distingue deux écoles : le véhicule des anciens, dit aussi theravâda, dominant dans le monde indianisé (Inde, Myanmar, Thaïlande, Cambodge, Laos...) ; le grand véhicule, ou mahâyâna, dominant dans le monde sinisé (Chine, Corée, Japon, Viêtnam). Du grand véhicule est issu le bouddhisme tantrique, dit aussi véhicule du diamant ou vajrayâna, hégémonique au Tibet et en Mongolie, dont certains chercheurs estiment qu'il constitue une troisième école, distincte du mahâyâna.

D'innombrables courants de pensée, articulés autour de réseaux monastiques, ont fleuri dans le bouddhisme, créant parfois une confusion de termes. Philosophie ou religion ? Son fondateur, le Bouddha, ne se réfère aux dieux que pour dire qu'ils n'ont pas d'importance dans le salut individuel. Mais les rameaux successifs ont posé l'existence d'une myriade d'entités, tels les *bodhisattva** du mahâyâna, auxquelles on adresse des prières... Le bouddhisme en cela ressemble au catholicisme, qui a tué les dieux païens pour les voir ressusciter sous les oripeaux des saints. Comme le christianisme, c'est une religion du quotidien, qui parfois déploie des réflexions philosophiques de haute volée.

• **L'hindouisme est un ensemble de cultes, regroupant un milliard de croyants.** Il s'est constitué avec l'élaboration d'une théologie nouvelle mise en œuvre au Ier millénaire de l'ère chrétienne. Des divinités du salut ultime, Vishnu ou Shiva, sont amenées à opérer des *avatâra**, « descentes » en ce monde. Chaque homme peut alors accéder au salut par la *bhakti**, « dévotion ». La présence sur Terre du divin est manifestée par des temples abritant des représentations iconiques des divinités et de leurs cours, représentation céleste de la hiérarchie sociale. Dès ses origines, le système a généré de multiples attitudes cultuelles, tels ces renonçants, qui tentent d'approcher la divinité par une démarche érémitique. La *Shmrti*, « Tradition », maintient vivace en tous l'idée que chacun naît pour accomplir les devoirs liés à sa naissance dans la perspective du maintien du *Dharma**.

• **En Chine, cohabitent trois sagesses, ou religions:** taoïsme, confucianisme, bouddhisme mahâyâna et vajrayâna. On y trouve aussi du chamanisme, présent en Mongolie, Sibérie, Corée, et sous la forme quelque peu institutionnalisée du shintô, au Japon. Toutes ces idéologies se sont mélangées au point que les spécialistes évoquent autant « la religion des Chinois » que les « trois sagesses chinoises ». En l'espèce, il convient de distinguer, comme toujours, les réflexions de haut vol des pratiques cultuelles populaires. Ainsi les *Entretiens* de Confucius, premier texte où soit clairement formulée la règle d'or (« Ne fais pas à autrui ce que tu ne voudrais pas qu'il te fasse ») au fondement du vivre-ensemble, sont riches d'enseignements philosophiques. Mais solliciter les mânes du maître, pour nombre de Chinois, est surtout une étape obligée: acheter quelque offrande accompagnant les prières que l'on adresse à Confucius le jour où on doit passer un examen.

Et que l'on vive dans un État considéré comme ultrasécularisé, aux références idéologiques ancrées dans l'athéisme militant, n'y change rien. Les dieux sont toujours là. D'ailleurs, le *soft power* chinois s'est choisi Confucius comme ambassadeur. Partout sur la planète, les instituts Confucius sont chargés de propager la langue, la civilisation et l'influence chinoises.

Laurent Testot

Pensées indiennes/chinoises : de quoi parle-t-on ?

Dans ce livre, nous avons schématiquement divisé l'Asie en deux zones culturelles, que nous appelons Mondes : un Monde indien, ou indianisé ; un Monde chinois, ou sinisé – division simplificatrice, qui structure l'ouvrage en deux parties.

• **Le Monde indien** comprend l'Inde ; mais aussi les Indes d'autrefois, à savoir cette Asie australe à cheval entre le Monde musulman et l'Asie du Sud insulaire, soit l'ensemble géopolitique constitué par l'Inde, le Pakistan, le Bangladesh, le Myanmar ou Birmanie. Ce Monde indien englobe aussi une zone large où son influence s'est étendue autrefois, entre les 5e et 15e siècles de notre ère, quand toute l'Asie du Sud-Est pratiquait l'hindouisme ou le bouddhisme, l'Indonésie (aujourd'hui musulmane, l'île de Bali restant majoritairement hindoue), la Thaïlande, le Laos, le Cambodge, jusqu'aux Philippines (aujourd'hui chrétiennes, sauf sa partie sud, restée musulmane)…

• **Le Monde chinois** comprend la Chine ; mais aussi les pays frontaliers où s'est déployée l'influence de ce géant, soit le Viêtnam, le Japon, les deux Corées, la Mongolie et le Tibet. Quant au Népal, il est à cheval entre les deux Mondes : sinisé dans sa partie Nord, montagneuse. Indianisé dans sa partie Sud, aux marges de la plaine indo-gangétique.

L.T.

KAZAKHSTAN
OUZBÉKISTAN
TURKMÉNISTAN
KIRGHIZISTAN
TADJIKISTAN
IRAN
KOWEÏT
ÉÏN
ATAR
É. A. U.
OMAN
AFGHANISTAN
PAKISTAN
NÉPAL
BHOUTAN
Bénarès
BANGLADESH
INDE
SRI LANKA
MALDIVES
Chamanisme
MONGOLIE
Bön
Lhassa
CHINE
Chang'an
Taoïsme
Confucianisme
CORÉE DU NORD
CORÉE DU SUD
Shintô
JAPON
Kyôto
TAÏWAN
PHILIPPINES
MYANMAR
LAOS
THAÏLANDE
CAMBODGE
VIÊTNAM
MALAISIE
BRUNEI
INDONÉSIE
0 1000 km
legendes-cartographie.com
Socle ancien :
Hindouisme, religions prébouddhiques, animismes :
Hindouisme majoritaire
< à 40% de la population
Extension historique de l'hindouisme
Religion sikh
Animisme (populations dispersées)
Bön Religion prébouddhique
Expansion et recul du bouddhisme :
Bouddhisme :
Theravâda
Mahâyâna et autres religions
Vajrayâna et autres religions
La diffusion :
Foyer et axes de diffusion
Extension historique du bouddhisme theravâda
Expansion des religions
Islam
Majoritaire
10 à 50% de la population
Populations dispersées
Christianisme
Majoritaire
Populations dispersées
Axes de diffusion
Bouddhisme IIe-XIVe
Islam XIe-XVe
Christianisme XVIe-XXe
Lhassa Ville importante pour la diffusion d'une religion

CONTEXTE

La naissance des idéologies universelles

Qu'ont en commun confucianisme, taoïsme, bouddhisme, hindouisme, jaïnisme (ainsi que zoroastrisme, monothéisme hébraïque et philosophie grecque), en sus d'être à la source des idées qui structurent notre Monde ? Ils sont tous nés au même moment, entre les 7e et 3e siècles avant notre ère. Le premier à formuler ce constat, le philosophe allemand Karl Jaspers, a baptisé en 1949 cette période le « Moment axial ». Alors que les sociétés se complexifient, de nouvelles idéologies élargissent la base du vivre-ensemble. La plupart prônent, dans une simultanéité qui ne doit pas masquer de grandes disparités, le rejet de la violence, l'interdiction de voler, l'exigence du respect d'autrui. C'est une véritable révolution morale qui s'impose dans l'Ancien Monde.

Le confucianisme est fondé par Confucius, ou Kong Fuzi (-551/-479), fonctionnaire chinois qui pose dans les *Entretiens* qu'on lui prête avec ses disciples une idéologie combinant esprit critique et respect de la hiérarchie. Le gentilhomme (*junzi*) doit agir en rectitude, conformément aux rites, s'efforcer d'étudier et de faire le bien. L'ordre social veut que chacun se conforme aux instructions de ses supérieurs, le fils doit obéir au père, etc. Ce qui n'exclut pas la remontrance si le supérieur oublie la vertu qui devrait être la sienne. Cette philosophie du vivre-ensemble, qui ne se prononce pas en matière religieuse, sera souvent mobilisée par les élites impériales chinoises afin de

Le Temple de Pékin, construit entre 1406 et 1420.

renforcer la cohésion de leur administration. Kong Fuzi est crédité de la première formulation de la Règle d'or – « N'inflige pas aux autres ce que tu ne voudrais pas qu'ils te fassent » –, qui manifeste un souci d'empathie et d'équité universelle transcrit, sous des formulations diverses, dans la totalité des idéologies du Moment axial.

Le taoïsme se donne comme ancêtre Lao Zi, personnage mythique crédité d'un débat avec Kong Fuzi, et de la paternité d'un recueil d'aphorismes aux multiples interprétations, le *Daodejing*, ou *Livre de la voie et de la vertu*. Le taoïsme est à ses débuts une pensée d'origine chamanique, prescrivant de se tenir en retrait du monde. Il débouche rapidement sur des quêtes individuelles, mêlant mystique et éthique individualiste, visant à l'obtention d'une longue vie, voire de l'immortalité par des exercices physiques et/ou des recherches alchimiques. À partir du 3e siècle de notre ère, cette idéologie devient une religion adoptée par nombre de groupes rebelles aux États chinois.

Le légisme, apparu en Chine au 7e siècle avant notre ère et synthétisé par Shang Yang (≈ - 390/≈ - 338), est une idéologie faisant de l'État le seul garant du vivre-ensemble. Pour ses défenseurs, la tradition, défendue par les confucéens, est un poison mortel qui empêche de s'adapter aux circonstances. La fin justifie les moyens. Le prince n'a pas à être moral, il doit viser l'efficacité que procurent une justice sévère, une agriculture puissante et une armée agressive.

Le moïsme est une idéologie pacifiste et communautaire due au philosophe chinois Mozi (≈ - 479/≈ - 392). Au cours des 4e-3e siècles avant notre ère, le moïsme s'organise en un mouvement militaro-religieux, fédérant des paysans qui collectivisent des terres. Le mouvement applique une discipline sévère découlant d'un verdict d'utilité (religion ou deuil ne servant à rien, il est inutile de les pratiquer), et défend qu'il existe un intérêt général qui doit l'emporter sur les excès des nantis. Il disparaît à la fin de la période des Royaumes combattants, et sera vu par certains comme un précurseur du communisme chinois du 20e siècle - non sans quelque anachronisme.

Le bouddhisme est fondé par Shâkyamuni, dit le Bouddha*, l'Éclairé, qui aurait prêché au nord de l'Inde vers le 6e ou 5e siècle avant notre ère. Ce personnage à la vie légendaire dresse un implacable constat, résumé en « quatre nobles vérités » : 1) toute vie est souffrance ; 2) cette souffrance est engendrée par l'avidité et l'ignorance ; 3) connaître les raisons de la souffrance permet de l'abolir ; 4) il faut pour cela emprunter la voie du Milieu... Sans excès ni ascèse, prendre refuge dans les Trois Joyaux - le Bouddha, le *Dharma** (la voie), le *Sangha** (la communauté, initialement monastique) et respecter le Noble Chemin octuple, qui enjoint de comprendre, de penser, de parler, d'agir, de vivre, de travailler, de veiller et de se concentrer pleinement, en harmonie avec ce qui nous entoure.

Le brahmanisme n'a pas de fondateur. Dans les Veda*, le *Brâhman** est le principe d'absolu au fondement de toutes choses. Si le bouddhisme et le jaïnisme peuvent être vus comme une réaction à la société de castes qui s'esquisse alors en Inde, le brahmanisme semble une tentative d'instituer cet ordre cosmique, de le refléter dans l'organisation sociétale autour de rites sacrificiels. Les quatre *varna* (grandes catégories de castes) se voient attribuer un rôle définitif, reflété dans l'épopée du *Mahâbhârata** : les brahmanes* (prêtres) sacrifient et enseignent, les *kshatriya* (guerriers) combattent, les *vaishya* (paysans et artisans) produisent, les *shûdra* (serviteurs) assistent... De cette base sont nés une multitude de cultes, regroupés sous le terme d'hindouisme.

Le jaïnisme est fondé en Inde par Mahâvîra, dit Jina, le « vainqueur ». Il pose la non-violence (*ahimsâ*) comme fondement. Les laïcs sont végétariens - on ne tue pas. La règle est plus exigeante pour les moines. Pour les plus « sages », il s'agirait d'avoir la force de se laisser mourir d'inanition, à l'image du Jina qui s'est ainsi affranchi de la malédiction des renaissances.

Les sagesses du Monde indien

Hindouisme, jaïnisme, bouddhisme, sikhisme, islam...

Aux sources des pensées indiennes

MARC BALLANFAT
Philosophe, auteur de *La Bhagavadgita illustrée par la peinture indienne*, avec Amina Taha-Hussein Okada, Diane de Selliers, 2016, et de *Introduction aux philosophies de l'Inde*, 2002, rééd. Ellipses, 2017.

Longtemps, les études indianistes se sont contentées de reproduire l'image que les brahmanes* indiens se faisaient de leur propre tradition philosophique. Le bel ordonnancement ainsi obtenu de la philosophie indienne classique en six écoles (*darshana**), regroupées par paires (Sâmkhya/Yoga ; Purvamîmâmsâ/Uttaramîmâmsâ ; Nyâya/Vaisheshika), excluait tout simplement les hétérodoxies, principalement les bouddhistes, ce qui est inacceptable aujourd'hui. Imaginerait-on une histoire de la philosophie européenne d'où seraient absents les empiristes et les matérialistes ? Cette brahmanisation est révolue, ce qui impose de nuancer ce tableau schématique initial.

L'énigmatique Révélation védique

La simple prise en compte de la réalité historique des débats en Inde suffit à remettre en cause l'idéalisation brahmanique à laquelle des générations de lettrés ont œuvré. Il existe suffisamment de sources, en effet, pour attester la pratique à date ancienne (au moins à partir du 6e siècle avant notre ère) du débat oral, au sens technique du terme, par quoi on

Allahabad (Inde), 2013, Naga Sāhru lors du pèlerinage hindou Kumbh Mela.

entend un affrontement logique et dialectique entre deux lettrés défendant des positions et des thèses opposées devant un public éclairé. Or les mêmes sources montrent amplement que ces joutes philosophiques se déroulent soit entre des brahmanes, dépositaires de la Parole sacrée, soit entre eux et des bouddhistes, qui contestent presque tous les éléments de la religion brahmanique, donc, par extension, tous les concepts qui servent à la justifier. Il est même possible en allant plus loin d'en déduire que ce sont ces débats réguliers qui provoquent l'activité philosophique des uns et des autres, et non l'inverse, ce que l'on peut prouver *a contrario*, par la disparition de toute dialectique réelle en Inde après l'exil forcé du bouddhisme (à partir du 11e siècle).

Les Sagesses orientales

Sans les débats intenses qui l'ont traversée, la philosophie indienne classique n'existerait donc pas, du moins sous la forme que nous lui connaissons. Voilà pourquoi on peut se faire une idée plus fidèle de la philosophie en Inde si l'on part du principe que les bouddhistes en sont partie prenante, autant par leur contribution à la formalisation de la pratique dialectique que par leur effort pour critiquer et repenser les concepts des brahmanes. Trois strates sont repérables dans la lente sédimentation de la philosophie indienne à l'époque classique (entre les 6e et 8e siècles).

La Révélation, *Shruti*[1], désigne la Parole sacrée antique (15e siècle avant notre ère) qui se fait entendre du brahmane et qu'il nomme Veda*, « Gnose ». Parole si énigmatique dans sa composition, si archaïque dans sa profonde simplicité, qu'elle déroute l'intelligence en lui proposant de suivre cent chemins plutôt qu'un seul, pour lui faire comprendre finalement qu'il n'existe pas une vision unique de la réalité, mais une infinité d'intuitions obscurément reliées entre elles.

Dans un monde où les dieux eux-mêmes obéissent à la Parole qui leur commande de conserver l'ordre des choses, des vivants et des humains, le sacrifice est presque l'unique acte à la mesure du brahmane[2]. Cet acte, il l'accomplit avec la croyance angoissée d'être introduit par ce geste dans la grande scénographie cosmique des souffles, des paroles, des corps, des esprits, ce que l'Inde védique nomme *Dharma**, littéralement « maintenu en un tout ». En ce sens, le brahmane a le devoir de conserver cet ordre socio-cosmique par la pratique des sacrifices, de le maintenir vivant pour que la Parole se réalise. Accomplissant cela, il obtient d'y trouver sa place.

Si sacrifier, par conséquent, c'est renaître, selon la doctrine des Énigmes[3], alors tous les sacrifiants, divins et humains, sont appelés et assujettis à la fois, à renaître dans un Ciel mythique (*Svarga*), ce qui donnera naissance un peu plus tard (à partir du 6e siècle avant notre ère) à l'angoissante doctrine des métemsomatoses ou réincarnations (*samsâra**), où l'on reconnaît sans peine la base de la religion hindoue.

1- **Le sanscrit *shruti*** dérive du verbe *shru*, « entendre », d'où Audition littéralement, puis par équivalence Révélation.

2- **L'un des plus anciens hymnes du Veda** célèbre le sacrifice de l'Homme primordial (*purusha*) par les dieux, d'où naissent les quatre ordres de la société humaine : la tête engendre l'ordre des brahmanes, la poitrine donne naissance à l'ordre des rois, les jambes font naître les commerçants et cultivateurs, enfin des pieds surgissent les serviteurs et les laboureurs.

3- **Entre les 15e et 6e siècles avant notre ère**, le védisme est ponctué par quatre classes de compositions aux noms évocateurs, les Veda ou « Gnoses », les *Brâhmana* ou « Énigmes », les *Âranyaka* ou « Forestiers » et les *Upanishad* ou « Ésotériques ».

Les philosophies de la libération

Quand le fondateur du bouddhisme apparaît dans l'Inde ancienne (5e siècle avant notre ère), la vie religieuse connaît une vitalité sans précédent : à côté des brahmanes-dans-le-monde, destinés par leur naissance, leur science du sanscrit et de la Révélation à exécuter correctement les sacrifices, des brahmanes-hors-du-monde vivant nus (les futurs « gymnosophistes » dont parleront les écrivains grecs après Alexandre) parcourent les forêts, détachés de leurs devoirs sociaux, autour d'un maître qui leur enseigne comment se libérer de la misère et de la mort. Ces nouveaux venus sur la scène religieuse dérangent, par leur mode de vie, par leurs exercices physiques et mentaux, et par leur radicalisme moral (la libération se situe au-delà des préceptes moraux) qui les pousse à se montrer provocateurs, sceptiques, parfois amoraux. Pourtant, en se détachant de l'orthodoxie brahmanique, ils proposent une voie alternative, où il s'agit, non plus d'agir en vue de se procurer une place au « Ciel », mais de se libérer du Ciel, de l'idée même de rétribution *post mortem*, pour se soucier de « soi » (*âtman**), de son existence, de son corps dynamisé par la circulation des souffles. Au milieu de ces cercles d'ascètes qui se mortifient par des austérités extrêmes (*shramana*), le Bouddha est confronté à la condition humaine et à son interrogation angoissée : comment un individu, plongé dans la servitude, peut-il s'en libérer par ses propres moyens ?

Le défi bouddhique

La prédication du Bouddha, dans la plus ancienne forme du canon pâli* (1er siècle avant notre ère), attaque frontalement les bases du brahmanisme selon quatre angles, qui ne sont rien d'autre que les quatre nobles vérités sur lesquelles repose le bouddhisme jusqu'à nos jours. Ces quatre nobles vérités sont :

• **La misère (ou la servitude).** La première vérité consiste à affirmer l'universalité de la misère (*dukkha*), aussi bien humaine que vivante. Or, il est utile de rappeler, contre le pessimisme apparent de cette vérité, que tout désir de libération présuppose un état de servitude dont il faut se libérer, ce qui signifie donc qu'une forme de malheur caractérise la condition originelle de l'humanité et justifie sa quête de délivrance : de quoi cherche-t-on à se libérer sinon de la misère, sous toutes ses formes ?

• **L'apparition (*samudaya*) de la misère.** Si l'expression « condition humaine » a une signification, elle réside en ceci que l'existence résulte d'un certain nombre de conditions : celles-ci étant réunies, celle-là apparaît. Or, la misère définit la condition de l'humanité, selon la première vérité. Par conséquent, la misère apparaît lorsque certaines conditions la font naître.

• **La cessation (*nirodha*) de la misère.** En vertu du principe logique selon lequel tout ce qui apparaît sous certaines conditions disparaît une fois que ces conditions ne sont plus réunies, on peut affirmer avec assurance que la misère peut cesser. Les philosophes du bouddhisme identifient cette vérité au *nirvâna**, qu'il est si difficile de définir parce que le langage est mis au défi de caractériser cet absolu, qui n'est ni affirmatif ni négatif tout en étant les deux à la fois.

• **Le chemin (*magga*) qui conduit à la cessation.** Décliné en huit sentiers, ce chemin conduit graduellement le mental, la parole et la conduite des humains à s'accorder avec leur recherche de l'absolu.

Les réponses brahmaniques

• **Les plus anciennes *Upanishad*** (6e siècle avant notre ère), légèrement antérieures au début de la prédication bouddhique, témoignent de l'intense activité spéculative qui règne dans les cercles brahmaniques, où les ascètes tournés vers la libération côtoient les officiants du sacrifice. On voit ainsi des concepts brahmaniques, conformes aux valeurs et aux pratiques sacrificielles, prendre peu à peu des significations nouvelles pour finir par désigner des aspirations parfaitement étrangères à l'antique Révélation des brahmanes. Trois d'entre eux vont même connaître une grande postérité philosophique.

Au moment du sacrifice, le brahmane se donne un nouveau corps pour gagner le Ciel des dieux. Telle est la croyance de la tradition védique. Mais, sous l'influence des milieux d'ascètes en quête de libération, elle va évoluer vers la forme suivante : on peut accomplir le sacrifice en soi et intérioriser le Ciel sans quitter son corps. Or, le sacrifice se dit en sanskrit* *karman**, qui ne signifie rien d'autre que l'acte ; soi se dit *âtman* et l'intériorisation du Ciel se nomme *Brâhman**, que l'on traduit par « absolu ». Par conséquent, nul autre que le brahmane, spécialiste du sacrifice, détenteur du savoir sacré, n'est en mesure de comprendre la signification de ce bouleversement pour mieux l'accomplir à son profit.

Au terme de ce changement, c'est encore un brahmane qui en réalisant l'absolu en soi, selon ce nouveau schéma logique où s'entrelacent l'acte (*karman*), soi (*âtman*) et l'absolu (*Brâhman*), se montre digne de répondre aux nouvelles vérités formulées par le Bouddha. Plus précisément, aux bouddhistes qui enseignent le chemin (quatrième vérité) qui conduit à la cessation (troisième) des conditions (deuxième) de la misère (première), les brahmanes des *Upanishad* répondent ceci : réaliser l'absolu en soi fait cesser la misère.

À l'occasion de ce débat philosophique entre les bouddhistes et les brahmanes, tous les autres cercles d'ascètes, où la quête de la libération s'exprime de plus en plus sensiblement, forment autant de terrains fertiles à l'apparition de nouvelles doctrines, pour autant qu'elles répondent à un idéal commun, se délivrer de la misère. Deux d'entre elles méritent d'être mentionnées, le Sâmkhya et le Yoga, parce qu'elles reflètent assez fidèlement les aspirations et les pratiques de ces communautés d'ascètes, et qu'elles se sont développées d'abord à l'extérieur du brahmanisme orthodoxe avant de se diffuser ensuite, au fil de l'histoire, dans toute la culture hindoue.

• **La doctrine Sâmkhya (d'un mot qui signifie dénombrement, calcul)** dans certaines *Upanishad* tournées vers la libération (vers le 4e siècle avant notre ère) énumère et dénombre vingt-cinq réalités, qui vont de la nature primordiale jusqu'à l'homme conscient. En vérité, l'objectif est ici de montrer comment la nature, qui est la source originelle des existants, produit progressivement tout ce qui constitue la nature de l'homme, à commencer par le « Grand », à savoir l'intelligence, suivi du « moi », de l'organe mental, des dix sens et des dix éléments (grossiers et subtils). Or, à ces 24 réalités naturelles, le Sâmkhya ajoute une dernière, l'homme conscient (*purusha*). Pourquoi ? Parce que la nature obéit secrètement à une téléologie qui justifie en même temps son existence : la nature œuvre inconsciemment pour que l'homme se libère par la conscience de la misère où elle le retient prisonnier. Comme dans le bouddhisme, on le voit, il s'agit de démontrer que l'homme dispose d'un moyen de libération (la conscience) qui ne doit rien à la Révélation védique et qui ne repose pas non plus sur l'accomplissement de rituels obligatoires. En ce sens, il revient au philosophe de comprendre que sa conscience ne fait pas partie des phénomènes produits par la nature, parce qu'elle en est justement distincte. Pourtant, elle dirige la transformation de la nature, sans quoi toutes les choses existeraient pour rien. Il faut qu'une conscience donne sens et finalité à la nature, sinon tout serait absurde.

L'école du Yoga élabore une suite d'exercices psychosomatiques en vue de réaliser l'intuition centrale à la base de cette philosophie. Il existe une différence radicale entre la conscience et le mental de l'homme. Par suite, l'ascète (*yogi*) qui parvient à cette intuition se délivre de la condition misérable où son mental l'enferme.

• Comment ? En faisant cesser peu à peu les opérations du mental, lesquelles tourmentent sans cesse la conscience de l'homme, le plongeant dans l'illusion narcissique et le forçant à se croire l'auteur des actions, quand c'est la nature seule qui le fait agir. Pour cela, le *yogi* s'exerce à maîtriser son mental et ses sens en contrôlant son corps, son souffle, en apprenant à se concentrer puis à méditer sur des objets de plus en

La grande geste du *Mahâbhârata*

En réponse à la critique virulente de l'idéologie brahmanique que représente le bouddhisme à partir du 4e siècle avant notre ère, celle-là s'organise et réagit en construisant une formidable machine de guerre littéraire, qui n'est autre que l'immense épopée du *Mahâbhârata*. À l'intérieur du récit-cadre en 18 Livres, où le sacrifice d'un roi est interrompu par des obstacles, ce qui menace l'ordre cosmique (*Dharma*) qui en dépend, viennent prendre place des récits enchâssés les uns dans les autres, autant de détours qui instruisent l'auditoire sur l'histoire d'une guerre aux dimensions cosmiques, celle à laquelle se livrent deux familles de cousins ennemis, les Kaurava et les Pândava.

Descendants tous d'un même ancêtre lunaire, Kuru, ils entrent en conflit pour exercer la royauté sur Terre, mais les premiers refusent de partager le pouvoir avec les seconds, qu'ils chassent du royaume et condamnent à l'exil dans la forêt.

Lorsque les Pândava reviennent d'exil pour régner conformément à l'ordre (*Dharma*), leurs cousins organisent une grande partie de dés avec l'intention de tricher et de gagner définitivement le droit de gouverner la Terre. Le désordre moral (*adharma*) l'emporte donc sur le bien, ce qui annonce la fin d'un cycle du monde (*yuga*), que la guerre va précipiter.

L'atmosphère d'apocalypse dans laquelle baigne l'épopée est justifiée par la présence sur le champ de bataille des deux seules figures épiques capables de donner toute sa signification morale à la guerre annoncée, Arjuna, le roi idéal, et Krishna, le dieu suprême, venus pour restaurer le *Dharma* du monde.

Sans un roi prêt à combattre, en effet, la Terre est en danger de mort. Mais sans un dieu disposé à la sauver du mal, la Terre est un enfer. La réponse brahmanique au bouddhisme se trouve condensée ici, parce que l'épopée fait de la dévotion (*bhakti**) l'ultime voie du salut des hommes, quand la guerre menace de tout détruire. C'est donc la réunion du pouvoir royal et du pouvoir divin qui assure la survie et le salut de l'ordre cosmique.

Le non-agir

Voilà pourquoi le désarroi d'Arjuna et son refus de combattre contre ses cousins, au début du Livre VI, semblent incompréhensibles : comment le guerrier idéal ose-t-il faire preuve de compassion au moment décisif où s'annonce la bataille ?

En réponse, Krishna lui délivre l'enseignement le plus célèbre de toute

Une illustration du Mahâbhâratâ, *datant du 17e siècle.*

l'épopée, la *Bhagavadgîtâ**, ou « Chant du Bienheureux ». En substance, son message tient en une formule, le non-agir. Aussi ambiguë que paraisse cette formule, qui n'apparaît qu'une seule fois, elle est essentielle parce qu'elle réconcilie les valeurs du guerrier, destiné à l'action, avec le détachement moral du dieu, qui sait déjà à l'avance quelle sera l'issue fatale de la bataille. Krishna commande donc au héros valeureux d'agir dans le pur détachement, tel est le non-agir, et de s'abandonner à lui avec dévotion. En retour, le dieu devient lui-même le suprême modèle du non-agir, puisqu'il ne cesse d'agir pour le bien des hommes sans en retirer aucun bénéfice personnel. La mort où il va précipiter les bons et les méchants ne fait que révéler la fin d'un cycle ; nul dieu n'est responsable du mal que les hommes se causent à eux-mêmes dans leur aveuglement et leur soif de pouvoir. Rassuré par les paroles divines, Arjuna part combattre ses cousins dans une guerre qui occupe les plus gros livres de l'immense épopée. Le *Dharma* est donc restauré à l'issue de la guerre, et un nouveau cycle du monde se prépare avec la fin de l'épopée.

M. B.

plus subtils, ce qui le dispose à la non-violence et le détache des valeurs du monde social. Par conséquent, une fois que la conscience devient le spectateur impartial des activités mentales, elle peut redéfinir l'être humain dans son rapport au monde social.

Les interrogations de Shankara

Pourtant, on est en droit de s'interroger : si l'être humain se définit à la fois par la nature et par la conscience, qui le délivre de la nature, alors cela ne revient-il pas à introduire en lui un dualisme insurmontable ? De plus, pourquoi voir en la nature l'origine primordiale des éléments qui constituent l'homme et faire une exception pour la conscience ? Telles sont les deux objections que le philosophe Shankara (8e siècle) adresse au Sâmkhya, et donc au Yoga.

La vie de Shankara reste entourée des brumes de la légende. La tradition veut qu'il ait choisi la voie du renoncement à l'âge de 8 ans, à l'occasion d'une situation de détresse extrême (la rencontre avec un crocodile) qui faillit lui coûter la vie. Toujours est-il que le jeune garçon cesse de porter les signes du brahmanisme à partir de ce jour tout en professant un attachement spirituel sans faille pour le brahmanisme. Il consacre sa vie, en effet, à interpréter et à commenter les bases philosophiques du brahmanisme, à savoir les *Upanishad*, en vue de les concilier avec l'idéal de la libération auquel il aspire existentiellement. Or il reprend leur enseignement en montrant que l'Absolu (*Brâhman*), auquel aspire le philosophe, possède trois traits distinctifs : existence, conscience et félicité. Il rejette donc la nature du Sâmkhya, parce qu'agissant de manière inconsciente elle ne peut pas conduire vers la libération.

Mais comment accéder à l'absolu si la nature de l'homme l'en sépare ? En réponse, Shankara fait appel à l'expérience : n'observe-t-on pas que l'attachement à la dualité est source de misère et de souffrance ? Au contraire, pour qui sait que l'absolu est au-delà de la dualité illusoire, la libération réalise l'expérience la plus heureuse de la pure conscience d'exister. Telle est la reconstruction de l'idéal du salut à partir de la non-dualité (*advaita*).

Les philosophies de la connaissance et de la Parole

Les trois écoles restantes dans le tableau de la philosophie brahmanique (Purvamîmâmsâ, Nyâya et Vaisheshika) n'ont pas pour objectif principal de libérer l'être humain de la servitude où sa condition l'enchaîne. Réalistes et attachées à décrire les règles de la juste interprétation du Veda, elles s'occupent de grammaire, de dialectique et de logique en vue de rendre le plus rationnel possible le débat philosophique. Mais elles ne recherchent pas la libération, en dépit des efforts désespérés de leurs adeptes pour s'en persuader. On peut prouver par une inférence que la libération est rationnellement concevable, mais le concept de libération ne libère pas.

La première des trois philosophies énumérées s'appuie sur l'autorité de la Parole védique pour développer une métaphysique originale du langage dont la fin ultime consiste à démontrer que la Révélation est incréée, sans auteur ni divin. S'autorisant de la grammaire, qui décrit la valeur perlocutoire[4] de certains verbes, cette herméneutique montre que le Veda repose sur la valeur injonctive de la Parole : il est commandé aux brahmanes de sacrifier s'ils désirent atteindre le Ciel. Or, la parole injonctive révèle aussi aux brahmanes que le monde où leurs actions et leur existence prennent sens est ordonné autour du sacrifice qu'ils ont l'obligation d'exécuter. Cela signifie donc que le monde et les hommes sont réunis par l'acte sacrificiel, lui-même commandé par la Parole védique. Autant dire que le Veda incréé et éternel fait exister le monde et les hommes avec lui. Telle est l'orthodoxie brahmanique.

Les deux autres écoles prolongent le réalisme de la première jusqu'à ses ultimes conséquences. Dans un monde peuplé de choses, de qualités et de relations, la philosophie du Vaisheshika entreprend de connaître et de décrire leurs propriétés communes et leurs différences afin d'établir une ontologie substantialiste susceptible de satisfaire aussi bien le brahmane, attaché à la réalité des matières oblatoires, que le commun des mortels. Encore faut-il, pour justifier cette exigence réaliste de connaissance, énumérer les moyens de connaissance valide dont l'homme dispose. Cela donne lieu à une critériologie des moyens de connaître appelée à occuper une place de plus en plus grande dans le débat philosophique indien, entre bouddhistes et brahmanes en particulier.

Comment traduire cette ontologie dans le langage et dans la pratique du débat ? Il revient à la dernière école, le Nyâya, de relever le défi. Il s'agit avant tout de démontrer, contre le bouddhisme, que les propriétés générales appartiennent aux choses qu'elles qualifient comme elles appartiennent au langage. Comment établir cette correspondance ? Par la réalité de l'universel, présent dans la signification des mots et dans la chose désignée par les mots. Une fois cette relation établie sur l'universel, il appartient à la dialectique (l'art indien du débat) de former des raisonnements logiques capables de faire connaître la complexité des relations entre les choses, les mots et les hommes. Un monde connaissable et exprimable n'en devient que plus réel.

4- **La valeur perlocutoire** consiste à faire faire une action par un agent ; commander est un verbe perlocutoire (voir J. L. Austin, *Quand dire, c'est faire*, Seuil, 1970).

L'unité **de la pensée indienne**

Entretien avec Michel Hulin

Existe-t-il une philosophie indienne comparable à la philosophie occidentale?

Il y a encore vingt-cinq ans, la notion de philosophie indienne était problématique. On restait tributaire de la thèse de Heidegger selon laquelle la philosophie était une voie intellectuelle typiquement occidentale; née en Grèce, elle s'était déployée aux temps modernes à travers un discours rationnel et les catégories de la métaphysique.

Heidegger lui-même n'avait pas de contacts directs avec les pensées orientales. Il ne connaissait qu'indirectement les pensées d'Extrême-Orient, de Chine et du Japon, pensées qui semblent échapper totalement à notre vision du monde, à notre langue, à nos catégories mentales. Cela pouvait passer pour de la non-philosophie.

MICHEL HULIN

Spécialiste de l'hindouisme, professeur émérite de philosophie indienne et comparée à l'université de Paris-IV - la Sorbonne, auteur notamment de *Shankara et la Non-Dualité*, rééd. Almora, 2017. Dernier livre publié, avec Jean-Philippe de Tonnac, *Au jour du grand passage que ferez-vous de votre corps ?*, Le Bois d'Orion, 2018.

L'Inde, elle, occupe une position médiane entre l'Extrême-Orient et l'Occident. Le sanskrit* et le grec possèdent des liens de parenté: ce sont toutes deux des langues indo-européennes. La traduction en a été plus aisée. La pensée indienne a fait l'objet d'une découverte récente en Occident. Il existe un très riche corpus de textes. En 1983, K. Porter recensait 6000 titres dans la production philosophique indienne et orientale, essentiellement écrits en sanskrit. Aujourd'hui, on n'hésite plus à admettre l'existence d'une authentique philosophie indienne, dont on connaît de mieux en mieux l'histoire et les riches développements.

Quelle est la nature profonde de cette philosophie?

Au début, dans la Haute Antiquité, la pensée indienne qui s'exprime dans les Veda est essentiellement de nature religieuse. Par la suite se sont développés autour des Veda des courants de pensées plus spéculatifs, à caractères philosophique et métaphysique. L'hindouisme a donné naissance à une grande diversité de spéculations philosophiques que l'on regroupe généralement sous le nom de *darshana** (ou « points de vue »).

Cette pensée indienne est restée très imprégnée de logique et de linguistique. La formation intellectuelle brahmanique passait par la grammaire et la logique. Cette tradition grammaticale et linguistique est la plus vieille du monde. Ainsi, dès le 4e siècle av. J.-C., Pãnini a proposé une première description linguistique du sanskrit.

Puis la coexistence des écoles bouddhiques et brahmaniques a conduit à développer le débat d'idées, et cela a donné naissance à un art du dialogue très sophistiqué. À partir de là se sont développés des outils logiques très raffinés visant à l'administration rationnelle de la preuve.

Pourtant, la pensée indienne se construit en référence permanente à des textes sacrés. Cette attitude semble en contradiction avec un esprit purement rationaliste.

Dans la pensée indienne, il y a eu coexistence entre la référence à la tradition (les textes des Veda) et le développement d'une pensée rationnelle autonome. Au fond, il en va de même pour la scolastique médiévale en Occident.

Mais il y a cependant une grande différence dans la finalité. La pensée indienne ne se conçoit pas comme une quête d'une vérité accessible uniquement par le débat ou l'argumentation rationnelle. Si les Grecs pensaient parvenir à bout des erreurs et des illusions par le dialogue ou la démonstration, du côté indien, le pessimisme est plus profond quant à l'aptitude à exprimer la Vérité à travers le langage.

Quelle que soit l'époque ou l'école de pensée, il y a une profonde unité de la pensée indienne visant à un seul projet : le *nirvâna** ou *moksha*, la fin du cycle des renaissances (*samsâra**), un idéal mystique qui se situe au-delà des mots.

Le but suprême de la philosophie indienne réside dans une quête spirituelle et existentielle qui débouche sur le silence. Un silence qui n'est pas signe d'ignorance, mais une certaine façon de vivre le monde. Shankara, le plus grand philosophe de la tradition mystique hindoue, qui a vécu au 8e siècle, exprimait le but suprême de la philosophie à travers la notion de « non-dualité », état qui ne peut être atteint que par une discipline à la fois spirituelle, corporelle, morale… et non par la seule voie des concepts.

Propos recueillis parJean-François Dortier

POINTS DE REPÈRES

Religions du **Monde indien**[1]

Le védisme, source des religions de l'Inde

Aux sources de ce que les Occidentaux appellent hindouisme figure la religion des Veda*, importée par les peuples indo-européens entre -1800 et -1200. Ces peuples indo-aryens, ou âryas, ont conquis l'Inde du Nord par vagues successives et ont imposé le système des castes, la langue sanskrite et la religion védique, dont dérivent l'hindouisme, le bouddhisme et le jaïnisme. Cette religion, apparue au 2e millénaire avant notre ère, était basée sur la notion de *Dharma**, loi cosmique et sociale déduite de la lecture des Veda. En dérivent deux concepts :

1) *Samsâra** (renaissance) : tout être vivant renaît après la mort et traverse une infinité d'existences. À chacune de ses réincarnations, sa part de bonheur et de malheur est déterminée par la valeur morale des actes accomplis lors des existences antérieures.

2) *Moksha* (délivrance) : le but de tout être est de sortir de ce cycle de réincarnations. Chaque religion issue du

1- Synthèse d'articles initialement publiés dans J.-F. Dortier et L. Testot (dir.), *Les Religions. Des origines au IIIe millénaire*, Éditions Sciences Humaines, 2017.

Un Sadhu faisant sa prière du matin au bord du Gange à Varanasi (Inde).

védisme va développer des moyens ou théories pour ce faire.

La religion védique doit son nom à quatre ensembles de textes rituels : les Veda, mot qui signifie « connaissance » ou « savoir suprême ». Les Veda sont des recueils de milliers d'hymnes, prières, incantations, mélodies rituelles. Ces formules accompagnaient les nombreux sacrifices et offrandes faits aux dieux afin de s'en attirer les grâces. Car la religion védique est une religion du sacrifice, tournée vers la vénération des forces de la nature, peuplée de dieux qui prennent souvent la forme d'esprits-animaux.

Parmi les autres textes du védisme figurent les *Upanishad** (ou « approches »), textes plus tardifs. Composés à partir du 5e siècle av. J.-C., ils comprennent de nombreux développements philosophiques et métaphysiques. Puis le védisme évolue vers le brahmanisme entre les 5e et 3e siècles avant notre ère. Le brahmanisme donnera naissance à l'hindouisme à partir de réformes remontant au 1er millénaire de notre ère, ainsi que par réaction aux confrontations avec l'islam (à partir du 10e siècle) et à l'occupation britannique (18e-20e siècles).

POINTS DE REPÈRES

L'hindouisme, un immense corpus religieux issu du védisme

À partir des premiers siècles de notre ère, les textes sacrés de l'hindouisme ont donné lieu à une multitude de commentaires et d'interprétations exégétiques, plus abstraites et conceptuelles. Ces commentaires forment le socle de la philosophie indienne classique, longtemps ignorée en Occident, mais qui fait désormais l'objet d'une redécouverte.

Un des grands moments de la pensée indienne correspond au temps de l'Empire Gupta (5e siècle de notre ère), présenté comme le « siècle des Lumières » de l'Inde classique. À cette époque furent codifiés les six *darshana** ou « points de vue » sur le monde.

Ces six points de vue, souvent présentés par paires, correspondent chacun à une école doctrinale mais aussi à une spécialité théorique. Ainsi, le Nyâya représente une discipline tournée vers la logique et le raisonnement, quand le Vaisheshika spécule sur la cosmologie pour mieux appréhender l'univers et dresser des catégories de l'être. Le Sâmkhya est un système dualiste axé sur la connaissance des principaux constituants de l'univers et de l'individu, opposant un principe naturel unique et inconscient à une multitude de principes spirituels conscients, quand le Yoga (terme sanskrit renvoyant à l'idée d'« union ») se présente comme un ensemble de pratiques psychosomatiques visant la parfaite stabilité mentale, l'expérience de l'état « délivré », mais aussi, dans une forme quelque peu dénaturée, l'acquisition de capacités supranormales. Le Purvamîmâmsâ (qui signifie « interprétation des Veda, exégèse ») commente la première partie des Veda (*Mantra* et *Brâhmana*), qui traite des rituels, des sacrifices et du *Dharma*. Il est complété par le sixième point de vue, le Vedânta* (« achèvement des Veda ») ou Uttaramîmâmsâ, qui s'intéresse à la dernière partie des Veda (*Upanishad*), c'est-à-dire à la connaissance de la réalité suprême, la nature de *Brâhman**. Le représentant le plus connu du Vedânta est Shankara, considéré comme le plus grand philosophe indien, qui vivait au 8e siècle de notre ère.

Les Quatre Nobles Vérités de Bouddha

De son côté, le bouddhisme, issu de la révélation du Bouddha, est né au 5e siècle av. J.-C. dans la plaine du Gange. Il a, lui aussi, pris plusieurs visages et s'est diffusé dans toute l'Asie en se transformant et en se subdivisant : bouddhismes chinois, tibétain, japonais, birman ou sri lankais…

avec de multiples écoles. Il s'est déployé également sous des formes différentes : de la religion populaire, avec ses légendes et rites religieux, aux pratiques spirituelles pour moines mystiques, en passant par les spéculations philosophiques sur le temps, la conscience.

À son origine, le bouddhisme serait une doctrine morale et philosophique liée à des pratiques de méditation. S'il existe des dieux et des démons, ceux-ci ne sont que des éléments de la chaîne aboutissant à la délivrance, ils ne peuvent rien pour l'homme et on ne leur rend pas de culte. L'ensemble des rites aurait alors surtout pour but de commémorer la mémoire de Bouddha, présenté comme un maître spirituel d'exception. L'enseignement du bouddhisme ne reposerait pas, à cette époque, sur un texte sacré, mais sur la transmission de maître à élève au sein du *Sangha**, la communauté monastique. Sur le plan éthique, le bouddhisme vise à atteindre un état de sérénité éternelle, le *nirvâna**, lié à l'anéantissement du désir, source de malheur et de frustration. Autour de ce corpus initial, au fil des siècles se sont formés des écoles, des théories, des corpus littéraires, auxquels se sont agglomérées une multitude de pratiques religieuses, magiques et sociétales.

Le jaïnisme, ou l'impératif de non-violence

Le jaïnisme a été fondé par un contemporain de Bouddha, le prince Vardhamana (v. -540/v -470), surnommé « Jina » (d'où jaïnisme ou jinisme), c'est-à-dire « le Vainqueur », ou encore « Mahâvîra », « le Grand Héros ».

Issu d'une famille de *kshatriya* (caste des guerriers), Jina renonça au monde afin de mener une vie d'ascète. Prônant amour et sollicitude, il se livra à la méditation, à la mortification, à de très nombreux jeûnes (il se laissa mourir ainsi). La tradition jaïn prétend qu'il réforma une religion déjà existante et que 23 jina (maîtres victorieux) l'auraient précédé.

Les jaïns cherchent à échapper au monde empirique, considéré comme source de souffrance. Le salut et la béatitude se situent dans un au-delà immobile et lumineux. L'essentiel consiste à s'affranchir du cycle infini des réincarnations : le *samsâra*.

Ainsi, le jaïnisme accorde une importance capitale au *karma**, somme des actes, des activités humaines bénéfiques ou néfastes. Il faut parfois plusieurs vies pour se libérer de la lourde chaîne du *samsâra*, brûler les péchés accumulés et accéder à la délivrance, le *nirvâna* (extinction et dissolution suprême dans l'Absolu).

Afin d'y parvenir, il faut observer cinq principes fondamentaux, ou vœux (*vrata*) :

- Ne jamais nuire aux êtres vivants, ce qui implique un régime alimentaire strictement végétarien. Toute forme de violence est exclue, il est interdit d'ôter la vie, même pour se nourrir. Cela conduit certains fidèles à porter un voile devant la bouche, afin de ne pas avaler, par mégarde, la moindre créature volante ; à filtrer l'eau ; à balayer le sol avec un plumeau en marchant, pour s'assurer de n'écraser aucun insecte. Ce respect absolu de toute vie (*ahimsâ*) inspirera Gandhi (1869-1948) dans sa vision du concept de non-violence.
- Le bannissement du mensonge et la quête de la vérité (*satya*).
- L'honnêteté absolue (*asteya*).
- La chasteté (*brâhmachârya*).
- Le renoncement aux biens matériels (*aparigraha*).

Certains jaïns vont jusqu'à vivre nus comme Jina Mahâvîra l'avait fait. On les appelle les *digambara*, ceux de « ciel vêtus ». En revanche, les *shvetâmbara*, de « blanc vêtus », s'accommodent davantage de la réalité matérielle. Les jaïns des deux écoles ne spéculent guère sur les dieux ou l'au-delà. Seuls les 24 jina sont révérés.

Dans le jaïnisme, il n'y a pas eu de création ; le monde est éternel. On peut se libérer des liens qui enchaînent les humains à la ronde des réincarnations sans l'aide des dieux. Délivré du monde et de tout *karma*, le sage finit par atteindre la perfection suprême appelée *siddhi*. Les jaïns ont pour emblème une main ouverte qui évoque le réconfort moral et la compassion. Malgré leur petit nombre, de 4 à 5 millions, les jaïns, surtout présents dans l'ouest de l'Inde, jouissent d'une grande respectabilité. Leur religion épurée, stricte, aux valeurs spirituelles éthérées, bénéficie d'un prestige moral et intellectuel considérable.

Le sikhisme, bien davantage qu'une synthèse entre hindouisme et islam

Lorsqu'on songe aux sikhs, les mêmes images reviennent : de magnifiques turbans ; des barbes de patriarches ; le port du poignard ; le souvenir de l'assassinat d'Indira Gandhi en 1984 par deux de ses gardes, suite à l'assaut sanglant de l'armée indienne contre les indépendantistes dans le temple d'Amritsar, lieu sacré du sikhisme…

On présente souvent le sikhisme comme une sorte de synthèse entre l'hindouisme et l'islam. Si ces deux religions l'ont influencé, il serait abusif de l'assimiler à ce seul mélange réducteur. Le sikhisme compte environ 20 millions de fidèles. Il est né au 16e siècle dans le Pays des cinq rivières, le Panjab, au fil des prêches de Nânak (1469-1539). Hindou de la caste des commerçants, il fut marqué par sa rencontre avec des moines itinérants. Il entreprit une retraite et se sentit alors mandaté par le Dieu « Un et Unique » pour aller proclamer de par le monde son Nom. Nânak délivra son message d'amour et de fraternité à travers l'Inde, établissant une foi monothéiste. Il s'en présentait comme le *gurû*, maître spirituel menant ses disciples vers le Dieu unique. Nânak proclama : « Il n'y a pas d'hindous ; il n'y a pas de musulmans. » Il rejeta le système des castes, l'intouchabilité ; prêcha l'égalité de chacun, celle de la femme et de l'homme ; condamna la polygamie, les injustices, l'avarice, l'égoïsme, l'orgueil. Il proscrivit la consommation d'alcool, des excitants, ainsi que la viande bovine et de porc afin de n'irriter ni les hindous ni les musulmans.

Neuf *gurû* (ou gourous) lui succédèrent. Arjan (1573-1606) offrit aux fidèles le Temple d'Or d'Amritsar et l'Âdi Granth, le « Maître Livre » sacré qui rassemble prières, poèmes, enseignements. Face aux persécutions, l'ultime *gurû* Gobind (1666-1708) fonda un ordre militaire, le Khâlsâ, les « élus de Dieu », et établit la cérémonie selon laquelle le fidèle doit boire de l'eau mêlée au sucre par l'épée : ce nectar, *ammritu*, donna son nom à la ville sainte d'Amritsar. Gobind décida qu'il n'y aurait plus de *gurû* après lui, que seul le livre sacré incarnerait la parole divine.

Pour les sikhs, dont le nom vient du sanskrit *çishya* qui signifie « disciple », le sens ultime de la vie réside dans la *mukti*, l'affranchissement du *samsâra* en se dissolvant en Dieu. Afin d'y parvenir, il faut se libérer de ses péchés, méditer, prier, se mettre au service d'autrui, se montrer loyal, obéissant, humble, généreux, respectueux de sa famille. Il n'existe ni clergé ni d'image de Dieu dans le sikhisme.

Les sikhs, présents au Panjab et à Delhi, totalisent moins de 2 % de la population indienne. Les deux millions de sikhs de la diaspora vivent surtout en Grande-Bretagne, en Afrique du Sud, en Malaisie et à l'île Maurice.

Certains fidèles rêvent d'un État indépendant dans le nord-est de l'Inde. Le rôle économique et social des sikhs n'est pas négligeable car ils considèrent que l'on peut trouver Dieu et l'aimer tout en demeurant présents et actifs dans le monde.

Le sikhisme et son intense spiritualité ont une vocation universelle. Selon la formule de Gurû Nânak lui-même : « L'homme n'est pas né libre. Il est né pour se libérer. »

Hindouisme et société des castes

MARIE-LOUISE REINICHE
Décédée en 2008, elle était ethnologue et directrice d'études à l'École pratique des hautes études (EPHE). Elle a dirigé, avec Henri Stern, « Les ruses du salut. Religion et politiques dans le monde indien », *Purusârtha*, n° 17, EHESS, 1995.

L'Inde est souvent considérée par les Occidentaux comme une société strictement hiérarchisée, dans laquelle les individus seraient prisonniers des castes - des catégories sociales, rigides, transmises de génération en génération. Une telle vision, si elle véhicule une part de vérité, n'en est pas moins réductrice. Le système des castes, inséparable de la religion hindoue à laquelle adhèrent aujourd'hui plus de 80 % des Indiens, s'est forgé sur près de trois millénaires, une longue période propice à de nombreuses évolutions sociales et religieuses.

L'époque moderne a vu l'Inde accéder à l'indépendance en 1947, adoptant une démocratie parlementaire et tentant d'abolir constitutionnellement les discriminations de castes... Et pourtant, aujourd'hui encore, la plupart des Indiens veillent toujours à ce que leurs alliances de mariage soient réalisées à l'intérieur de leurs groupes respectifs d'appartenance (castes ou sous-castes). Pour expliquer la persistance de ce système social, il convient de se pencher sur son rapport aux idées et valeurs religieuses.

Les sagesses du Monde indien

Groupe de Brahmins

Le système des castes viendrait d'une conception organique de l'ordre social énoncée dès l'aube de la civilisation indienne (du 2e au 1er millénaire avant notre ère) dans les Veda*[1], avec la notion de *Dharma** (« loi socio-cosmique »). Cette pensée repose sur une vision relationnelle de l'homme et d'un univers différencié en plusieurs mondes. Un hymne des Veda est consacré à l'homme cosmique, Purusha, et à son sacrifice par les dieux dont seraient issus les quatre *varna* (« couleur, classe d'hommes, ordre ») : de la tête vient la prêtrise brahmane* ; des épaules les guerriers et les rois *kshatriya* ; des cuisses les producteurs *vaishya* (paysans et commerçants) ; enfin des pieds les *shûdra* (incluant agriculteurs, artisans, etc.).

Dans les derniers siècles avant l'ère chrétienne, les textes normatifs (lois de Manou, traités de *Dharma*) énoncent que ces *shûdra* sont au service des trois premiers *varna* qui, eux, ont accès au Veda, enseigné par les seuls brahmanes. Les trois premiers varna font ainsi partie des « deux fois nés » à la suite d'une initiation. Selon ces textes, il n'y a pas de cinquième varna. Pourtant, le descendant d'une femme brahmane et d'un père *Shûdra* est un *chândâla* – homme méprisé, parce qu'issu d'un mélange de *varna*, et prototype des « intouchables ». Plus tard, on en parlera (à tort) comme de « hors-castes ».

Dès la période du Veda, constitué par des locuteurs d'une langue indo-européenne, le sanskrit*, est donc mise en évidence la relation binaire à partir de laquelle se construit la hiérarchie des *varna* et des castes. Le brahmane, détenteur

---

1- L. Renou *et al.*, *L'Inde classique*, vol. I, Payot, 1re éd., 1947 ; C. Malamoud, *Cuire le monde. Rite et pensée dans l'Inde ancienne*, La Découverte, 1989.

du *brâhman* (« formule rituelle », pouvoir religieux), barde et prêtre marié, dont le savoir est transmis dans un clan nommé, officie pour un sacrifiant - roi ou prince, détenteur du *kshatra* ou pouvoir temporel - qui fait faire des sacrifices pour son bien et rémunère le prêtre par des honoraires sacrificiels et des dons. On ne sait rien des populations qui vivent autour.

C'est cependant dans le même milieu que naissent (à partir du 6e siècle avant notre ère) des doutes sur l'agir dans le monde, et une réflexion métaphysique connue par les *Upanishad**. En effet, tout acte, y compris le rite, bon ou mauvais, « parce qu'il est fait en vue d'un résultat futur », condamne *l'homme* à renaître suivant ses mérites à un stade du continuum des êtres, depuis le brin d'herbe jusqu'au brahmane et au-delà, donc à re-mourir « pour récolter les fruits qui n'ont pas "mûri" dans la vie présente » : la question qui se pose alors est de savoir comment sortir du cycle des renaissances pour atteindre la délivrance (*moksha*), conçue comme la fusion du « soi » (*âtman**), principe qui anime l'être individuel, dans l'« Absolu de l'Être indifférencié » (*Brâhman**). L'abandon de la vie rituelle et sociale pour une existence d'ascèse et de mendicité auquel se livrent les renonçants sera une réponse individuelle qui dévalorise l'action dans le monde, source d'impureté[2].

L'avènement d'une théologie nouvelle

Une réponse alternative, entre d'autres considérées comme hérétiques par le milieu brahmanique, sera donnée par le Bouddha, « l'Eveillé », au 5e siècle avant notre ère. Celui-ci, méditant sur la souffrance, la maladie, la vieillesse et la mort, effets du désir et des actes, en conclut qu'on ne pouvait sortir du cycle des renaissances que par l'« extinction du soi », le *nirvâna**. Non seulement le Bouddha niait ainsi l'idée de « permanence de l'être » chère à la pensée brahmanique, mais surtout, en constatant que l'expérience de la souffrance est partagée par les hommes, il les déclarait égaux et prêchait la compassion, la non-violence, la tolérance.

D'emblée, l'idéal moral bouddhiste eut une portée universelle qui n'avait que faire du brahmane et de ses rites, refusait les discriminations statutaires. Les laïcs qui suivent cette prédication gagnent des mérites en nourrissant les moines du *Sangha**

2- Sur les thèmes essentiels de l'hindouisme, voir M. Biardeau, *L'Hindouisme. Anthropologie d'une civilisation*, Flammarion, « Champs », 1re éd., 1981 ; M. Biardeau, *Le Mahâbhârata. Un récit fondateur du brahmanisme et son interprétation*, 2 t., Seuil, 2002.

(communauté monastique bouddhiste) et, en principe, ne font plus entre eux de distinctions selon la naissance et les *varna*.

Cet état de choses ne troubla le milieu brahmanique qu'avec le règne du plus prestigieux empereur de la dynastie Maurya, Ashoka, au 3e siècle avant notre ère. Celui-ci, converti au bouddhisme, se donne en modèle, estimant que « l'exercice de la royauté doit être un moyen de faire progresser la vertu, de répandre et faire triompher les notions morales ». Il organise la propagation du bouddhisme et fait inscrire sur pierre, dans toute l'Inde, des édits dont la teneur morale est exceptionnelle pour l'époque. Les brahmanes ne sont pas persécutés, mais ces mesures « touchaient à un de leurs privilèges essentiels, celui d'être gardiens de la morale publique en tant qu'elle procède du Veda[3] ». Leur réaction est connue à partir des traités de *Dharma* qui réaffirment l'orthodoxie et les codes de conduite, classent la prolifération de petits regroupements sociaux en tant que *jâti* (« naissance, espèce », caste) ; car si un mélange de *varna* ou un mauvais *karman** dans une vie antérieure peut rendre compte de la renaissance dans une *jâti* de bas statut, la caste est d'abord transmise par la filiation.

Après Ashoka, les épopées, entre autres, marquent l'avènement d'une théologie nouvelle. La divinité du salut ultime, tantôt Vishnou, tantôt Shiva, auxquels s'ajoutera plus tard la Déesse, est conçue sous formes de « descente » (*avatâra**) ou de manifestations diverses. Il est en même temps affirmé que tout homme, quel que soit son statut, peut atteindre le salut par la dévotion (*bhakti**), à condition d'accomplir ses devoirs d'état, selon sa caste et son âge. Cet énoncé est étonnant : il introduit un degré d'universel, tout en maintenant l'ordre social. Ce sera l'hindouisme proprement dit, dont le développement prendra plusieurs siècles. Car l'Inde n'a jamais été politiquement unifiée, même si parfois une dynastie a dominé une aire suprarégionale et de petits royaumes ou chefferies, alliés ou en guerre. De même, les brahmanes, segmentés en castes, ne se sont jamais constitués en Église.

Toutefois, l'idée de la présence sur terre du divin fut réalisée par la construction de temples abritant la forme iconique de la divinité du salut et de ses assesseurs – ce que le rituel védique n'avait pas connu. En outre, le temple représente un microcosme, et la divinité est l'image idéale d'un souverain, entouré d'une cour divine et humaine. Les rois et autres chefs territoriaux, souhaitant être identifiés à cette image, ont fait construire des temples en dur (à partir du 4e siècle de notre ère), sur les murs desquels des inscriptions enregistrent, à la louange du roi régnant,

3- R. Lingat, *Royautés bouddhiques*, EHESS, 1989.

des décisions, des dons (terres, or) qui assurent le culte quotidien et festif. Cette épigraphie a permis d'établir l'histoire politique de l'Inde dans ses diverses régions, mais elle donne peu d'informations sociohistoriques.

Ces rois, par souci de légitimation (tous ne sont pas *kshatriya*), ont un ministre et des conseillers brahmanes et attirent des familles brahmanes par l'attribution de terres libres de redevances. Les inscriptions témoignent, ici ou là, de la relative autonomie, jusqu'au 12e siècle, de communautés agraires sédentarisées et intégrant par le bas des populations marginales. Leurs assemblées décident de dons en faveur des brahmanes et des dieux, règlent les différends locaux. Les marchands, itinérants et armés pour se protéger, constituent des sortes de guildes.

Parallèlement, puisque les noms et formes de la divinité ultime sont multiples, des maîtres spirituels, souvent renonçants, s'identifiant à la divinité dont ils auraient reçu le message qu'ils transmettent à leurs disciples, initient des mouvements sectaires. Ils s'organisent en monastères qui, dotés de terres par dons, sont quasiment de petites « royautés ». Si certains se soucient du statut des disciples, inversement, d'autres ont trouvé dans la *bhakti* des raisons de rejeter le brahmane, ses rites et la hiérarchie sociale - ce que fit au 7e siècle la secte des Lingayats, tout en se diversifiant vite à l'intérieur d'elle-même en castes et sous-castes.

L'invasion de l'Inde du Nord par des Turcs au 9e siècle, puis des Afghans et des Moghols jusqu'au 16e, implanta durablement l'islam en Inde. Si on ne peut exclure des violences ponctuelles, il n'y eut pas alors de guerre de religions. Les gouvernements musulmans instituèrent une administration politique et fiscale plus centralisée, mais ils trouvèrent un certain accommodement avec des élites hindoues, qui appréciaient la culture persane et acceptaient des charges administratives. La rencontre des mystiques du soufisme* et de l'hindouisme donna des œuvres remarquables, et quelques cultes locaux sont hindous et musulmans. L'Empire moghol fut affaibli pour les raisons mêmes qui avaient brisé les tentatives antérieures d'unification, à savoir la fragmentation politique de l'Inde en royaumes hindous ou musulmans, alliés ou en guerre.

Des mouvements de réforme religieuse et sociale

Si la société musulmane indienne a été amenée à distinguer en elle-même des statuts différents, les chrétiens n'ont pas non plus échappé au piège de la caste, comme le montre l'histoire du jésuite Roberto de Nobili. Ce missionnaire, s'inspirant de l'exemple de son condisciple Matteo Ricci en Chine, tenta de se fondre dans la société hindoue en adoptant le mode de vie des brahmanes pour la convertir de l'intérieur. Vont également en ce sens les récits missionnaires des « mœurs et coutumes des Indiens »[4], plus intéressés par les « brahmes » comprenant « diverses espèces », dont ils admirent les codes de conduite quant à la pureté tout en redoutant leur malice, que par les « paria* », « grossiers et ivrognes ».

Au 19e siècle, des Indiens lettrés, réagissant au regard missionnaire et colonial, initièrent des mouvements de réforme religieuse et sociale. Ils cherchèrent, suivant les cas, à prouver que l'Inde était monothéiste en référence au *Brâhman* suprême, que la spiritualité hindoue était universelle, ou qu'il fallait retourner aux origines védiques contre l'idolâtrie et les castes. Leurs spéculations furent orientées vers le sort et l'éducation des femmes, et vers l'action dans ce monde.

Après 1858, date à laquelle la Compagnie des Indes céda à la Couronne l'empire des Indes, les Britanniques procédèrent à la collecte systématique d'informations sur la société indienne. Ce dispositif à visées administratives vint compléter les connaissances accumulées depuis les Grecs par les voyageurs, les missionnaires puis les orientalistes sur un pays si diversifié géographiquement et socialement. Pour prélever l'impôt sur la terre, il fallait comprendre l'empilement des droits sur la production agricole, cadastrer les territoires pour instituer la propriété privée. Le droit positif et la création de tribunaux permirent alors de régler les différends en dehors de la justice de la localité et de la caste.

Surtout, l'entreprise de recensements décennaux fut un autre moyen de contrôle, l'enquête portant d'abord sur la religion et la caste – à quoi les individus répondirent en donnant le nom de leur village, ou de leur lignage, de leur sous-caste, de leur profession. Cette diversité fut réduite à un petit nombre de castes, tandis que les élites indiennes firent des pétitions pour prouver, sur base de mythes, que leur statut était supérieur à celui qui leur était attribué par les catégories administratives de castes. Ils formèrent ensuite des associations modernes de la caste, incitant leurs membres à adopter des coutumes « sanskritisées » (végétarisme, non-remariage des veuves, etc.), patronnant des collèges d'éducation moderne et se politisant. L'entreprise coloniale, en simplifiant le système des castes en groupes homogènes et fermés, verticalement rangés, l'a fait paraître très rigide et semble avoir alors durci les relations de domination. De même, les préjugés des Britanniques et leur stratégie de diviser pour régner opposèrent musulmans et hindous.

4- S. Murr, *L'Inde philosophique entre Bossuet et Voltaire*, EFEO, 2 vol., 1987.

La lutte pour l'indépendance les réconcilia momentanément, avec Jawaharlal Nehru et le Mahatma Gandhi, jusqu'au désastre de la partition de l'Inde et du Pakistan. Simultanément, des nationalistes hindous, plus hostiles aux « étrangers » – musulmans et chrétiens indiens – qu'aux Anglais, fondaient en 1925 l'hindouité (*hindutva*), identifiée à la Terre-Mère Inde – avec un réseau paramilitaire (responsable du meurtre de Gandhi en 1948), une association supposée être l'Église de tous les hindous et une branche politique (BJP) à présent au pouvoir.

Cette approche xénophobe, érigeant l'hindouisme en essence nationale au risque de la démocratie (en 1985, le nationalisme hindouiste n'avait pas encore montré toute sa capacité de nuisance), est contraire à ce qu'a été, et ce que reste peut-être dans des zones rurales, le système des castes tel que les monographies ethnologiques des années 1960 le découvraient, dans sa diversité, au point de parler de systèmes régionaux de castes[5]. Si les plus basses castes sont souvent les plus pauvres, la caste n'est pas une classe, puisque dans chacune d'elles les niveaux de *standing* ne sont pas homogènes – les brahmanes, même très pauvres, sont toujours supérieurs du point de vue du statut, c'est-à-dire de la pureté. L'abolition des royautés semble avoir détruit la relation binaire brahmane-roi, mais à tous les niveaux de culte, le rôle du sacrifiant est tenu par des dominants, des élites et des politiciens soucieux de leur prestige public. Si des jeunes gens de castes différentes se marient, ils ne sont plus excommuniés avec leurs familles – mais des attaques sanglantes ont parfois lieu si l'un d'entre eux est un *dalit* (ex-intouchable).

« Le principe de l'inégalité nécessaire »

S'il semble à présent difficile de parler de système, l'esprit de caste survit plus ou moins, exprimé dans les termes relatifs du pur opposé à l'impur, qui permettent toujours de distinguer des statuts inférieurs au sien. La notion religieuse de pureté, liée à la dévalorisation de l'action (biologique, physique) en ce monde, issue des idées du renonçant, recouvre aussi les rapports de domination. Logiquement et idéologiquement, la pureté et le savoir du brahmane, asymétriquement associés, non sans ambiguïté, au modèle faste et violent du pouvoir royal aidé par la

5- L. Dumont, dans *Homo hierarchicus* (Gallimard, 1966), fait l'inventaire des théories sur le système des castes et reprend la littérature ethnologique pour examiner les critères qui ont été analysés dans chaque cas afin d'essayer d'établir la hiérarchie locale à partir des transactions de nourriture, des distinctions vestimentaires, des services rituels accordés ou non par un prêtre brahmane, etc.

richesse marchande, produit « le principe de l'inégalité nécessaire[6] » des services qui avaient le monopole exclusif, selon les castes, de la production, puis de ceux qui « prennent sur eux » les pollutions qui y sont liées, préservant ainsi la pureté des castes supérieures. Le système institue donc une relation d'interdépendance, concrète et symbolique, des éléments par rapport à l'ensemble – en ce sens, il a une dimension religieuse.

Toutefois, si les conceptions religieuses aident à sa compréhension, il serait faux de prétendre que la société n'en est qu'une projection. Il faut d'abord constater que, dans toutes les populations indiennes, la filiation est unilinéaire – ce qui facilite la segmentation lignagère, soit la distinction d'aires d'exogamie se référant à une même origine ancestrale (et en Inde à un culte), en relation d'alliance avec d'autres lignages, définissant ainsi l'aire d'endogamie de la sous-caste et, virtuellement, de la caste. Par hypothèse, ce fait élémentaire de morphologie sociale semble avoir été très réceptif à l'idéologie brahmanique : à l'idée de permanence de l'être par le rapport à l'ancestralité, de l'importance du mariage pour la continuité du statut, à quoi s'ajoutent les multiples critères de différenciation (honneur, réussite, religiosité, etc.). Ce fait élémentaire se retrouve à tous les niveaux de la division du travail social des castes.

L'esprit de caste est donc l'expression de processus d'identification et de différenciation, qui définissent le sujet par ses relations et les obligations qu'ils imposent. Toutefois, le choix personnel d'une divinité du salut et la quête de maîtrise de soi (dévotion, jeûne, ascèse) offrent un exutoire à l'individu. En témoigne le cas des mendiants religieux, renonçant au monde, auxquels on ne peut refuser de la nourriture et qui, parcourant les lieux saints, en trouvent un à leur marginalité. Face à une société soucieuse de différenciations selon les divers points de vue relationnels, les rationalisations modernes et la compétition économique instrumentalisent tant les symboles religieux que les critères du statut, ainsi que l'exemplifient les « gourous modernes » qui politisent les valeurs ultimes[7]. De même, les jeunes gens de la branche paramilitaire de l'Hindutva – vêtus de safran, la couleur du renoncement, et utilisant parfois des tridents, l'arme du dieu Shiva et de la Déesse combattante –, se vouent à purifier la Terre Inde, y compris par l'assassinat organisé des « étrangers », indiens certes, mais musulmans et chrétiens, qui la « polluent ».

6- G. Duby, *Les Trois Ordres ou l'Imaginaire du féodalisme*, Gallimard, 1re éd. 1978, repris dans *Féodalité*, Gallimard, 1996.

7- L. McKean, *Divine Enterprise. Gurus and the Hindu Nationalist Movement*, University of Chicago Press, 1996.

VERS 800
Shankara réforme l'hindouisme

BRIGITTE TISON
Indologue, enseignante-chercheuse au Laboratoire de psychologie clinique et pathologie de l'université Paris-V, institut René-Descartes, psychologue, formatrice auprès d'équipes médico-sociales sur les rites et les traditions indiennes, auteure de *Comprendre la culture hindoue*, Chronique sociale, 2005.

L'Inde une et multiple, l'Inde suspendue à l'éternité... Combien de représentations se sont succédé dans l'imaginaire occidental ? Cette Inde, hors de tout temps, n'a jamais existé : le subcontinent a toujours été le lieu de nombreuses migrations (Aryens, Arabes, Moghols, Européens...). Les premiers fondateurs de l'hindouisme, d'abord appelé védisme, sont venus des bords de la mer Caspienne entre 1500 et 500 ans avant notre ère. Ils apportaient avec eux un corpus de textes (Veda*, *Upanishad**), les cultes rendus aux dieux et le système hiérarchique sociétal, articulé autour des castes, tel que nous le connaissons. Et l'Inde immobile n'existe pas non plus : le pays, ses croyances, ses traditions ont aussi été l'objet de profonds bouleversements internes. La fondation du bouddhisme par Siddharta Gautama aux 6e-5e siècles avant notre ère et la diffusion de ce même bouddhisme par Ashoka le montrent.

Les sagesses du Monde indien

Dévas (déités hindoues) priant Shankara.

La rencontre de l'Occident avec les religions et les philosophies de l'Asie est relativement récente. Elle s'est faite par le biais de la traduction des textes fondamentaux. L'héritage des humanités classiques, les effets de la colonisation, la complexité des pensées ont joué dans cette connaissance tardive. Alors que les Occidentaux ont besoin de délimitations, de classements, c'est l'inverse qui est recherché en Asie. Effacer les frontières, les apparentes contradictions, s'unir au Tout-Puissant, parvenir à cet état où tout s'estompe serait la sagesse.

Les Sagesses orientales

L'hindouisme pousse à la délivrance afin de ne pas renaître. À l'opposé des monothéismes qui conduisent l'individu vers une vie après la mort (la résurrection des corps...).

Le non-dualisme selon Shankara

Le dualisme est une doctrine qui oppose deux principes irréductibles. L'Occident met ainsi en vis-à-vis le bien et le mal... L'Inde procède différemment. L'une des écoles classiques, la Sâmkhya, fonde ainsi sa philosophie sur une dualité dans laquelle deux principes se complètent : d'une part, le *purusha* (sujet, esprit), masculin, immobile ; d'autre part, la *prakriti* (matière, nature), féminine et agissante.

C'est autour de 800 de notre ère que naît Shankara, l'un des plus grands philosophes indiens. Il va restaurer une certaine unité de la pensée indienne, transformer l'hindouisme. Ses spéculations visent à faire face à la fois à la multiplication des mouvements sectaires et à l'islam, alors tout juste arrivé en Inde.

Shankara souligne la distinction entre le royaume du *Brâhman** (Absolu) et le monde de l'expérience ordinaire, dans lequel notre *ego* se pense comme identité séparée. Pour lui, la libération n'est pas seulement la saisie de notre identité avec l'Absolu, mais aussi la reconnaissance de la nature illusoire du monde produit par la *mâyâ** (illusion). La réalité existe sur deux plans : celui, ordinaire, des objets et des *ego* séparés est illusoire, et le plan supérieur est réel. Le but de l'hindou est alors de transcender l'illusion de la réalité pour unir l'absolu et l'esprit. Pour ce philosophe qui s'appuie sur les *Upanishad*, il n'y a plus de dualisme. Il développe la métaphysique de l'unité entre l'*âtman** (âme) et le *Brâhman*, cet Absolu qui va conduire à l'abolition de l'*ego* et du flux perpétuel des renaissances, le *samsâra**. Deux termes indiens désignent l'Absolu : le *Brâhman*, l'être pur, la conscience pure (selon l'enseignement des *Upanishad*) ; et l'*âtman*, le soi, ce principe immortel que possède l'homme, appelé ultimement à se délivrer de son corps pour constituer une même identité avec le *Brâhman*.

Hélas, l'*âtman* se condamne par ses actes à renaître dans un corps animal. Pour échapper au *samsâra*, sortir de l'engrenage du *karman** de la société humaine, l'Indien peut choisir le renoncement. C'est lui qui assure la délivrance (*moksha*), but ultime de la spiritualité indienne. Cet état définitif et bienheureux auquel chaque individu aspire est décrit dans les textes où il est précisé qu'il peut être atteint avant la mort par de rares « libérés vivants ». Shankara est considéré comme tel.

La non-dualité ou monisme, autrement dit l'absorption de l'individu dans l'indifférenciation du tout (*tat tvam asi*, « Cela, tu l'es »), est transmise de génération en génération. C'est l'achèvement des Veda dans le Vedânta*. Pour Shankara, le *Brâhman* est la réalité unique de l'univers. Les dieux et les déesses ne sont que des phénomènes changeants. Il n'y a ni création ni destruction absolues. Le *Brâhman* subsiste en permanence. La réalité ne peut disparaître dans le néant. Shankara fit de ce principe l'argument de la philosophie non dualiste de l'école Advaita-Vedânta, dont il est le fondateur, dès le 9e siècle. Ce qui compte pour lui, c'est de maintenir un esprit critique vis-à-vis des textes et, surtout, de ne pas adopter une attitude de soumission à un enseignement reçu. Ce qui ne le conduit pas néanmoins à la pensée cartésienne (« je pense donc je suis »). Il ne sépare pas le soi du soi connaissable. Il s'inscrit dans la grande tradition hindoue (croyance dans le cycle des renaissances, liées au *karman*, ces faits accumulés dans les vies antérieures). À ses yeux, l'univers et tout ce qu'il contient proviennent d'un jeu divin (*lila*), d'une illusion (*mâyâ*) qui égare l'esprit non averti. L'Absolu est indivisible et inexprimable.

Au-delà du bien et du mal

La connaissance est essentielle dans l'obtention du salut. Les rites facilitent la purification nécessaire pour que l'esprit se rende disponible à la discipline supérieure qui est d'ordre cognitif.

Ceux qui sont conscients de l'identité de leur soi individuel avec le *Brâhman* peuvent réaliser l'union avec ce dernier. L'Inde du védantisme de Shankara a toujours attiré : à la fin du 19e siècle, le sage hindou Râmakrishna* ; puis au 20e siècle, son disciple Vivekananda, Romain Rolland, Krishnamurti… Le Vedânta*, qui enseigne l'identité de l'âme individuelle et du tout (l'Absolu), peut amener le disciple à « réaliser » cette identité en lui en s'appuyant sur la technique des *yoga*. Les individus sont libérés de tout dogme, de toute pratique, de toute contrainte morale puisqu'ils se situent d'emblée au-delà du bien et du mal. Ce qui ne veut pas dire que l'aventure est sans difficultés.

Au final, l'identification du soi et de l'Absolu peut être comprise de deux façons opposées : soit comme la perte de toute individualité après la mort, soit comme la promotion de l'individu grâce à l'identification à l'Absolu. Cette dernière version expliquerait l'attirance ressentie par certains Occidentaux vis-à-vis de l'hindouisme : cette doctrine permettrait d'atteindre la délivrance de son vivant, placerait l'individu au-dessus de toute norme sociale, tout en restant compatible avec les valeurs occidentales.

La persistance des castes

L'Inde légendaire des temples et des maharajahs, l'Inde spirituelle des voyageurs en quête d'eux-mêmes, l'Inde des écarts entre technologie avancée et pauvreté absolue fait souvent oublier que ce sous-continent est aussi le creuset d'une institution présumée unique au monde, celle des castes, dont l'image, elle aussi, est sujette à de forts contrastes.

Caste et démocratie font, *a priori,* mauvais ménage, et l'Inde, depuis son indépendance, s'est appuyée sur des principes d'égalité communs aux nations modernes, a aboli les exclusions les plus voyantes concernant les intouchables, et a même mis en place des politiques de discrimination positive à l'égard des plus basses castes et des exclus du système (tribus). Dans ces conditions, on pouvait s'attendre à un déclin de la caste mais, comme le soulignent Robert Deliège et d'autres observateurs, il n'en est rien : l'accès à l'éducation, le mariage, l'ouverture à l'emploi, à la représentation politique, et certaines formes de vie religieuse et culturelle sont, dans l'Inde contemporaine, étroitement liés à l'appartenance à une caste.

Ainsi, dans l'opinion, l'importance de la caste n'a fait que croître avec le temps, au point que 60 % des Indiens lui accordent aujourd'hui une place essentielle, contre 40 % au lendemain de l'indépendance. Comment comprendre cela ? Selon Deliège, notre étonnement provient d'une perception partiellement erronée de ce qu'est le système des castes, issue d'une tradition sociologique.

Un des aspects les plus remarquables de cet essai est de mettre en lumière la transformation du rôle des castes dans l'Inde moderne : de supports d'une hiérarchie de fonctions à la fois rituelles et corporatives, les castes sont devenues l'instrument d'une concurrence entre de grands blocs de communautés pour l'accès aux ressources économiques et sociales, à la culture et au pouvoir. On en trouvait d'ailleurs l'illustration directe dans le livre de Véronique Pache-Huber, *Noces et négoce. Dynamique associative d'une caste de commerçants hindous* (Institut d'ethnologie de Neuchâtel/MSH, 2002), consacré à l'étude d'une caste de marchands panindienne, les Maheshwari, qui, rassemblés en association dès la fin du 19e siècle, s'est constituée en une communauté nationale dotée de ressources éducatives et financières, de règles qui lui sont propres, et d'un pouvoir qui, pour être surtout régional, n'en est pas moins important.

Le cas des Maheshwari est symptomatique de la capacité de certaines castes à tirer parti du libéralisme, voire du capitalisme moderne, tout en gardant les traits fondamentaux de la caste : mariages endogames, culte d'une divinité propre, identité professionnelle emblématique. L'identité de caste des Maheshwari obéit donc à une logique traditionnelle, mais cela ne s'est pas fait sans quelques changements dans les rapports internes à la caste : atténuation des hiérarchies entre sous-castes, unification de la langue et des pratiques rituelles, élimination des coutumes évoquant les basses castes (danses de courtisanes, dépenses ostentatoires). Ce dernier trait est d'ailleurs une tendance générale dans l'Inde d'aujourd'hui, qui permet de jeter un doute sur la supposée immobilité du système des castes : beaucoup de castes inférieures ou moyennes ont cherché à améliorer leur position sur l'échelle de pureté rituelle en adoptant les coutumes des castes supérieures, selon un processus qualifié de « sanskritisation », c'est-à-dire de retour aux sources écrites de l'hindouisme ancien.

Cette recherche concurrentielle de « pureté » suggère, selon Deliège, que la hiérarchie des castes, bien que s'exprimant dans un langage religieux, n'est pas pour autant déterminée par cette dimension : une caste peut améliorer sa position par d'autres voies, celle de la domination sociale, de la puissance économique ou, comme les intouchables, par le biais de l'expression politique. Reste à savoir quelle leçon on doit tirer de ces études sur le devenir historique des castes indiennes.

Pour Pache-Huber, l'histoire des Maheshwari est avant tout démonstrative des capacités remarquables d'adaptation au monde moderne dont fait preuve le système traditionnel des castes. Deliège en convient, mais insiste aussi sur les risques que représentent la montée des rapports concurrentiels entre les castes et la dérive communautaire qui s'ensuit, mettant en péril la démocratie indienne.

Nicolas Journet

À LIRE
Robert Deliège (dir.), *Les Castes en Inde aujourd'hui*, Puf, 2004.

Géopolitique des religions indiennes

Le Temple d'Or, bâtiment le plus sacré pour les Sikhs.

INGRID THERWATH
Journaliste, spécialiste de l'Inde, auteure, avec Jean-Charles Lagrée et Karyn Poupée, de *Être jeune en Asie*, Philippe Picquier, 2015.

En 1949, deux ans et demi après avoir accédé à l'indépendance, l'Inde s'est dotée d'une Constitution. Son préambule stipule qu'elle est une République laïque. Le mot employé est « *secular* », ce qui recouvre une réalité très éloignée de la laïcité telle qu'elle est conçue en France. Il ne s'agit pas pour l'État de se dissocier des différentes religions, mais de se tenir à égale distance des différentes communautés religieuses du pays. Leur rôle comme interlocuteur est donc validé par le concept même de « secularism ».

Avant 1947, sous le régime colonial britannique, le principe des électorats séparés pour les hindous, les musulmans et les sikhs avait consacré l'idée des communautés religieuses comme acteurs politiques. Après l'indépendance, les électorats séparés sont abandonnés dans un souci de réaffirmation de l'unité de l'Inde et de l'égalité des Indiens devant le suffrage. En effet, la représentation politique ne devait pas signifier que les différentes communautés ne pouvaient être représentées que par leurs membres. « Nous remplaçons, souligne Sunil Khilnani, l'idée de représentation politique par celle de reflet social (…). Il y a là une ironie troublante. La plus grande réalisation de soixante ans de démocratie en Inde a été de politiser l'ordre social. Les appartenances sociales apparemment immémoriales comme la caste, la religion et la culture sont devenues des appartenances politiques. »

La démocratie indienne, en voulant être la plus inclusive possible, a ainsi largement contribué à la construction, la fixation et à l'émergence de nouvelles identités communautaires fondées sur les principes même qu'elle voulait combattre. Ainsi en devenant plébéienne, la démocratie a-t-elle peut-être aussi favorisé le sentiment d'appartenance à des sous-groupes, religieux mais aussi de caste, régionaux et linguistiques, au détriment d'une identité nationale plus large et plus abstraite.

Hindu Rashtra

D'après le recensement de 2011, l'Inde compte un peu plus d'1,2 milliard d'habitants. 79,80 % sont hindous, 14,23 % musulmans, 2,30 % chrétiens, 1,72 % sikhs et 0,70 % bouddhistes. L'Inde contemporaine a construit son identité nationale sur l'idée d'une coexistence harmonieuse entre différentes communautés. Pour autant, les nationalistes hindous, au pouvoir depuis 2014, appellent de leurs vœux une Inde officiellement hindoue, bien éloignée des idéaux inscrits dans la Constitution et défendus par Jawaharlal Nehru, *leader* indépendantiste et premier Premier ministre de l'Inde indépendante. Cet « *Hindu Rashtra* » (nation hindoue) serait une Grande Inde, dont les frontières engloberaient l'ensemble de l'Asie du Sud et où les minorités religieuses, notamment les musulmans, ne seraient que tolérées.

Le nationalisme hindou, représenté aujourd'hui en politique par le Bharatiya Janata Party (BJP, Parti du peuple indien), s'est formalisé à la fin du 19e siècle. Il s'est développé dans une double opposition, à la fois au christianisme incarné par les colons britanniques, et à l'islam, dont se réclamaient non seulement une portion importante de la population, mais aussi les empereurs moghols qui avaient régné sur une grande partie du pays de 1526 à 1857. Cette double opposition se traduisait par un rejet d'une part, et par un phénomène d'imitation d'autre part. Les religions du Livre étaient perçues comme plus fortes. Certains de leurs traits ont été incorporés dans la pensée nationaliste hindoue, comme la nécessité d'une communauté de croyants voire d'un clergé unifié, deux éléments inexistants dans l'hindouisme et dont l'absence était perçue comme une fragilité. On parle alors de « syncrétisme stratégique », pour reprendre une expression du politologue Christophe Jaffrelot.

Malgré leur supériorité numérique frappante, les hindous sont présentés, par les nationalistes hindous, comme des victimes, majorité silencieuse souffrant des droits accordés aux minorités et en passe d'être écrasée démographiquement comme politiquement. Les extrémistes hindous évoquent l'idée d'une submersion démographique, qui n'est pas sans rappeler les discours de haine en France autour du fantasme d'un « grand remplacement ». Ils agitent également le spectre du *« love jihad »*, guerre sainte de l'amour lors de laquelle des jeunes hommes musulmans séduiraient délibérément des femmes hindoues pour les convertir à l'islam. Pour eux, les sikhs et les bouddhistes notamment sont assimilés aux hindous, car ils font coïncider territoire, religion et nationalité. Ces religions sont présentées comme « des religions du sol », nées en Inde même et non importées. Cette idéologie est représentée principalement par une organisation, le Rashtriya Swayamsevak Sangh (Association de volontaires nationaux, RSS), fondée en 1925. Cette organisation est une milice, dont le style est directement inspiré par les faisceaux mussoliniens. Elle s'est dotée, au fil des décennies, de très nombreuses branches en Inde comme à l'étranger : un syndicat étudiant, un syndicat paysan, un syndicat ouvrier, une maison d'édition, un journal, une branche pour les femmes, etc. Le BJP est la branche politique de cette organisation. Ses dirigeants rendent donc des comptes au RSS.

Les émeutes intercommunautaires

Les tensions intercommunautaires entre hindous, musulmans et sikhs atteinrent un paroxysme avec la partition entre Inde et Pakistan en 1947. Des massacres de part et d'autres des nouvelles frontières, et à bord des trains reliant notamment Delhi et Amritsar, en Inde, à Lahore, au Pakistan nouvellement créé, firent plusieurs centaines de milliers de morts. Depuis, aucun épisode de violence religieuse n'a connu la même ampleur. Les décennies qui ont suivi ont été émaillées d'émeutes intercommunautaires entre hindous et musulmans, généralement orchestrées à l'occasion d'élections pour infléchir le vote. L'épisode le plus marquant est connu sous le nom d'« émeutes du Gujarat ». Ces dernières opposèrent en 1969 hindous et musulmans dans toute la région et furent déclenchées par la destruction d'un temple à Ahmedabad. Elles firent environ 600 morts, aux deux tiers des musulmans.

Dans les années 1970, un séparatisme sikh se développa au Pendjab. Les tensions, particulièrement vives, culminèrent en 1984 lorsque la Première ministre Indira Gandhi ordonna l'assaut du Temple d'or, lieu saint du sikhisme où étaient retranchés des séparatistes armés. Le carnage qui en résultat émut profondément la communauté sikhe et au-delà, et motiva un garde du corps d'Indira Gandhi à l'assassiner. Des pogroms antisikhs particulièrement meurtriers, encouragés par le parti du Congrès dont était issue I. Gandhi, se déroulèrent alors à Delhi. Ils firent environ 15 000 morts et 50 000 déplacés.

Le milieu des années 1980 vit également un regain les crispations identitaires entre hindous et musulmans, avec le mouvement pour la construction d'un temple au dieu Râma, à Ayodhya, son lieu de naissance dans la mythologie hindoue, en lieu et place de la mosquée Babri, érigée au 14e siècle. En 1992, la mosquée fut détruite par une foule de militants extrémistes hindous, qui ouvrirent ainsi une nouvelle ère de tensions. Ces militants étaient soutenus par plusieurs élus et futurs élus du BJP. Les émeutes qui suivirent firent de nombreuses victimes, notamment à Bombay, la capitale économique. En 1998, pour la deuxième fois depuis l'indépendance (leur gouvernement ne dura que quelques mois en 1996), les nationalistes hindous arrivèrent à la tête du pays. Plusieurs *leaders* du mouvement pour la construction du temple de Râma, qui avaient encouragé la destruction de la mosquée Babri, occupaient des postes ministériels.

Les discriminations d'un hindouisme politique

En 2001, Narendra Modi, issu directement des rangs du RSS, fut élu sous étiquette BJP à la tête de l'État du Gujarat. Sous son mandat furent orchestrés des pogroms antimusulmans, après l'attaque d'un train de pèlerins hindous à Godhra, qui firent plus de 1 000 morts, majoritairement des musulmans. N. Modi dirige l'Inde depuis mai 2014 et, depuis, les tensions intercommunautaires et les discriminations à l'encontre des minorités, notamment les musulmans mais aussi les chrétiens, ont flambé, ainsi que les agressions contre les personnes de basses castes et intouchables.

Ces dernières subissent les discriminations d'un hindouisme politique marqué par la domination brahmane* et du Nord de l'Inde. Bien au-delà des menaces que font peser sur eux les extrémistes hindous et pour se libérer du joug d'une religion qui les plaçaient souvent en deçà de l'humanité, de nombreux intouchables ou *dalit* (littéralement opprimés) suivirent l'injonction de Bhimrao Ambedkar, *leader* indépendantiste, éminent juriste et rédacteur de la Constitution. B. Ambedkar les enjoignit en effet dès les années 1950 à se tourner vers le bouddhisme, où les discriminations de castes n'avaient pas cours et qui présentait l'avantage d'être une religion née en Inde, contrairement au christianisme importé. De nombreux *dalit* se sont donc convertis, tantôt au christianisme, attrayant par son universalisme, tantôt au bouddhisme. Ces deux religions leur firent office de refuge.

L'autre constitutif en regard de qui s'est construit en plus de l'hindouisme politique est le musulman, même si les références et l'opposition aux missions chrétiennes jouèrent un rôle non négligeable. Depuis la création du Pakistan, le 14 août 1947, cette opposition a pris une place prépondérante dans la pensée nationaliste hindoue, aujourd'hui représentée par le gouvernement. Pour autant, le fait que l'Inde ait été le deuxième pays musulman du monde après l'Indonésie (l'Inde occupe désormais la troisième place après l'Indonésie et le Pakistan) a joué un rôle très important dans la proximité de New Delhi avec la Ligue arabe, et les régimes arabes en pleine décolonisation notamment au sein du mouvement des non-alignés dans les années 1950 à 1970-1980.

Islamophobie et nationalisme hindou

Le séparatisme cachemiri et l'assassinat de 300 pandits, des hindous de haute caste, au Cachemire en 1990 ont particulièrement frappé l'opinion publique indienne et internationale. Ils ont encore d'avantage polarisé les communautés, notamment au nord du pays. Au sud, les liens de la communauté musulmane du Kerala avec le Golfe, où une partie importante de la population émigre pour occuper des postes intermédiaires ou d'ouvrier, font craindre une arabisation de l'islam malayali. Au nord-est, au Bengale et au Bihar notamment, sont implantées des cellules d'organisations terroristes islamistes basées au Bangladesh.

Sur le plan national, les attentats perpétrés par le Lashkar-e-Taiba, une organisation terroriste basée au Pakistan, contre le Parlement indien en 2001 puis à Bombay en 2008 ont nourri un nationalisme hindou, dont une des caractéristiques majeures est l'islamophobie, déjà en plein essor politique. Depuis les élections législatives nationales de 2014, les dernières en date, seulement 23 des 543 députés sont de confession musulmane. Il s'agit du chiffre le plus bas depuis l'indépendance de l'Inde. La question de la représentation des minorités et plus largement de la représentativité de la démocratie indienne se pose donc de façon toujours plus cruciale.

Le yoga au-delà des clichés

YSÉ TARDAN-MASQUELIER
Docteure en anthropologie religieuse, directrice du DU « Cultures et spiritualités d'Asie » à l'Institut Catholique de Paris, co-présidente de la Fédération nationale des Enseignants de Yoga, auteure en particulier de *Un milliard d'hindous*, Albin Michel, 2007, *L'Esprit du Yoga*, Albin Michel, 2014 et *Petite spiritualité du Yoga*, Bayard, 2018.

Il semble que tout le monde ou presque goûte aux promesses du yoga aujourd'hui. Pratique mondialisée, adaptée à des modes de vie hypermodernes, créditée de bienfaits contre le stress et diverses maladies, il est associé à un regain d'intérêt pour le corps et à un désir de transformation qui nourrit des quêtes existentielles.

Hypothèses sur les origines

De l'histoire du yoga, on sait généralement qu'il vient d'Inde, qu'il possède un texte de référence, les *Yoga-sûtra*, et qu'il a été diffusé par quelques *gurû**, dont certains sont considérés comme de véritables stars. C'est peu pour une discipline millénaire, qui a tenu une place significative dans la très riche culture du sous-continent indien, et qui n'a cessé de s'adapter à de nouveaux contextes, de répondre à des questions inédites.

Milieu du 3e millénaire avant notre ère, sur les bords de l'Indus : il est d'usage de faire graver les sceaux servant de signatures ou de titres de propriété ; on y voit des scènes animalières, des décors végétaux, des semis d'étoiles, et il se peut

La nouvelle histoire **du yoga**

Pendant longtemps les études sur le yoga ont souffert du divorce entre deux mondes, celui de l'indianisme savant qui ne considérait pas le yoga comme un objet légitime, et celui d'un orientalisme aux références historiques douteuses. Depuis le début du 21e siècle, les choses changent et des recherches universitaires innovantes, en jetant une lumière nouvelle sur l'histoire du yoga, éclairent différemment des pans entiers de la culture indienne, notamment à l'époque médiévale et moghole. Réinterrogeant aussi les grands concepts des *Yoga-sûtra*, elles les intègrent à un paysage d'ensemble plus vaste, plus riche de significations, où le bouddhisme et les autres grandes constructions doctrinales ont leur part.

Y.T.-M.

que ces signes soient ceux d'un langage, encore non déchiffré. L'un de ces objets minuscules présente un personnage assis jambes repliées, le sexe dressé, portant des attributs divins ; le grand archéologue des sites de l'Indus, sir John Marshall, a voulu voir en lui un « proto-Shiva », une ébauche de celui qui sera le dieu par excellence des *yogi*. D'où l'hypothèse, invérifiée, de l'existence d'un yoga « préaryen », c'est-à-dire antérieur à la migration des tribus Âryas qui arrivent sur l'Indus au début du 2e millénaire avant notre ère. Si la chose était avérée, il aurait existé une forme de yoga autochtone recouverte ensuite par la culture védique élaborée par les Âryas, et ce yoga premier resurgirait à différentes époques en marge de l'hindouisme majoritaire, dans des formes chamaniques ou dans les cercles ésotériques qu'on appelle « tantriques ». Tout cela reste à prouver.

La construction d'une sagesse

Dans le Veda*, qui est le premier grand corpus de référence en sanskrit*, le mot yoga apparaît, à partir d'une racine verbale (*yuj-*) qui nous a donné en français « joug, joindre ». Il désigne l'action d'atteler, activité habituelle dans un milieu guerrier qui célèbre ses actions héroïques. De là, yoga prend un sens métaphorique : le poète « attelle ses pensées » afin de produire un beau chant. Quelques siècles plus tard, le *yogi* est « celui dont les sens sont bien attelés », le cocher avisé qui maîtrise ses affects et son esprit afin de remporter le prix de la libération.

Indien de haut rang dans la posture de l'arc, gouache, Inde (19ᵉ siècle).

Remarquons qu'il n'est nullement question ici de ce qui fait dans l'Occident contemporain la popularité du yoga : la variété illimitée des postures. Aux 6ᵉ et 5ᵉ siècles avant notre ère, la grande question, qui est à l'origine du bouddhisme, du jaïnisme, des premières thérapies, c'est celle de la souffrance et de ses remèdes. On s'interroge sur le fonctionnement de l'esprit pour saisir ce qui l'afflige et comment accéder à la sérénité ; sur l'attachement à l'action et à ses fruits ; sur la réalité ou non d'une conscience profonde, insoumise aux changements qui affectent la personnalité superficielle ; sur l'opportunité de quitter la société pour mener une vie renoncée. Dans ce contexte, le mot yoga apparaît lié à certaines expériences ascétiques qui visent à « échauffer » le corps afin de produire une purification et une transformation. Lié aussi à la recherche d'états méditatifs, qui est l'une des grandes préoccupations de l'époque et qui s'obtient en particulier par la régulation respiratoire.

En même temps, l'ancien contexte védique ne s'est pas tout à fait évanoui : en témoigne la célèbre *Bhagavadgîtâ** qui décrit deux cousins juchés sur un char de guerre, l'un, Arjuna, recevant les enseignements de l'autre, Krishna, incarnation du grand dieu Vishnou. Qu'il s'agisse d'une éthique de l'action, d'une voie spéculative ou d'une démarche d'union mystique, ces enseignements sont tous qualifiés de yoga.

Au début de notre ère, les métaphysiciens indiens se livrent à un important travail d'élaboration doctrinale qui aboutit à la définition de voies de salut distinctes. Le yoga n'échappe pas à cette codification, avec un traité composé par un érudit du nom de Patañjali*, les *Yoga-sûtra*. Ce texte fait l'analyse des obstacles à la libération de l'esprit et propose, après une phase préliminaire, une réalisation en huit étapes, qui couvrent aussi bien les comportements appropriés que les états de concentration, de méditation et d'absorption profonde. Patañjali et ses premiers commentateurs ne manifestent aucun intérêt pour les postures : leur souci principal, c'est de permettre au *yogi* de trouver une assise stable et souple afin de demeurer longtemps dans l'immobilité méditative.

Le hatha-yoga et la géographie du corps

Le tantrisme – que l'on nomme ainsi d'après ses textes de référence, les *tantra* – propose un nouveau discours sur le corps, tout en revisitant des spéculations très anciennes. À partir des 8e-9e siècles, il va imprégner l'ensemble de la culture du sous-continent, y compris le bouddhisme au Tibet. Le corps tantrique est un microcosme analogue du macrocosme, parcouru des mêmes énergies ; il est un laboratoire d'évolution, car dans cet espace intérieur le *yogi* projette visuellement le chemin spirituel qu'il emprunte. Les postures et les techniques respiratoires ont alors un rôle essentiel : elles éveillent, accumulent, déchargent l'énergie vitale selon certains circuits prédéterminés par une cartographie qui varie sensiblement d'un groupe à l'autre. Ce corps imaginal est polarisé, et l'obtention de la libération se réalise par une fusion des opposés représentée par l'union sexuelle de deux archétypes divins. Il s'agit, au final, de faire monter la force animatrice conçue comme une réserve divine en l'individu humain, et par cette ascension, de transmuter la nature charnelle du corps en sa véritable essence. Le hatha-yoga est le versant méthodique de cette alchimie intérieure ; il fit facilement figure de pratique exotique, scandaleuse et fascinante aux yeux d'Européens éduqués selon les codes victoriens…

Nous avons hérité sans le savoir de cette histoire complexe, celle d'une pratique corporelle à visée métaphysique, une réalité difficilement identifiable par nos propres catégories de pensée. En quête d'une place plus enviable pour le corps, la sensation et l'émotion bannies par un rationalisme excessif, nous avons fait du yoga, dût-il en souffrir, une forme de contre-culture axée sur le souci de soi et la « spiritualité ». C'est là la raison principale de son succès exponentiel, mais cette nouvelle époque de son développement nécessite un encadrement pédagogique et déontologique, dans un monde où la dérégulation menace l'équilibre de beaucoup de méthodes de développement personnel.

Comment le yoga a conquis l'Occident

VÉRONIQUE ALTGLAS
Maître de conférences en sociologie à la Queen's University de Belfast, elle a publié *Le Nouvel Hindouisme occidental*, CNRS, 2005.

La popularisation du yoga a tout d'abord débuté dans le contexte des années 1970, alors que la jeune génération contestataire se prend à rêver d'Orient. Certains font même « la Route » pour rejoindre la péninsule indienne et y découvrir ashrams*, *gurû**, yoga et méditation ; d'autres encore s'initient au bouddhisme. En Europe et en Amérique du Nord, la pratique des arts martiaux et du yoga explose et ne cesse de se diffuser. Elle est à présent parfaitement intégrée aux sociétés occidentales : ainsi, une enquête effectuée par Ipsos en 2010 sur le rapport des Français à leur corps et au bien-être constate que 13 % d'entre eux pratiquent des activités dites de relaxation, notamment le yoga et la méditation. La diffusion du yoga dans les sociétés occidentales représente donc un changement culturel important, qui s'inscrit dans la diffusion d'une mosaïque de pratiques originaires d'Asie – arts martiaux, méditation, âyurveda* ou feng shui*. Mais comment comprendre cet engouement durable ?

Les Sagesses orientales

L'Inde, « Orient mystique » ?

Tout d'abord, l'attraction pour le yoga est liée à une certaine fascination que les Occidentaux sont susceptibles de nourrir pour une Inde idéalisée. Ses traditions semblent plonger dans l'éternité et, bien que la pratique du yoga se soit modifiée et diversifiée au cours du temps, on y voit une stabilité et une profondeur garantes d'authenticité. En outre, l'Inde est perçue, certes comme un autre monde, mais surtout comme « une terre sacrée ». Elle semble détenir l'essence du religieux et exhaler la spiritualité dans tous les aspects de la vie quotidienne. On prête à la population indienne une spiritualité pure et spontanée qui contraste avec le religieux vécu en Occident, dépossédé d'une telle authenticité. Car enfin, c'est là l'essentiel : l'Inde apparaît comme un « Orient mystique » avec sa magie et ses mystères, détentrice de sagesse et de connaissances spirituelles qui auraient disparu dans notre société. « Les choses qui viennent de là-bas m'intéressent », me dit un fervent pratiquant de yoga, car elles peuvent « m'offrir justement la possibilité d'accéder à quelque chose qu'ici on n'a pas. » Ainsi, le mythe d'un Orient mystique joue le rôle de miroir et reflète les aspirations des Occidentaux, convaincus d'y trouver là une réponse aux affres de notre modernité. Comme le remarquait fort justement Michel Hulin, spécialiste de la philosophie indienne, « tout se passe comme si, un peu partout en Occident, le monde indien était ressenti comme l'altérité suprême par rapport à laquelle les courants religieux, les idéologies, voire les philosophies elles-mêmes éprouvent le besoin de se définir[1] ».

Cette représentation de l'Inde comme altérité parfaite de notre société ne date pas d'aujourd'hui, bien au contraire. Les études orientalistes prennent leur essor à Calcutta à la fin du 18e siècle avec la création de la Société asiatique du Bengale. Et dès la fin du 19e siècle, la connaissance et l'étude des traditions religieuses indiennes constituent, pour les orientalistes romantiques, un espoir de régénérescence de l'Occident.

Dans cette ère de découverte et de conquête coloniale, on travaille à la découverte, la traduction, le commentaire et l'épigraphie de textes philosophiques et religieux de l'hindouisme. Mais ce n'est pas l'Inde contemporaine, perçue comme une civilisation déclinante et noyée dans un obscurantisme que l'on compare au Moyen Âge, qui fascine. Il s'agit de son passé qu'il convient de retrouver. En effet, aux yeux des orientalistes romantiques, les sources antiques de la civilisation européenne sont à chercher dans une Inde primordiale. Aussi cette recherche d'un âge d'or indien nourrit l'espoir de voir l'Europe régénérée par l'Inde, comme elle l'a pu l'être au temps de la Renaissance par un retour aux sources antiques gréco-latines. On ne pourrait mieux capturer cette aspiration à la renaissance que Victor Hugo : « Au siècle de Louis XIV, on était helléniste, maintenant, on est orientaliste. Il y a un pas de fait. Jamais tant d'intelligences n'ont fouillé à la fois ce grand abîme de l'Asie... Le *statu quo* européen, déjà vermoulu et lézardé, craque du côté de Constantinople. Tout le continent penche à l'Orient[2]. »

Tandis que l'Occident semble se fissurer sous les coups de la modernité qui s'accélère au 19e siècle (industrialisation, urbanisation, montée de l'individualisme), seules la sagesse et l'authenticité d'un Orient mystique pourraient alors vaincre ses tendances matérialistes et mécanistes. Il faut noter que cette quête de régénérescence de l'Occident par la découverte d'un Orient idéalisé a eu une influence considérable sur les humanités européennes. Elle a laissé une empreinte sur les plus grands philosophes tels Georg Hegel, ou Arthur Schopenhauer qui renouvelle la pensée en s'inspirant du bouddhisme et du Vedânta*. Elle a inspiré les courants artistiques majeurs, tels le romantisme européen et le transcendantalisme américain. Enfin l'image de l'« Orient mystique » a considérablement imprégné l'ésotérisme occidental, notamment *via* la Société théosophique, fondée en 1875 à

1- M. Hulin, « L'Inde comme lieu des figures de l'autre », *in* M. Hulin et C. Maillard, *L'Inde inspiratrice. Réception de l'Inde en France et en Allemagne (XIXe-XXe siècle)*, Presses universitaires de Strasbourg, 1996.

2- V. Hugo, *Les Orientales*, 1829, rééd. LGF, 2000.

New York dans le milieu spirite, et premier relais ésotérique de concepts empruntés à l'hindouisme.

Le yoga aujourd'hui : une pratique avant tout

La quête d'une spiritualité « orientale » dont on espère qu'elle saura compenser les affres de notre société contemporaine ne s'est pas démentie au tournant du 21e siècle. Toutefois elle prend de nouvelles formes : elle ne passe plus par une connaissance intellectuelle ou par une inspiration artistique, mais par une expérience personnelle directe.

Et précisons également que chez nos contemporains cette expérience s'inscrit souvent dans un nomadisme un peu éclectique juxtaposant yoga, méditation, bouddhisme et taoïsme, développement personnel, thérapies holistiques, massages chinois, reiki* ou arts martiaux. En effet, pour ceux qui ne considèrent pas le yoga uniquement comme une forme de gymnastique douce mais approfondissent sa pratique, il ne s'agit pourtant pas d'une conversion à l'hindouisme. C'est l'aspect pratique, concret des enseignements d'origine indienne – méditation, postures de yoga, chant de *mantra** – qui est recherché, et ce bien souvent au détriment des rituels, doctrines hindoues et de leur arrière-plan culturel. Ainsi, paraphrasant la publicité d'une célèbre marque de vêtements de sport, une pratiquante de yoga résume : « *Just do it.* C'est vraiment ça, le yoga. » Bien que le yoga soit originellement inséré dans un système philosophique et religieux très complexe, il est donc envisagé comme un enseignement dans l'action, largement supérieur à la connaissance livresque qu'il s'agit de dépasser.

Le yoga est en effet souvent décrit comme participant d'un « style de vie », une « façon de faire face à la vie », ou encore comme « un art de vivre au quotidien », c'est-à-dire une manière d'agir qui oriente le quotidien et peut guider une conduite de vie, tant sur le plan physique que psychologique ou même éthique. Plus généralement, yoga et méditation sont décrits comme une « technologie spirituelle » ou « thérapeutique », des « outils », une « trousse de secours » ou encore comme une « soupape de sécurité ». Ces métaphores soulignent le rôle particulier, quasi thérapeutique, que viennent à jouer ces pratiques.

Tandis qu'en Inde le yoga est traditionnellement partie prenante d'une quête de salut religieux voulant arracher l'individu au monde et ses souffrances que renouvellent sans cesse les cycles de la réincarnation, la grande majorité des pratiquants fervents de yoga et de méditation l'envisagent tout autrement. Ils adoptent le yoga ou la méditation comme autant d'outils efficaces contribuant à un perfectionnement de soi et à une quête d'épanouissement, pour ici et maintenant. En particulier, ceux qui se sont engagés sur la voie du yoga ou de la méditation recherchent des bénéfices en termes de développement personnel, de plus grande harmonie avec leur environnement, de gestion du stress et une amélioration des relations interpersonnelles. Il s'agit d'acquérir une certaine « souplesse » : « Dans le yoga (...), on apprend à bien respirer, on apprend à bien se détendre, il vaut mieux être souple physiquement, il vaut mieux être souple mentalement aussi (...) pour pouvoir prendre du recul, s'adapter et faire les choses », explique un pratiquant régulier de yoga.

Le progrès individuel qui serait suscité par cette démarche est également décrit comme une capacité renforcée à relever de nouveaux défis (monter un projet, prendre des risques, changer d'activité professionnelle), à faire face aux difficultés, gérer les problèmes et contrôler les situations. Enfance difficile, problèmes familiaux ou professionnels sont ainsi décrits comme des épreuves qui permettent de progresser dès lors que l'on sait les accepter et les relativiser.

Yoga et société néolibérale

Car enfin, il s'agit certes de « se réaliser », mais également de satisfaire à l'exigence d'adaptabilité et de flexibilité qu'une société néolibérale requiert des individus. En effet, l'engouement pour la pratique du yoga, telle qu'elle est conçue par ceux qui la pratiquent, c'est-à-dire comme outil de perfectionnement de soi détaché des rites et doctrines hindoues, doit se comprendre en relation à l'importance croissante de l'impératif de transformation de la personne qui affecte la société contemporaine. Dans un contexte de mutations sociales et économiques (mondialisation de la finance, fluidité des marchés commerciaux, rapide obsolescence des techniques et des produits de consommation, règne absolu de la compétitivité et de la rentabilité), le travailleur est de plus en plus défini non par son poste ou ses compétences mais par ses aptitudes à s'adapter et à développer, de lui-même, de nouvelles compétences. En d'autres termes, il doit pouvoir accroître son potentiel, et éventuellement gérer lui-même l'anxiété que cette pression génère. Ainsi, progrès et développement de soi reflètent l'injonction du changement perpétuel qui prédomine aujourd'hui dans notre société, exigeant que nous devenions des individus-trajectoires comme le dit si bien Alain Ehrenberg[3] : nous sommes ainsi de plus en plus invités à trouver des outils d'invention de soi afin de nous prendre en charge, faire preuve

3- A. Ehrenberg, *Le Culte de la performance*, Calmann-Lévy, 1991.

d'initiatives et de capacités relationnelles, s'adapter sans cesse, etc. Il ne s'agit pas seulement d'être performant, mais aussi de savoir décompresser, faire face au stress que cette responsabilité individuelle engendre..., et ce pour pouvoir continuer à l'assumer au jour le jour.

C'est en somme un indispensable travail sur soi qu'il convient de réaliser, vécu comme une nécessité ou un devoir que l'on s'impose à soi-même, très souvent évoqué par ceux qui s'engagent dans la voie du yoga. Ainsi, de nouveau, à travers cet usage du yoga ou encore de la méditation, on recherche dans un ailleurs des solutions possibles à nos propres problématiques. Mais bien entendu cette quête d'outil pour un développement de soi dépasse l'engouement pour les pratiques originaires d'Asie. Elle concerne aussi bien un très large éventail de démarches dites spirituelles ou thérapeutiques variées, qui cherchent à favoriser l'adaptation de l'individu à son environnement social – et le détourne, par là même, d'une action réformatrice sur celui-ci.

Des finalités économiques

En d'autres termes, la valorisation de la résilience et de la transformation de soi dans nos sociétés contemporaines n'est pas sans lien avec des finalités économiques : elle est en affinité avec la flexibilisation du travail, une économie compétitive, l'exigence de travailleurs disponibles, capables de s'adapter aux besoins de productivité et de rentabilité. Car « comment en effet faire face aux changements technologiques et aux impératifs de la concurrence, écrit le sociologue Robert Castel, si ce n'est en faisant du travailleur un être sans aspérités et sans crispation dont les capacités sont mobilisables à tout instant ? Mais comment y parvenir, si ce n'est pas en traquant ses blocages et ses résistances, en cultivant une spontanéité retrouvée, capable de répondre aux injonctions du présent[4] ? »

Il y a donc une affinité entre l'être humain requis par la société néolibérale et la valorisation croissante de l'épanouissement de soi. Et l'appropriation de techniques telles que la méditation ou les postures de yoga représente une réponse, parmi tant d'autres, à ces exigences d'adaptabilité qui pèsent sur l'individu aujourd'hui. Il me semble que le yoga n'est pas prêt de décliner en Occident...

4- R. Castel, *La Gestion des risques. De l'antipsychiatrie à l'après-psychanalyse*, Minuit, 2003.

Les Beatles avec Maharishi Mahesh Yogi en Inde en 1967.

L'âge des *gurû*

VÉRONIQUE ALTGLAS

Quatre garçons dans le vent assis autour de leur *gurû**... Prise en 1968, la photo a fait le tour du monde. C'est à Rishikesh, au pied de l'Himalaya, que les Beatles s'initient à la méditation avec Maharishi Mahesh Yogi (1914-2008), fondateur de la Méditation transcendantale. Cette association, bien que brève, symbolise toute une époque. En effet, dans les années 1960, l'Amérique du Nord et l'Europe connaissent un mouvement contestataire porté par une génération opposant la recherche de modes de vie alternatifs aux valeurs de leurs parents.

Vivekananda, pionnier du néohindouisme missionnaire

Vivekananda (1863-1902), disciple de Râmakrishna*, est le premier *gurû* à projeter l'hindouisme sur la scène internationale en 1893, lors d'une conférence au Parlement des religions de Chicago. Son succès tient à la manière dont il emprunte à l'orientalisme l'opposition entre un Occident matérialiste, égoïste et sensuel, et l'Inde spirituelle, berceau de la religion universelle, prônant ainsi la nécessité d'un échange entre les deux civilisations. Vivekananda se fait l'écho d'une aspiration occidentale au renouveau, mais il exprime aussi ses ambitions missionnaires, tout à fait nouvelles pour l'hindouisme. En 1895, il fonde la première Vedanta Society à New York où il enseigne, initie et forme des Occidentaux.

La mission Râmakrishna s'étend grâce à ses disciples venus s'installer aux États-Unis au cours du 20e siècle, parmi lesquels swâmi* Prabhavananda. Celui-ci fonde en 1930, à Hollywood, une société védantique dont le développement sera considérable. Prabhavananda attire les écrivains Aldous Huxley et Christopher Isherwood. Ce dernier, avec son maître, publie des traductions de la *Bhagavadgîtâ**, des *Yoga-sûtra* de Patañjali* et de l'œuvre philosophique de Shankara – traductions qui ont grandement participé à la diffusion populaire de la philosophie hindoue aux États-Unis.

En 1936, sous l'impulsion des écrits de Romain Rolland et à l'occasion du centenaire de la naissance de Râmakrishna fêté à la Sorbonne, un groupe se forme à Paris. Un moine indien, swâmi Siddheswarânanda, s'installe en France et attire de nombreux disciples grâce à des conférences données dans le milieu universitaire. Le *swâmi* acquiert en 1948 le château de Gretz, en Île-de-France, qui devient un lieu de vie communautaire et d'enseignement du Vedânta, affilié à la mission Râmakrishna. Aujourd'hui, ce centre est habité par une dizaine de résidents permanents et attire des fidèles chaque week-end.

V.A.

Pour certains, cette quête va s'opérer sur un mode religieux; la contre-culture a représenté un véritable âge d'or pour les *gurû*.

C'est toute une génération qui se prend à rêver de l'Inde et « fait la route » pour expérimenter de nouvelles pratiques. Tandis que Rajneesh attire des milliers de personnes dans son âshram* de Poona, en Inde, le mouvement de la Méditation transcendantale affirme avoir initié à la méditation des millions d'adeptes de par le monde. Swâmi Prabhupada fonde en 1965, à New York, un mouvement vishnouiste* qui attire des centaines de jeunes: la Société internationale pour la conscience de Krishna. Ces mouvements religieux enracinés dans l'hindouisme ont aujourd'hui une audience restreinte, mais ils s'inscrivent dans une démocratisation inédite des savoirs asiatiques tels la méditation, les arts martiaux ou le yoga. Plus largement, toute une mosaïque de pratiques se diffuse et alimente la société de consommation: de la cuisine macrobiotique au CD-rom de feng shui* pour « harmoniser » son intérieur, de l'iconographie religieuse hindoue imprimée sur des vêtements aux soins cosmétiques inspirés de l'âyurveda*, l'*Instant Karma!* chanté par John Lennon semble avoir engendré le *Karma Cola*, pour reprendre le titre de l'essai de la journaliste Gita Mehta (*Karma Cola. Marketing the mystic East*, 1979), qui annonçait déjà la commercialisation de l'Orient.

Bien avant les hippies, l'Orient avait fasciné écrivains et philosophes du siècle précédent. La traduction et l'étude des textes en sanskrit* ont donné naissance à de nouveaux champs d'investigations scientifiques et inspiré des courants artistiques majeurs. L'Inde passionne les romantiques britanniques, tels Percy B. Shelley ou Samuel T. Coleridge. Aux États-Unis, le transcendantaliste Ralph Waldo Emerson croise religion unitarienne et orientalisme. Son disciple Henry David Thoreau se réfère aux Veda* et à la *Bhagavadgîtâ**. Le philosophe allemand Arthur Schopenhauer renouvelle la pensée en s'inspirant du bouddhisme et du Vedânta*.

L'Orient mystique, altérité parfaite de l'Occident

Ce qui est inédit dans le mouvement qui s'amorce dans les années 1960, c'est que l'attrait pour l'Orient n'emprunte plus les voies exclusives de l'érudition ou de l'inspiration artistique. Il s'exprime par l'expérience personnelle directe de pratiques religieuses. Toutefois, ces différentes générations d'Occidentaux fascinés par l'Inde ont en commun une représentation onirique et mythique de celle-ci. C'est une Inde primordiale que les orientalistes romantiques du 19e siècle cherchaient dans les Veda et autres écritures sanskrites. Pour eux, celle-ci représentait les racines

THE ART OF LIVING

The Art of Living
les vertus antistress de l'Inde

« Une sagesse pratique pour améliorer la qualité de vie. » Voilà ce que propose le bien nommé mouvement The Art of Living. Fondé il y a trente ans à Bangalore en Inde, The Art of Living dispense un enseignement pour lutter contre le stress, à travers une technique yogique de maîtrise du souffle, le Sudarshan Kriya. Son fondateur, le très médiatique Sri Sri Ravi Shankar, s'inscrit dans la lignée des *gurû* hindouistes des années 1970 et bénéficie d'une aura internationale. Outre ses programmes éducatifs, la fondation The Art of Living promeut l'engagement humanitaire dans des domaines variés, tels que le soutien aux détenus ou l'aide aux enfants indiens non scolarisés.

The Art of Living, présent dans plus de 140 pays, revendique deux à trois millions d'adeptes à travers le monde. Si tous ne font pas la route jusqu'à l'ashram originel de Bangalore, en revanche tous sont initiés à la technique de respiration du Sudarshan Kriya. Cette initiation, vécue par de nombreux participants comme l'« expérience émotionnelle qui a changé leur vie », devient le ciment même de la communauté religieuse.

Un savoir adapté aux canons de la modernité

Par la suite, certains disciples suivent des cours intensifs, au cours desquels ils se sentent à nouveau « vibrer à l'unisson ». L'émotion fondatrice, souligne le sociologue Alexis Avdeeff, est alors « véritablement institutionnalisée ». La communauté est étroitement liée par un ensemble de rites, de célébrations, et emploie un vocabulaire spécifique. Ainsi, on ne dit plus « bonjour » ou « merci » dans les ashrams, mais on utilise l'expression hindi « *Jai gurû dev* » (« Victoire au gurû divin »).

Descendant d'une tradition vedântique, philosophie moniste de l'Inde antique, le savoir dispensé par Sri Sri Ravi Shankar a réussi à s'adapter aux canons de la modernité : c'est une raison de son succès. Brisant la relation maître-élève traditionnelle, ce n'est pas Sri Sri Ravi Shankar qui assure l'enseignement mais des professeurs recrutés parmi les disciples. Ni la culture, ni la nationalité, ni la religion ne font obstacle à l'instruction : tout le monde peut suivre les cours de The Art of Living, à condition de pouvoir les payer. Le message est universel et compréhensible par tous. En réponse aux maux de la civilisation occidentale, la technique du Sudarshan Kriya se veut avant tout thérapeutique. Au risque de dénaturer la philosophie traditionnelle, il s'agit de « nettoyer les effets du stress », responsable des « tensions physiques, maux de dos et dysfonctionnements organiques ». Un argumentaire étayé d'allusions biologiques et scientifiques sur les bienfaits de la respiration.

The Art of Living participe, selon A. Avdeeff, d'un phénomène de « globalisation du religieux à l'échelle mondiale ». Sri Sri Ravi Shankar détourne les enseignements védântiques qui visaient le détachement de ce monde-ci, au profit d'une connaissance pratique pour améliorer le quotidien. La philosophie, dépouillée de sa complexité culturelle et de sa dimension ésotérique, devient un savoir facilement exportable. Un discours lisse qui contraste fortement avec les prises de position sociales (abolition des castes) et politiques (critiques à l'encontre du parti du Congrès) de Sri Sri Ravi Shankar en Inde. « La Suisse a le fromage, l'Allemagne le massepain et l'Inde la spiritualité », aime à plaisanter le *gurû* qui diffuse ainsi sa vision orientée et simplifiée de la spiritualité indienne.

Céline Bagault

originelles de la civilisation européenne ; un retour aux sources pouvait ainsi donner l'impulsion à une nouvelle Renaissance européenne et vaincre les tendances matérialistes et mécanistes de la culture occidentale.

La force du mythe de l'« Orient mystique », altérité parfaite et complémentaire à l'Occident, ne s'est pas démentie au tournant du 21e siècle. La quête contemporaine de spiritualité orientale tient l'Inde pour terre sacrée, détentrice de sagesse authentique et de connaissances spirituelles que nous aurions ici perdues. Cette représentation reflète des aspirations propres à la société occidentale contemporaine : si les disciples occidentaux des *gurû* d'aujourd'hui ne s'intéressent que très modérément aux doctrines et philosophies hindoues, c'est qu'ils privilégient les aspects pratiques de ce qui leur est enseigné, méditation, yoga ou *mantra**. Ils envisagent ceux-ci comme d'efficaces outils de développement personnel, permettant de satisfaire à l'impératif de transformation de la personne qui affecte aujourd'hui la société dans son ensemble. Ainsi l'adoption de pratiques hindoues est-elle à présent orientée vers une quête de soi, mais elle promet aussi l'aptitude à s'affirmer dans les rapports sociaux et professionnels. Nous sommes bien loin du renoncement…

Mahâvîra, « Grand Homme » du jaïnisme

JEAN-PIERRE OSIER
Professeur de philosophie (CNRS), auteur notamment de *Les Jaïna. Critiques de la mythologie hindoue*, Cerf, 2005.

Il s'appelait Vardhamana. Du fondateur de la religion jaïna, ou jaïnisme, la mémoire a surtout retenu ses surnoms : Mahâvîra, le « Grand Homme » ; Jina, le « Vainqueur ». Son existence, historiquement attestée, s'inscrit dans les 6e et 5e siècles avant notre ère. La tradition jaïna fixe son décès à l'année -527. Les savants occidentaux penchent plutôt pour -468. Ce qui importe est, d'une part, que sa mort, intervenant au terme de trente années d'enseignement, fut volontaire – il se laissa mourir d'inanition afin de gagner la Délivrance ; et d'autre part, qu'il fut le contemporain du Bouddha.

Sa vie et son œuvre offrent d'ailleurs des traits communs avec celles du fondateur du bouddhisme. Au point qu'au 19e siècle, certains érudits faisaient de Mahâvîra, fondateur du jaïnisme, un scion jailli du tronc bouddhiste. Comme Bouddha, n'était-il pas issu de l'aristocratie guerrière, et non de celle des brahmanes* ? Ne se proposait-il pas de définir

Gandhi non-violence et jaïnisme

Dans son *Autobiographie,* Gandhi attire l'attention sur ses rapports avec le jaïnisme. Il serait tentant de voir en cette religion, qu'il connaissait bien, l'inspiratrice des formes de son action : végétarisme, non-violence, jeûnes, etc.
En fait, d'obédience vishnouiste*, Gandhi croyait en un dieu qu'il identifiait à la Vérité, là où les jaïns accordent aux dieux un statut inférieur à celui de l'homme et refusent l'idée d'un Dieu suprême.
Quant aux jeûnes, auxquels Gandhi recourut largement pour protester contre l'occupant britannique, ils s'inscrivent dans la continuation d'une ancienne technique hindoue employée par un débiteur pour contraindre son créancier à s'acquitter d'une obligation.
Le jeûne à mort jaïn est très différent : il ne vise pas à obtenir d'un tiers la solution à un problème, mais offre un moyen d'accès à la délivrance finale. La non-violence enfin, commune aux jaïns et aux bouddhistes, ne saurait constituer une trace d'un héritage jaïna.
En revanche, le jaïnisme a pu conduire Gandhi sur la voie d'une tolérance généralisée, en particulier dans ses rapports avec les musulmans, très présents dans son Gujarat natal.

J.-P. O.

lui aussi, sur des bases renouvelées par rapport à l'héritage de la religion védique, le modèle du « vrai brahmane », découvert en la personne du religieux renonçant totalement aux séductions de ce monde, ou du laïc pratiquant un renoncement plus modéré ? Comme Bouddha, Mahâvîra ne dispense-t-il pas sa doctrine non en sanskrit*, langue « parfaite » des brahmanes, mais en prakrit, un idiome appartenant à la même famille linguistique que le pâli* du canon bouddhiste ? Sur le plan doctrinal enfin, ne retrouve-t-on pas chez les deux fondateurs les mêmes conclusions : rejet absolu de toute violence, mentale, orale, et physique ; interdiction de voler ; exigence de véridicité ; obligation de chasteté ; etc. ? Toutes ces convergences semblent justifier de manière troublante la dépendance du jaïnisme vis-à-vis du bouddhisme.

L'extinction du sage

Mais cette conclusion hâtive serait trompeuse. Il n'est que de voir la différence d'attitude vis-à-vis de la mort. Le jaïnisme ne la considère pas de manière univoque : elle n'est pas seulement le moyen mécanique de terminer cette existence-ci, elle est déterminée par le dessein qu'elle accomplit. Il y a la mort du sot et celle du sage compétent (*pandita*), toutes deux « volontaires ». Cédant au désespoir, le sot se précipite dans le fleuve, « gagnant » une destinée pire que la précédente – la loi du *karma** lui imposant une existence ultérieure malheureuse sanctionnant ce trépas. De son côté, avisé, sur autorisation de sa communauté, le *pandita* se débarrasse publiquement des croûtes de ses désirs, symbolisés par la faim et la soif, en renonçant progressivement à toute nourriture solide, puis liquide, au point de mourir lavé de tout désir. Telle est la mort du sage, telle fut celle de Mahâvîra. À cette rigueur extrême, il faut opposer la mort douce du Bouddha s'éteignant après avoir consommé la veille un régal de porc !

De par sa mort, Mahâvîra devient le 24e Victorieux passeur de gué (*tîrthankara*) à franchir le fleuve des Renaissances. Il fonde ainsi la tradition jaïna. Celle-ci est conservée par deux écoles : la première est celle des *shvetâmbara* (les vêtus de blanc) ; la seconde est celle des *digambara* (les vêtus de ciel, pratiquant la nudité intégrale)[1]. La tradition jaïna s'inscrit dans le cadre cosmique d'une histoire universelle sans commencement ni fin. Elle comprend toutefois des cycles ascendant et descendant : du premier cycle ascendant, avec son roi fondateur, Vrishabha, à Mahâvîra, l'ascète prédicateur de notre présent cycle descendant, 24 Jina passeurs de gué successifs ont, selon le mythe, transmis la doctrine.

1- Pour cette école des *digambara*, les femmes ne peuvent être sauvées. Les normes sociales leur interdisant de vivre nues, elles n'ont pas accès au statut religieux.

Une politique de tolérance

L'enseignement de Mahâvîra est dogmatique. Dans les écritures *shvetâmbara*, une formule termine invariablement les leçons du Maître : « J'ai dit » (*ti bemi*). Ce caractère convient parfaitement à une conception du monde qui inlassablement enregistre, en les énumérant sous forme de listes, les différents éléments simples et leurs combinaisons complexes, constituant toutes les formes d'existence de l'inanimé à l'animé. Avec la rigueur d'un naturaliste, Mahâvîra propose à ses auditeurs un savoir, au sens fort du terme, destiné à éliminer tout motif de crainte, d'aversion, d'espoir ou de désir, causes de comportements aggravant l'esclavage dû à l'attachement à l'existence. Ce savoir justifie le refus de la violence, source d'alourdissement karmique, et en particulier l'abandon de tous les rites sacrificiels chers aux brahmanes. Le savoir permet également de rendre au Soi de chacun son caractère substantiel, nié par les bouddhistes négateurs de la substantialité de l'*âtman**. L'Extinction ou *nirvâna** n'est pas, comme chez les bouddhistes, une incertaine dissolution dans le néant, mais au contraire, suite au jeûne à mort, la libération du Soi qui, affranchi des pesanteurs karmiques, monte au sommet de l'univers pour y jouir individuellement de la félicité parfaite.

À la différence du bouddhisme, qui a pratiquement disparu de l'Inde des siècles durant sous la pression de l'islam et de l'hindouisme, et en dépit de la scission entre *shvetâmbara* et *digambara*, les jaïns ont su à toute époque se maintenir comme Église structurée. La vie des religieux dépendant exclusivement de la générosité des laïcs, ceux-ci ont toujours entouré les « moines » de leur sollicitude par les dons en nature et en argent comme par les admirables constructions d'édifices tels que ceux du Rajasthan ou du Gujarat, au nord-ouest de l'Inde. Bien qu'ils ne soient aujourd'hui que quelques millions sur plus d'un milliard d'Indiens, leur rayonnement spirituel et en particulier leur « politique » de tolérance leur a permis d'occuper des postes importants sans rapport avec leur nombre. La fin du colonialisme britannique, conjuguée avec un esprit d'entreprise fécond, a assuré aux jaïns de la « diaspora » un rayonnement qui dépasse les limites strictes des communautés. Loin de s'isoler linguistiquement et spirituellement, ils s'ouvrent au contraire au monde.

Les chemins du bouddhisme des anciens

LOUIS GABAUDE
Ancien membre de l'École française d'Extrême-Orient.

Un « chemin » peut être une voie matérielle, géographique, qui va d'un point à un autre. Ce peut être aussi une voie philosophique, spirituelle, historique, qui inspire puis développe un système de pensée, de vie, de société. Les chemins du bouddhisme des anciens s'étendent aujourd'hui sur le monde presque entier et couvrent 2 500 ans de son histoire. Impossible de les suivre tous. Nous n'aborderons ici que deux types de cheminements : mémoriaux et spirituels.

Cheminements mémoriaux

Ce que nous appelons « bouddhisme » désigne, pour les bouddhistes pratiquants, l'enseignement-du-Bouddha (en pâli* : *buddha-sâsanâ*). Or, « enseignement » implique déjà un chemin risqué, celui d'une bouche à des oreilles, qui entendent ce qu'elles peuvent, et parfois ce qu'elles veulent. Le Bouddha l'avait prédit : comme toutes choses, son enseignement serait naturellement victime de la loi de l'impermanence générale. Inquiets de ce déclinisme programmé, les mendiants

Le temple Maya Devi à Lumbinî (Népal), lieu de naissance du Bouddha.

bouddhistes, les *bhikkhu*, que nous appelons « moines » par relâchement de langage, ont toujours aimé rappeler le nombre d'années écoulées depuis sa mort pour appeler leurs ouailles à la résistance.

Aujourd'hui, « bouddhisme des anciens » renvoie généralement au bouddhisme theravâda. C'est logique, à la lettre. Un *thera* est effectivement un ancien, quelqu'un qui a une expérience à transmettre. Quant à *vâda*, c'est la position que l'on tient dans une discussion. La mention probablement la plus ancienne – 4e siècle de notre ère – de ce theravâda se trouve dans la *Chronique de l'île* [de Ceylan] (*Dîpavamsa*). Elle raconte qu'après le décès du Bouddha, 500 moines se réunirent en concile pour se remémorer le *Dharma** et le *Vinaya*, autrement dit les points de doctrine et les articles de la règle des *bhikkhu*. La chronique précise : « Parce que ce fut collationné par les anciens (*thera*), on l'appelle theravâda. » Le texte continue : « Ce theravâda parfaitement excellent resta pur et sans tache pendant longtemps, 10 fois 10 ans », après quoi un schisme survint. 10 fois 10 ans, c'est quelque chose pour un homme, mais pas grand-chose pour l'histoire. Pour les rédacteurs de cette chronique, en tout cas, ce theravâda ne resta sur un chemin « pur et sans tache » que cent ans à peine.

Les nouvelles générations allaient peu à peu se diviser en communautés religieuses, fondées sur les mémoires sélectives de leurs membres. Les documents relativement tardifs - 3e siècle de notre ère au plus tôt - qui décrivent ces primo-bouddhistes doivent être interprétés avec un grain de sel, car leurs auteurs n'étaient probablement pas dépourvus de tout préjugé sectaire.

Le préjugé sectaire qui finit par mettre tous ces « anciens » dans le même sac, ou plutôt le même véhicule, c'est celui des moines qui commencèrent à réagir, autour du commencement de notre ère déjà, contre l'étroitesse de vue de ces *thera*. Ils les voyaient bornés au culte du Bouddha « historique », à la mémorisation de ses paroles, à l'interprétation figée de celles-ci... Certes, ces anciens suivaient le chemin du Bouddha, mais dans un « petit véhicule » (*hinayâna*) réservé à des moines introvertis servis par des laïcs aliénés. Il fallait au contraire embarquer dans un « grand véhicule » (mahâyâna) ouvert à tous, dans lequel chacun, moine comme laïc, était mû par une bienveillance sans limite à l'égard de tous les êtres vivants. Voilà comment le bouddhisme des anciens - alors divisé en au moins une trentaine de groupes - a fini par devenir un archaïque « petit véhicule ».

Theravâda : le succès d'une minorité

Il se trouve qu'aujourd'hui, theravâda est utilisé dans un autre sens que celui que nous avons adopté dans la traduction de la *Chronique cinghalaise* citée plus haut. Entre-temps, en effet, le vocable a été pour ainsi dire kidnappé par les moines d'un groupe du bouddhisme ancien. En stricte rigueur de termes, theravâda désigne aujourd'hui la seule branche encore vivante de la trentaine de groupes évoqués ci-dessus du bouddhisme des anciens, qui se prétendaient tous gardiens de l'authenticité du message du Bouddha. Le caractère le plus apparent de ce theravâda, c'est sa langue, le pâli, alors que les autres groupes d'anciens du « petit véhicule » utilisaient le sanskrit* ou des dialectes régionaux. Theravâda est donc une étiquette trompe-l'œil ; elle peut renvoyer soit à un bouddhisme originel pur, certes, mais probablement imaginé ; soit à la congrégation de moines qui ont prétendu et prétendent toujours le représenter.

Ces derniers ne manquent pas d'atouts, à commencer par leur canon, le plus complet de ceux qui nous sont parvenus. Il est composé dans une langue spécifique, le pâli.

Mais voilà que ce nom est encore un trompe-l'œil. C'est seulement depuis le 17e siècle qu'on en est venu par erreur, en Occident, à appeler cette langue pâli. Le terme désignait en fait le « canon » des Écritures dont la langue était celle du Mâgadha, la région de l'Inde du Nord-Est où le Bouddha pérégrina. Pour les fondamentalistes du theravâda, ce pâli-mâgadhi était la langue du Bouddha, ce qui « prouve » qu'ils représentent le bouddhisme vraiment originel.

En fait, les historiens ignorent dans quel dialecte le Bouddha enseignait. Ils voient ce pâli-mâgadhi plutôt comme une *lingua franca* élaborée dans l'Inde du Nord au sein de communautés plurilingues. De là, cette langue migra dans les communautés de Ceylan, où le Canon aurait été mis par écrit au cours du premier siècle avant notre ère, soit plus de trois cents ans après la prédication originelle. Ce pâli-mâgadhi constituerait la langue spécifique de ce que nous appelons maintenant le bouddhisme theravâda.

Pourrait-on rêver d'une meilleure étiquette que theravâda pour désigner la congrégation particulière qui reconnaît comme authentique ce « canon pâli » ? Probablement, si l'on admet que ce second theravâda est encore un trompe-l'œil. D'abord, il n'est pas mentionné par toutes les descriptions de ces groupes anciens, et même très peu ensuite par ses membres eux-mêmes. Le mot n'a été retrouvé que par les chercheurs et les bouddhistes occidentaux du 19e siècle.

Que les moines contemporains de Sri Lanka et d'Asie du Sud-Est croient qu'ils descendent en ligne directe des *thera* « purs » de la première génération est de bonne guerre, mais ne peut être scientifiquement établi. La filiation historiquement certaine, c'est qu'ils sont issus de la congrégation qui a fleuri autour du monastère Mahâvihâra d'Anuradhapura à Ceylan, bâti, selon les chroniques cinghalaises, par le roi d'Anuradhapura au 3e siècle de notre ère. Bien plus tard, au 12e siècle, le roi Parakkama Bâhu (1153-1186) obligea tous les moines des autres congrégations à défroquer et ne garda que ceux du Mahâvihâra. Ils allaient rayonner non seulement à Ceylan même, mais dans toute l'Asie du Sud-Est, balayant les congrégations plus anciennes.

Dès lors, le bouddhisme des anciens est-il le theravâda ? Certainement si l'on s'en tient à l'étymologie brute. Difficilement, si l'on prétend que le bouddhisme qui affecte depuis plus d'un siècle s'appeler theravâda correspond exactement à celui de la première génération d'il y a plus de deux mille ans. Une dénomination plus exacte serait d'appeler ces moines les *theravâdin* du Mahâvihâra.

Cheminements spirituels

Au long de l'histoire du bouddhisme, les chemins spirituels des bouddhistes ont été fort variés. Deux d'entre eux paraissent structuraux, parce qu'ils remontent à la vie du Bouddha lui-même, et parce qu'ils continuent aujourd'hui d'affecter les choix de ceux qui se disent bouddhistes.

Selon la catéchèse élémentaire, Siddhâttha Gotama, le futur Bouddha, fut d'abord un prince chouchouté que son *râja* (gouverneur) de père voulait maintenir sous les charmes du palais. Il y goûte puis, à 29 ans, prend conscience de la maladie, de la vieillesse, de la mort, mais aussi du moyen qu'offre la vie de renonçant (*samana*) d'échapper au divertissement insensé de la vie que nous appelons bourgeoise. Dès que son épouse a mis au monde un fils, il quitte le palais, change de pays et, dans un bois, se coupe les cheveux, prend les habits de renonçant et vagabonde.

Dans *Essais sur l'individualisme* (1983), le sociologue Louis Dumont a fait de cette sortie du palais la figure emblématique de l'individualisme moderne. Elle exprime la capacité de poser un choix personnel non seulement contre le père, mais contre la société dans son ensemble. En effet, le renonçant abandonne tous les devoirs et les droits de son royaume, de sa caste, de son métier, et de son foyer. Il va pouvoir ne s'occuper que de sa propre libération spirituelle. Le seul droit qu'il demande, c'est éventuellement celui de mendier sa nourriture.

Notre nouveau *samana* va vivre tantôt en ermite et tantôt en compagnie d'autres renonçants, ressemblant aux *sadhu* encore présents en Inde. Ces inadaptés volontaires se consacraient, selon les cas, à l'ascèse, à la méditation, ou aux joutes philosophiques, et souvent aux trois. Au bout de six années d'errance et de recherche, insatisfait des *gurû**, il décide de chercher pourquoi. Au cours d'une nuit de méditation, il réalise que le désir de vivre et la mort sont liés, il contemple l'ensemble de ses vies antérieures et celles de tous les êtres, et il prend conscience de tout ce qui enchaîne les êtres vivants au cercle vicieux des renaissances : désirs sensuels, attachement à la vie, certitudes spéculatives, et ignorance. C'est son « Éveil* » à la réalité des choses, son accession à l'état de Bouddha, qui implique la libération de toute renaissance future.

Les années suivantes seront des années de pérégrination et d'exposition de ce qu'il a compris au cours de cette nuit de l'Éveil. D'autres *samana* vont le suivre, de plus en plus nombreux. Pour eux, son enseignement va devenir méthodique. À cause d'eux, il va devoir élaborer un ensemble de règles auxquelles le manquement est affecté d'un coefficient de gravité, qui va de l'exclusion de la communauté au simple conseil.

Son succès va croissant, les *râja* l'écoutent, le consultent, lui offrent des déjeuners, lui donnent des parcs où lui-même et ses disciples peuvent s'arrêter. Rois et richards construisent à ces mendiants des huttes puis des cellules où ils peuvent s'installer... Rien n'est trop beau pour eux.

Bientôt, les mendiants vont se spécialiser : certains restent en forêt, d'autres dans les villages ou les villes ; certains méditent, d'autres étudient. Les monastères s'agrandissent et les mendiants vont devoir compter, calculer, épargner, investir... On passe progressivement de l'écœurement du pouvoir aux leçons sur le pouvoir, du sommeil au pied des arbres aux cellules alignées, de la mendicité aléatoire à la mendicité organisée. On finit par visiter le père qu'on avait tué. Bref, on retourne au palais.

Du palais à la forêt, allers-retours

Depuis 2500 ans, ces chemins croisés du palais à la forêt et retours n'ont jamais cessé. Ils ont simplement varié en fonction des époques et des circonstances, car les partisans des deux cheminements peuvent avec raison se référer aux origines du bouddhisme ancien tel que leur canon le décrit : ceux qui privilégient le chemin désengagé de l'avancement spirituel, comme ceux qui privilégient le chemin engagé de l'accommodement politique.

Aujourd'hui, par exemple, les hiérarchies monastiques bouddhistes d'Asie du Sud et du Sud-Est tendent à prendre le chemin du palais, du lieu du pouvoir. Elles ont l'expérience historique de monastères brûlés et de moines persécutés. Elles veulent que le bouddhisme soit religion d'État, que cet État les protège ici des hindous ou là des musulmans, qu'il finance les lieux d'étude et entretienne les monastères. Venus de conditions relativement pauvres, les moines ne sont pas tous malheureux de se rapprocher du palais, d'habiter dans de beaux monastères, d'obtenir des diplômes, d'être pris pour des vedettes et de rouler en Mercédès. Construire encore et encore ne leur vaut pas seulement des mérites spirituels pour la prochaine vie mais des avancements honorifiques dans celle-ci. Ils s'investissent dans la maintenance de l'ordre établi et du financement durable. Tout cela d'un cœur sincère pour retarder le déclin inévitable de l'enseignement-du-Bouddha.

Au contraire, les communautés monastiques de convertis occidentaux – dont la situation originelle d'enfants gâtés correspond exactement à celle du prince Siddhattha Gotama – ne pensent encore qu'à fuir le palais et à gagner la forêt. Ils s'investissent surtout dans la pratique de la méditation, pour eux-mêmes d'abord puis pour leurs disciples.

Ces deux cheminements inverses ne sont pas pour autant radicalement étrangers l'un à l'autre. Ils s'engendrent l'un l'autre plutôt, par action et réaction. Ils sont la respiration toujours renouvelée du bouddhisme ancien. Récemment, les pays d'Asie du Sud et du Sud-Est ont fourni aux convertis occidentaux des méthodes et des hommes pour les former au contrôle mental dans l'esprit du bouddhisme primitif: les Américains venus lancer des bombes au Viètnam ont aussi laissé des permissionnaires en Thaïlande, qui se sont égarés dans des monastères de forêt. Quarante ans après, en Occident, ils ont fondé des dizaines de centres bouddhistes qui suivent souvent le chemin de la forêt. Toutefois, là aussi, sans aucun doute, la tentation obligée du retour au palais ne manquera pas de se produire. L'avenir dira comment.

La vie du Bouddha

Si l'existence d'un prêcheur itinérant ayant vécu vers le 5e siècle avant notre ère ne fait historiquement guère de doute, force est de constater que nous ne savons rien de lui. La mythologie s'est chargée de combler les pages blanches, faisant de la vie du Bouddha, l'« Éveillé », un conte de fées canoniquement exposé dans de multiples fresques ou statuaires décorant les temples bouddhiques.

• **Les existences antérieures :** suite aux mérites accumulés dans ses nombreuses vies passées, une âme frôlant la perfection s'incarne en Siddhârta Gautama, prince héritier du petit royaume des Sâkya, à la frontière actuelle du Népal et de l'Inde.

• **La conception miraculeuse :** sa mère Mâyâ (en sanskrit « illusion ») rêve qu'un éléphant blanc la pénètre par le sein et y dépose le futur Bouddha.

• **La merveilleuse naissance :** en voyage, Mâyâ est prise de contractions. Elle enfante debout à Lumbinî, se retenant à une branche d'arbre, et son enfant, sitôt né, clame prendre possession du monde avant de faire sept pas, faisant pousser autant de lotus.

• **La prédiction des sages :** ses royaux parents prennent conseil auprès de sages. Ceux-ci prophétisent que le nouveau-né, qui porte « les 32 marques du grand homme » (crâne arrondi, chevelure noire et bouclée, petite touffe poils entre les sourcils, yeux noirs, 40 dents, peau dorée, bras longs jusqu'aux genoux...) sera un grand roi ou un immense ascète. Son père décide de confiner le prodige dans le palais pour en faire un prince.

• **La formation d'un jeune noble :** élevé par sa tante, sa mère étant morte sept jours après sa naissance, Siddhârta grandit au milieu des jouissances. Accompli dans tous les devoirs d'un guerrier, il prend une épouse qui lui donne un fils.

• **La découverte du monde :** trois promenades successives hors du palais lui font entrevoir la terrible réalité de l'existence, lorsqu'il croise successivement un malade, un vieillard et un cadavre ; la quatrième rencontre, avec un ermite, lui fait entrevoir une solution possible.

• **La fuite du palais :** à l'âge de 29 ans, aidé par son écuyer et par les dieux du panthéon hindou qui lui manifestent ainsi leur allégeance, il s'échappe du palais et coupe ses cheveux, symboles de son rang princier.

• **L'ascèse extrême :** durant six longues années, il se livre à la plus impitoyable des ascèses afin d'atteindre l'abolition de la souffrance.

• **La poignée de riz :** ayant frôlé la mort sans résultat, il abandonne ses mortifications, et les cinq disciples qu'il avait attirés le renient alors qu'il accepte du riz de la main d'une femme.

• **L'arbre de l'Éveil* :** à 35 ans, il prend place sous un arbre à Bodhgayâ et se plonge dans la méditation, ayant formulé le vœu d'y trouver le moyen de mettre fin à la souffrance.

• **Le combat contre le démon** : le sachant sur le point de découvrir la voie de la délivrance, le roi des démons, Mâra, mobilise ses plus effroyables armées. D'un geste, Sâkyamuni (autre nom de Siddhârta Gautama) obtient l'aide des éléments et les noie. Mâra lui envoie ses filles danser nues pour l'écarter du chemin. Il les néglige.

• **La fin de la souffrance** : le Bouddha émerge de sa méditation en formulant les Quatre Nobles Vérités...

• **La voie du milieu** : par cette doctrine, le Bouddha trace la voie de la Délivrance, celle du milieu, entre l'ascèse de l'ermite et la jouissance du prince. Il définit aussi une morale, et s'oppose au brahmanisme, idéologie dominante de son temps, en abrogeant les sacrifices animaux.

• **La roue de la Loi** : inlassablement, durant les quarante-cinq ans qui lui restent à vivre, Bouddha prêche. Son premier sermon est prononcé dans le parc des Gazelles à Sârnâth, près de Varanasi (Bénarès), auprès de ses cinq disciples qu'il reconquiert alors. Dévoilant pour la première fois la Vérité au monde, il actionne la roue de la Loi, exposant sa doctrine du *Dharma** et ouvrant au monde le chemin de la délivrance.

• **L'extinction:** le Bouddha meurt d'indigestion dans les faubourgs de Kusinâgar, à l'âge canonique de 80 ans.

Aujourd'hui, Lumbinî au Népal, Bodhgayâ, Sârnâth et Kusinâgar en Inde, respectivement ses lieux de naissance, d'Éveil, de premier prêche et de mort, sont autant de sites majeurs de pèlerinage, attirant des foules du monde entier.

NB : ces photos ont été prises à Lumbinî, Népal, lieu présumé de naissance de Bouddha.

Les quatre **Nobles Vérités**

1) Tout en ce monde est souffrance.
2) Cette souffrance provient de l'attachement causé par les désirs insatiables.
3) Il existe une fin à la souffrance : déraciner l'attachement causé par les désirs.
4) Pour mettre en œuvre cette cessation de la souffrance, il faut suivre **le noble octuple sentier** : vision correcte, pensée correcte, parole correcte, action correcte, profession correcte, effort correct, attention correcte et contemplation correcte. Par ce chemin, les bouddhistes atteindront progressivement le *nirvâna*.

Et Ashoka propagea le message du Bouddha

VÉRONIQUE CROMBÉ
Professeur de philosophie (CNRS), Conférencière de la Réunion des Musées nationaux, traductrice et auteure notamment de *Le Bouddha,* Desclée de Brouwer, 2000.

Fondée à la fin du 4e siècle avant l'ère chrétienne par un aventurier contemporain d'Alexandre le Grand, la dynastie indienne Maurya parvient au faîte de sa puissance sous le règne de son troisième et plus grand empereur, Ashoka, qui vécut approximativement entre -304 et -232. C'est un tournant capital, tant pour l'Inde qui se trouve pour la première fois unifiée sous l'autorité d'un même souverain, que pour le bouddhisme qui, un peu plus de deux siècles après la prédication du Bouddha Shâkyamuni*, en est au tout début de sa spectaculaire expansion.

Le trône n'était pas destiné à Ashoka, fils cadet que son père semble ne pas avoir apprécié. Il occupe néanmoins, dans sa jeunesse, de hautes fonctions. Il fut ainsi vice-roi de la ville d'Ujjain (centre de l'Inde actuelle), où il conclut un mariage coutumier. Les deux enfants qui devaient naître de cette union, devenus respectivement moine et nonne, allaient plus tard jouer un rôle décisif dans l'implantation du bouddhisme au Sri Lanka. À la mort de son père, Ashoka, fort de puissants appuis à la cour, s'empare du pouvoir à l'issue de luttes fratricides sanglantes. Il n'est consacré solennellement que quelques années plus tard, vers -267, date traditionnelle retenue par la plupart des historiens et sur laquelle se fonde la chronologie bouddhique. Il mène ensuite de multiples conquêtes destinées à annexer de nouveaux territoires à son empire.

Plusieurs années après son couronnement intervient le conflit qui devait rester à jamais, dans la tradition bouddhique, le facteur déclenchant d'une conversion spectaculaire. Les atrocités commises lors de la guerre du Kalinga (actuel État d'Orissa, au nord-est de l'Inde) auraient traumatisé le souverain et l'auraient conduit à embrasser le bouddhisme. Dès lors, il aurait consacré tous ses efforts au service de son expansion.

Entre histoire et légende

Les sources écrites qui éclairent le règne d'Ashoka sont abondantes mais offrent des visions parfois très contradictoires du monarque. Les célèbres édits, gravés sur des piliers ou des roches répartis dans tout l'empire, visent essentiellement à expliciter la politique voulue par le souverain, tout particulièrement après son changement d'orientation religieuse en partie motivé par la sanglante conquête du Kalinga. Le texte des édits révèle un souverain nettement inscrit dans une tradition bien indienne, avant d'être bouddhique : la bienveillance dont il se flatte et la tolérance à l'égard des autres religions sont des principes figurant également dans des textes hindous évoquant les missions d'un souverain bon et juste.

Les édits ne sont en fait connus que depuis leur redécouverte et leur déchiffrement au milieu du 19e siècle, et ils sont l'objet de constantes réinterprétations. Les nombreux souverains qui tentèrent ultérieurement, notamment en Asie du Sud-Est, d'imiter son modèle ne connaissaient que le personnage idéal des récits édifiants véhiculés par la littérature bouddhique au sein de laquelle on trouve un *Ashokâvadâna*, l'équivalent de la *Légende dorée* chrétienne.

Les ambiguïtés d'un souverain

Les faits historiques apparaissent toutefois plus complexes et la conversion fut manifestement l'aboutissement d'un processus long et graduel. Les nombreuses inscriptions du règne d'Ashoka restent muettes sur la raison précise de sa conversion. Dès son sacre, il aurait en fait cherché à approfondir sa connaissance des divers systèmes religieux en cours à son époque. Rien que de très classique quand l'on sait que le devoir d'un bon souverain, dans la tradition indienne, est de se poser en garant de l'harmonie entre toutes les religions représentées dans ses États. En tant que pieux laïc, Ashoka rencontre donc des religieux et se concentre, dans un premier temps, sur les dons et l'aide matérielle au *Sangha**. La campagne militaire au Kalinga est postérieure à ces premières manifestations d'intérêt de la part du monarque et démontre toute l'ambiguïté de la position d'un souverain bouddhiste.

Le bouddhisme n'est encore qu'un mouvement avant tout monastique et l'adhésion d'un laïc n'exigeait aucunement de lui le renoncement à des croyances ancestrales, ni même l'exclusivité de l'aide matérielle et des dons. Ashoka n'éprouve aucun scrupule à exercer pleinement ses fonctions de roi avec tout ce que cela implique. Tournant indiscutable dans son approche, la guerre du Kalinga ne fut toutefois pas le moteur unique du revirement spectaculaire qu'ont voulu retenir les milieux bouddhistes par la suite. Ashoka poursuit ensuite son entreprise de conquête et d'unification, mais selon des modalités différentes : l'usage de la force armée est limité et la persuasion – la propagande, pourrait-on dire – est privilégiée, associant tous les échelons de l'administration impériale. Désormais familier des écritures bouddhiques, Ashoka a identifié un certain nombre de principes éthiques dont il prône le respect et la mise en pratique.

Son soutien au bouddhisme se manifeste également sur d'autres plans. Par la redistribution des cendres du Bouddha, il donne son premier essor au culte des reliques. Il prend une part active, se déplaçant lui-même, au développement de la pratique du pèlerinage et multiplie les constructions d'édifices religieux, notamment sur le site de l'Éveil* à Bodhgayâ. Son soutien matériel est capital pour l'envoi de missions de propagation de la doctrine à travers l'Inde et à l'étranger. Lorsqu'Ashoka s'éteint, dans la 37e année de son règne, il a donné au bouddhisme les bases solides et les moyens d'une expansion panasiatique.

L'essentiel sur... **le bouddhisme**

Combien de divisions?

On estime aujourd'hui qu'il y a de 400 à 600 millions de bouddhistes dans le monde, ce qui place cette religion au quatrième rang mondial, après le christianisme (2,1 milliards), l'islam (1,8 milliard) et l'hindouisme (1,1 milliard) – ces chiffres sont très approximatifs.

Au début de l'ère chrétienne, le bouddhisme se scinde entre deux véhicules:

• **Le theravâda**, en pâli* « doctrine des anciens », est la forme de bouddhisme aujourd'hui dominante dans une grande partie de l'Asie du Sud-Est (Thaïlande, Myanmar, Sri Lanka, Cambodge, Laos). Cette tradition se veut l'héritier de la doctrine originelle du Bouddha et regroupe entre 150 et 200 millions d'adeptes. Pour le disqualifier, la tradition rivale du mahâyâna l'a qualifié de hinâyâna, ou « petit véhicule », terme jugé péjoratif. En fait, le mahâyâna prétendait amener davantage de gens vers le salut, constituant donc un véhicule plus grand que son rival...

• **Le mahâyâna:** terme sanskrit* signifiant « grand véhicule », il désigne une tradition bouddhique apparue au début de l'ère chrétienne dans le Nord de l'Inde. Cette tradition, qui compte entre 250 et 400 millions d'adeptes, est aujourd'hui majoritaire en Extrême-Orient (Chine, Japon, Corée, Viêtnam). Il se caractérise par le recours aux *bodhisattva**, des hommes ayant atteint l'état de Bouddha qui ont choisi de reporter leur accès au *nirvâna** afin d'aider les autres à atteindre la délivrance. Vénérés comme autant de dieux, les innombrables *bodhisattva* forment un panthéon foisonnant. Les figures d'Avalokiteshvara, *bodhisattva* de la compassion représentée en Chine et au Japon sous des traits féminins et supposés incarner entre autres dans la personne du dalaï-lama; de Maitreya le Bouddha du futur; ou d'Amitâbha le bouddha du paradis de la Terre pure sont parmi les plus vénérés.

S'ajoute à ces deux traditions ce qu'une majorité de chercheurs considèrent comme un troisième véhicule, quand d'autres n'y voient qu'un rameau du mahâyâna:

• **Le vajrâyâna:** véhicule du diamant, dit aussi bouddhisme tantrique, est apparu en Inde entre les 4ᵉ et 6ᵉ siècles de notre ère. Résultant d'une hybridation entre le mahâyâna et les dogmes hindous du courant shivaïte, il est aujourd'hui présent au Tibet, en Mongolie, en Chine, au Népal et au Bhoutan, et regrouperait entre 15 et 20 millions d'adeptes. Son iconographie se caractérise notamment par la représentation des divinités mâles en contact avec leur parèdre, compléments féminins leur permettant d'accéder à la plénitude.

Les enseignements

Si le bouddhisme est partagé entre trois traditions et une multitude d'écoles, ses composantes partagent un fonds commun, connu sous le terme des **trois joyaux**, dans lesquels un bouddhiste se doit de « prendre refuge », c'est-à-dire d'adhérer.

Ces trois joyaux sont:

- **le Bouddha** lui-même (il faut admettre sa doctrine);
- **le *Dharma**** (ou Loi universelle);
- **le *Sangha**,** à savoir la communauté bouddhique.

Si le *Sangha* est aujourd'hui présenté comme universaliste, il n'en a pas toujours été ainsi. Dans l'enseignement d'origine, il n'est accessible qu'à trois conditions : être un humain mâle ; « deux fois né » (dans le système des castes, ayant déjà accumulé du mérite lors de vies antérieures et donc bénéficié d'une naissance parmi les prêtres, nobles ou à défaut artisans) ; intégrant la communauté monastique.
Cette dernière est la base à la fois de la vie bouddhique et de l'extension historique prise par cette religion. Hiérarchiquement structurée, la communauté monastique va jusqu'à comprendre dans certains contextes une part conséquente de la population masculine d'un pays, comme au Tibet avant l'invasion chinoise, ou la Thaïlande et le Myanmar aujourd'hui. Le moine fait vœu de chasteté et de pauvreté, des concepts relatifs qui ont subi des compromis au fil du temps. Il doit mendier sa nourriture, ne se vêtir que de guenilles qu'il teint, selon les écoles, de couleurs allant du safran au pourpre jusqu'au gris ou au noir, et ne posséder qu'une poignée de biens – un bol à aumônes, une aiguille pour repriser ses vêtements, un rasoir pour se tondre le crâne, éventuellement un rosaire de 108 grains (108 étant un des chiffres sacrés du bouddhisme) pour rythmer les prières…

Religion ou philosophie ?

Une parabole bouddhique raconte que six aveugles, touchant séparément une partie d'un éléphant, prenaient cette partie pour le tout : celui qui tâtait une jambe sentait un pilier ; la queue devenait une corde ; la trompe, une branche d'arbre ; une oreille, un éventail ; le ventre, un mur ; et une défense, une pipe. Et nos aveugles d'expliquer péremptoirement aux autres ce qu'était « réellement » le pachyderme. L'analogie s'applique parfaitement à notre perception du bouddhisme, qui apparaît à certains comme une religion, à d'autres comme une philosophie athée, sans compter ceux qui y voient une éthique ou une idéologie…
Cette cacophonie s'enracine pour partie dans l'histoire de la « découverte » du bouddhisme par l'Occident. Même si des contacts avec l'Occident sont attestés dès Marco Polo, et que certains historiens ont cru déceler une influence bouddhique sur des dogmes chrétiens ou juifs, la rencontre décisive a été tardive et idéologiquement orientée. Confrontés à des religions qui leur étaient inconnues, les missionnaires chrétiens envoyés en Orient ont, à partir du 16e siècle, répercuté des visions biaisées de ces cultes, vus tantôt comme dépositaires de sagesses perdues, perçus tantôt comme reliquats de superstitions idolâtres.
Des philosophes, dont le plus connu est Arthur Schopenhauer, défendirent le bouddhisme comme une spiritualité d'excellence apportant à l'Occident une profondeur perdue par le christianisme. Simultanément des ésotéristes, telle la médium russe Helena Blavatsky, fondatrice de la Société théosophique dont l'idéologie nourrira la spiritualité *New Age*, élaboraient des mythologies modernes présentant les religions orientales comme recélant d'importants savoirs réservés aux initiés. De ce mélange sont nées diverses moutures

de néobouddhisme, actives et influentes sur les pratiques contemporaines.
Vu de ses terres d'origine en Asie, le bouddhisme est indéniablement une religion, marquée par des cultes quotidiens. Vieille de deux millénaires et demi, elle s'est diffusée dans de multiples contextes culturels. Son adaptation à des univers mentaux différents a créé une infinité de courants et d'écoles de pensées, aux croyances variées et aux pratiques plus ou moins syncrétiques.
À l'instar des autres grandes religions révélées, le bouddhisme a, dans ses divers rameaux, produit des philosophies de haut vol. Il a aussi eu, au cours de sa longue histoire, partie liée avec les pouvoirs, cautionnant des atrocités tout en jalonnant son expansion de merveilles architecturales.

Le zen

Un simple regard sur les rayons des libraires amènerait le lecteur profane à croire que le zen et le bouddhisme tibétain forment l'essentiel du bouddhisme : approximativement 90 % des ouvrages consacrés à cette religion leur sont dédiés… Pourtant, les deux sont ultraminoritaires, regroupant au mieux 1 ou 2 % de la population mondiale bouddhiste. Leur succès s'explique par les réseaux prosélytes qu'ils ont su se créer en Occident dans la seconde moitié du 20e siècle.
Le zen, issu du mahâyâna, est une branche du bouddhisme comprenant plusieurs écoles, axées sur la méditation (*dhyâna* en sanskrit) ou « illumination intérieure ». Si le terme de zen est japonais, il dérive du bouddhisme chan chinois.
Le chan a pour fondateur légendaire un moine, Bodhidharma (« Enseignement de sagesse » en sanskrit), connu au Japon sous le nom de Daruma. Parti de son Inde natale, l'ermite aurait élu domicile, vers le 5e siècle, au monastère de Shaolin, popularisé pour son rôle de plaque-tournante de transmission des arts martiaux supposément enseignés par Bodhidharma. Sourd aux attraits de la cour impériale, le sage aurait médité devant un mur neuf ans durant, jusqu'à ce que ses bras se détachent de son corps, avant de transmettre son enseignement à un nouveau maître.
Car le zen, présenté comme issu d'un enseignement caché du Bouddha, est affaire de transmission, de maître en maître, ceux-ci étant indispensables à la formation des adeptes. Il s'est divisé entre plusieurs écoles. Les deux plus connues, ayant réussi leur implantation en Occident, sont le zen Sôtô et le zen Rinzai. Elles ont pour fondateurs respectifs les moines japonais Dôgen (1200-1253) et Eisai (1141-1215), qui se formèrent en Chine.
Issu du mahâyâna et influencé par le taoïsme, le zen postule aujourd'hui que l'illumination, lors de laquelle le pratiquant entrevoit le *nirvâna**, est accessible à tous ceux qui suivent son enseignement – peu importe le poids des existences passées. Cette illumination peut s'obtenir par divers biais : dans le zen Sôtô, par méditation ; dans le Rinzai, par le recours aux *kôan*, des paradoxes à visées pédagogiques amenant le disciple à penser autrement que par la raison : « Quel est le son d'une seule main qui applaudit ? »

Chronologie du bouddhisme

Bouddha, fondateur de cette religion, aurait vécu entre -623 et -543 (datation du Theravâda), ou de -563 à -483 selon les spécialistes du 20e siècle, les chercheurs s'acheminant aujourd'hui vers une datation fixant sa mort aux alentours de -400. En tout état de cause, de premières communautés se sont probablement installées au 4e siècle avant notre ère dans la vallée du Gange, au fil de la route commerciale qui traverse le nord de l'Inde.
Tout au long de sa longue histoire, l'adoption du bouddhisme sera liée à la nécessité d'ententes commerciales entre les marchands itinérants et les élites locales. Facilitée par la plasticité de la nouvelle religion, propice à la cohabitation et l'hybridation avec d'autres idéologies, elle autorise l'affirmation d'une communauté morale propice aux échanges.

• **3e siècle avant notre ère :** le bouddhisme entre dans l'histoire lors du règne de l'empereur Ashoka de la dynastie Maurya, qui contrôle la quasi-totalité du subcontinent indien. En -261, Ashoka conquiert la province du Kalinga et, se disant écœuré par les massacres, se convertit au bouddhisme. L'acte est surtout politique. Les communautés monastiques bouddhiques offrent un puissant relais aux administrateurs de l'empire. Ashoka convoque un concile dans sa capitale de Pataliputra (auj. Patna) pour définir une orthodoxie, et patronne des missions d'évangélisation vers le Sri Lanka, le Myanmar et la Bactriane.

• **Aux 2e et 1er siècles av. N.È. :** le bouddhisme poursuit son expansion au fil des routes marchandes, du Sri Lanka vers Sumatra et Java ; du Myanmar vers la Malaisie et le Laos ; et de la Bactriane vers la Chine, atteinte au début de l'ère chrétienne. En Perse et en Asie centrale, les étapes de la route de la soie abritent des communautés bouddhistes.

• **Du 1er au 5e siècle :** le bouddhisme fait face à un redoutable défi à son arrivée en Chine : adapter un dogme qui fait sens dans le contexte idéologique indien au fonctionnement mental chinois. Plusieurs siècles sont nécessaires pour que s'opère la fusion, au prix d'adaptations, de concessions, de traductions du sanskrit au chinois et d'adoption par le bouddhisme des concepts du taoïsme, religion populaire de Chine. Progressivement s'imposent deux courants conceptuellement distincts :

- **le gradualiste,** qui défend conformément à la tradition que le *nirvâna* n'est accessible que par une longue série d'existences vertueuses ;
- **le subitiste,** qui pour plaire aux Chinois, estime que le *nirvâna* est plus facilement accessible. Certaines de ces écoles iront jusqu'à dire que le phénomène peut être soudain, par méditation, illumination ou récitation d'une formule magique. De là naîtra notamment le chan, qui sera adopté par le Japon sous le nom de zen.

• **Au 4e siècle** commencent à être décorées les grottes de l'oasis de Dunhuang, qui abritent un très important monastère.

• **Vers 406,** à Chang'an, le moine Kumârajîva traduit le *Sûtra du Lotus* du sanskrit au chinois, acteur parmi d'autres de la forte diffusion *via* le chinois des textes bouddhiques vers la Corée, le Viêtnam et l'Asie centrale.

• **Entre les 3e et 4e siècles,** le bouddhisme atteint son apogée en Inde sous la dynastie hindoue Gupta. En témoigne la fondation de l'université monacale de Nâlandâ, qui comptera jusqu'à 10 000 moines. Pivot de l'évangélisation, elle attire des moines de toute l'Asie, dont des pèlerins chinois. Elle sera incendiée par les musulmans à la fin du 12e siècle.

• **Vers 550,** une ambassade coréenne est envoyée au Japon, y introduisant le bouddhisme et l'écriture. La nouvelle religion se pérennise. Les monastères, qui envoient fréquemment des moines en Chine pour s'inspirer des différentes écoles, se multiplient et joueront un rôle politique important jusqu'en 1600. Par réaction, la religion chamanique locale, le shintô, se structure progressivement. Des phénomènes syncrétiques font leur apparition.

• **Vers 640,** le puissant roi du Tibet Songtsen Gampo épouse une princesse chinoise, se convertit au bouddhisme et prend Lhassa pour capitale. Un siècle plus tard, le moine Padmasambhava quitte le Bihar pour se rendre au Tibet, où il livre une lutte sans merci aux « démons », soit les divinités de la religion chamanique locale, le bön, afin de les soumettre aux dieux du bouddhisme tantrique dont il sera un des plus éminents représentants.

• **Construit vers l'an 800,** le gigantesque monument de Borobudur marque l'apogée du bouddhisme à Java. Il est abandonné vers l'an 1100.

• **De 842 à 844** prend place une grande persécution des religions étrangères en Chine. Le bouddhisme, visé au premier chef, survit.

• **Entre les 10ᵉ et 12ᵉ siècles,** le bouddhisme indien fait face à une double offensive : Arrivés de l'ouest, les conquérants musulmans livrent une guerre sans merci aux « infidèles » hindous et bouddhistes pour les convertir. Depuis le sud, les hindous réforment le brahmanisme et renforcent leur contrôle de la société indienne. Le bouddhisme disparaît d'Inde au 13ᵉ siècle.

• **Au 13ᵉ siècle,** le bouddhisme tantrique, pratiqué au Tibet depuis le 8ᵉ siècle, devient religion officielle de la dynastie mongole des Yuan, qui contrôle la Chine. Divers arrangements ultérieurs entre khans mongols et grands lamas tibétains mèneront à la création d'une véritable théocratie au Tibet. En 1950-1951, la République populaire de Chine envahit le Tibet et l'annexe.

• **En 1956,** le bouddhisme revient en sa terre d'origine. Défiant le système des castes, le politicien Bhimrao Ambedkar, issu d'une ethnie d'« intouchables », se convertit publiquement au bouddhisme et entraîne à sa suite plusieurs millions de ses supporters.

• **Depuis la fin de la Seconde Guerre mondiale,** le bouddhisme prend son essor et s'étend au monde entier. En Occident fleurissent de nombreux monastères tibétains, des temples sont fondés par les diasporas d'Asie du Sud-Est, des universités déployées par de nouveaux mouvements religieux japonais…

Le bouddhisme, une religion tolérante ?

BERNARD FAURE
Professeur à l'université de Stanford, Californie. Auteur notamment de *Idées reçues sur le bouddhisme*, Le Cavalier Bleu, 3e éd. 2020 ; *Les Mille et Une Vies du Bouddha*, Le Seuil, 2018.

Dès son origine, le bouddhisme insiste sur la compassion envers autrui : le premier bouddhisme, dit theravâda, toujours présent en Asie du Sud-Est et au Sri Lanka, met l'accent sur une introspection personnelle qui doit permettre de comprendre la nature de nos rapports avec l'autre. Il n'y a pas de dogme fondamental, en dehors de quelques notions issues de l'hindouisme. Il n'existe pas non plus d'autorité ecclésiastique ultime. Ces deux traits font qu'il est de prime abord difficile de parler d'orthodoxie, et à plus forte raison de fondamentalisme bouddhique. Les bouddhismes, par nature pluriels, ont su accueillir en leur sein les doctrines les plus diverses.

Plus tard, le bouddhisme mahâyâna (« grand véhicule »), aujourd'hui répandu en Chine, en Corée, au Japon et au Viêtnam, prône la compassion pour tous les êtres, même les pires. Ce sentiment de communion est fondé sur la croyance en la

Omniprésents dans l'Himalaya bouddhique tibétain, ces drapeaux de prière ont pour but de diffuser la parole du Bouddha à tous les vents…

transmigration des âmes, laquelle conduit les êtres à renaître en diverses destinées, humaines et non-humaines. Le mahâyâna insiste sur la présence d'une nature de bouddha en tout être.

Quant au bouddhisme vajrayâna (ésotérique, tantrique), issu du mahâyâna et aujourd'hui localisé au Tibet et en Mongolie, il offre une vision grandiose de l'univers tout entier, qui n'est autre que le corps du Bouddha cosmique. À l'époque contemporaine, compassion et tolérance sont devenues, en partie par la personne médiatique du dalaï-lama actuel, icône moderne du bouddhisme tibétain, l'image de marque même du bouddhisme dans son ensemble.

Les penseurs bouddhistes ont rapidement élaboré des concepts propres à expliquer divers degrés de vérité. Le Bouddha lui-même, selon un enseignement ultérieurement synthétisé, notamment par le mahâyâna, prêchait ainsi une vérité conventionnelle (accessible à tous), adaptée aux facultés limitées de ses auditeurs, réservant la vérité ultime à une élite spirituelle. Ce recours constant à des expédients salvifiques (*upâya*), balisant des voies différentes et plus ou moins difficiles d'accès au salut, rend le dogmatisme difficile, car tout dogme relève du domaine de la parole, donc de la vérité conventionnelle.

Un syncrétisme militant

Ces théories vont faciliter diverses formes de syncrétisme ou de synthèse, comme celles de Zhiyi (539-597) et de Guifeng Zongmi (780-841) en Chine, de Kûkai (774-835) au Japon, et de Tsong-kha-pa (1357-1419) au Tibet. Il s'agit généralement d'une sorte de syncrétisme militant, par lequel les cultes rivaux (religion bön au Tibet, confucianisme et taoïsme en Chine, shintô au Japon...) sont intégrés à un rang subalterne dans un système dont le point culminant est la doctrine de l'auteur. Ces élaborations aboutissent rapidement à faire du bouddhisme un polythéisme, qui assimile et mêle dans ses panthéons les dieux des religions qui lui préexistaient (de l'hindouisme, du bön, du taoïsme...). Au demeurant, la pratique n'a pas toujours été aussi harmonieuse que la théorie. On observe par exemple dans le bouddhisme chinois et japonais, entre les 8e et 13e siècles de notre ère, une tendance marquée par l'adoption d'une pratique unique (par exemple la méditation assise, ou la récitation du nom du bouddha Amida), censée subsumer toutes les autres. Ainsi de certaines écoles du courant de l'amidisme, chinois et japonais, qui postulent que celui qui récite simplement une formule cultuelle au moment de mourir se voit garantir sa réincarnation au paradis de la Terre pure.

Mais c'est surtout en raison de son évolution historique que le bouddhisme est conduit à faire des accrocs à ses grands principes. Le principal écueil réside dans les rapports de cette religion avec les cultures qu'elle rencontre au cours de son expansion. L'attitude des bouddhistes envers les religions locales est souvent décrite comme un exemple classique de tolérance. Il s'agit en réalité d'une tentative de mainmise : les dieux indigènes les plus importants sont convertis, les autres sont rejetés dans les ténèbres extérieures, ravalés au rang de démons et, le cas échéant, soumis ou détruits par des rites appropriés. Certes, le processus est souvent représenté dans les sources bouddhiques comme une conversion volontaire des divinités locales. Mais la réalité est fréquemment tout autre, comme en témoignent certains mythes, qui suggèrent que le bouddhisme a parfois cherché à éradiquer les cultes locaux qui lui faisaient obstacle.

C'est ainsi que le Tibet est « pacifié » au 8e siècle par le maître indien Padmasambhava, lorsque celui-ci soumet tous les « démons » locaux (en réalité, les anciens dieux) grâce à ses formidables pouvoirs. Un siècle auparavant, le premier roi bouddhique Trisong Detsen a déjà soumis les forces telluriques (énergies terrestres de nature « magique » qui influencent individus et habitats), symbolisées par une démone, dont le corps recouvrait tout le territoire tibétain, en « clouant » celle-ci au sol par des *stûpa* (monuments commémoratifs et souvent centres de pèlerinage) fichés aux douze points de son corps. Le temple du Jokhang à Lhassa, lieu saint du bouddhisme tibétain, serait le « pieu » enfoncé en la partie centrale du corps de la démone, son sexe.

Ce symbolisme, décrivant la « conquête » bouddhique comme une sorte de soumission sexuelle, se retrouve dans un des mythes fondateurs du bouddhisme tantrique, la soumission du dieu Maheshvara par Vajrapâni, émanation terrifiante du bouddha cosmique Vairocana. Maheshvara est l'un des noms de Shiva, l'un des grands dieux de la mythologie hindoue. Ce dernier, ravalé par le bouddhisme au rang de démon, n'a commis d'autre crime que de se croire le Créateur, et de refuser de se soumettre à Vajrapâni, en qui il ne voit qu'un démon. Son arrogance lui vaut d'être piétiné à mort ou, selon un pieux euphémisme, « libéré », malgré la molle intercession du bouddha Vairocana pour freiner la fureur destructrice de son avatar Vajrapâni. Pris de peur, les autres démons (dieux hindous) se soumettent sans résistance. Dans une version encore plus violente, le dieu Rudra (autre forme de Shiva) est empalé par son redoutable adversaire. Le mythe de la soumission de Maheshvara se retrouve au Japon, même si, dans ce dernier pays, les choses se passent dans l'ensemble de manière moins violente. Certes, on voit ici aussi de nombreux récits de conversions plus ou moins forcées des dieux autochtnones. Mais bientôt, une solution plus élégante est trouvée, avec la théorie dite « essence et traces » (*honji suijaku*). Selon cette théorie, les dieux japonais (*kami**) ne sont que des « traces », des manifestations locales dont l'« essence » (*honji*) réside en des bouddhas indiens. Plus besoin de conversion, donc, puisque les *kami* sont déjà des reflets des bouddhas.

Paradoxalement, la notion d'absolu dégagée par la spéculation bouddhique va permettre aux théoriciens d'une nouvelle religion, le soi-disant « ancien » shintô, de remettre en question la synthèse bouddhique au nom d'une réforme purificatrice et nationaliste.

À terme, ce fondamentalisme shintô mènera à la « révolution culturelle » de Meiji (1868-1873), au cours de laquelle le bouddhisme, dénoncé comme religion étrangère, verra une bonne partie de ses temples détruits ou confisqués. Jusqu'à la Seconde Guerre mondiale, la religion officielle japonaise réinvestit les mythes shintô et s'organise autour du culte de l'Empereur divinisé, descendant du plus important *kami* national, la déesse du Soleil. Par contrecoup, le bouddhisme à son tour se réfugie dans un purisme teinté de modernisme, qui rejette comme autant de « superstitions » les croyances locales.

Le bouddhisme, les femmes et les hérésies

Comme on l'a vu, la métaphore qui inspire les récits de conversions des divinités locales est souvent celle de la soumission sexuelle. Dans ces récits, le bouddhisme est fondamentalement mâle, tandis que les cultes locaux sont souvent féminisés. La question des rapports du bouddhisme et des femmes constitue un autre cas de dissonance entre la théorie et la pratique.

L'histoire commence d'ailleurs assez mal. La tradition rapporte que le Bouddha refusa initialement, dans l'ordre qu'il venait de fonder, sa propre tante et mère adoptive, Mahâprâjapati. C'est après l'intervention réitérée de son disciple et cousin bien-aimé Ânanda que le Bouddha aurait fini par consentir à accepter l'ordination des femmes, non sans imposer à celles-ci quelques règles particulièrement sévères (en raison de l'extrême imperfection féminine). En outre, il prédit que, du fait de leur présence, la Loi (*Dharma**) bouddhique était condamnée à décliner au bout de cinq siècles.

En théorie, le principe de non-dualité si cher au bouddhisme mahâyâna semble pourtant impliquer une égalité entre hommes et femmes. Dans la réalité monastique, les nonnes restent inférieures aux moines, et sont souvent réduites à des conditions d'existence précaires. Avec l'accès des cultures asiatiques à la modernité, les nonnes revendiquent une plus grande égalité. Toutefois, leurs tentatives se heurtent à de fortes résistances de la part des autorités ecclésiastiques.

Le bouddhisme a par ailleurs longtemps imposé aux femmes toutes sortes de tabous. La misogynie la plus crue s'exprime dans certains textes bouddhiques qui décrivent la femme comme un être pervers, quasi démoniaque. Perçues comme foncièrement impures, les femmes étaient exclues des lieux sacrés, et ne pouvaient par exemple faire de pèlerinages en montagne. Pire encore, du fait de la pollution menstruelle et du sang versé lors de l'accouchement, elles étaient condamnées à tomber dans un enfer spécial, celui de l'Étang de Sang. Le clergé bouddhique offrait bien sûr un remède, en l'occurrence les rites, exécutés, moyennant redevances, par des prêtres. Car le bouddhisme, dans sa grande tolérance, est censé sauver même les êtres les plus vils...

La notion d'hérésie n'est que rarement employée dans le bouddhisme, et elle ne déboucha pas sur les excès de fanatisme familiers à l'Occident. On parle parfois des « maîtres d'hérésie » vaincus par le Bouddha, et en particulier de l'« hérésie personnaliste » ou « substantialiste », qui remettait en question le principe de l'absence de moi. Mais ces événements ne donnèrent pas lieu à des autodafés – peut-être parce qu'ils se développèrent au sein de traditions orales.

Le bouddhisme chinois se caractérise par une forte tendance syncrétique. Une exception est celle du chan (qui deviendra le zen au Japon) de l'école dite du Sud. Cette dernière rejette l'approche doctrinale traditionnelle, qualifiée de gradualiste, selon laquelle la délivrance ne s'acquiert qu'à la suite d'un long processus de méditation, au nom d'un Éveil* subit qui postule que la délivrance peut intervenir à n'importe quel moment. Le chef de file de l'école du Sud, Shenhui (670-762), s'en prend violemment à ses rivaux de l'école chan du Nord en 732. Son activisme, exceptionnel parmi les bouddhistes chinois, lui vaut d'être envoyé en exil.

Au Japon, où les courants doctrinaux ont eu tendance à se durcir en « sectes », on trouve des exemples d'intolérance plus familiers à un observateur occidental. Ainsi, la secte de la Terre pure (Nembutsu), fondée par Hônen Shônin (1133-1212), dont les disciples, dans leur dévotion exclusive au bouddha Amida, jugent inutiles les anciens cultes (aux autres bouddhas, mais surtout aux *kami* japonais) – minant par là-même les fondements religieux de la société médiévale. C'est pour réagir contre cette intransigeance, qui a conduit certains des adeptes de cette secte à l'iconoclasme, que ses rivaux la dénoncent et cherchent à la faire interdire. Hônen Shônin est envoyé en exil en 1207, et sa tombe est profanée quelques années plus tard.

Quant au maître zen Dôgen (1200-1253), fondateur de la secte Sôtô, il s'en prend à l'« hérésie naturaliste » - terme sous lequel il désigne pêle-mêle l'hindouïsme, le taoïsme, le confucianisme, et un courant rival du sien, l'école de Bodhidharma (Darumashû). Les termes par lesquels il condamne deux moines chinois, assassins présumés du patriarche indien Bodhidharma, en les qualifiant notamment de « chiens », sont caractéristiques d'un nouvel état d'esprit polémique. Une telle attitude a de quoi surprendre chez un maître en principe « éveillé », que l'on a voulu présenter comme l'un des principaux philosophes japonais.

Cet esprit se retrouve chez Nichiren (1222-1282), fondateur de la secte du même nom, qui se prend pour un prophète persécuté. Nichiren dénonce en particulier le zen comme une « fausse doctrine » qui n'attire que les dégénérés. Mais aucune des autres écoles du bouddhisme japonais ne trouve grâce à ses yeux. À l'en croire, « les savants du Tendai et du Shingon flattent et craignent les patrons du nembutsu et du zen ; ils sont comme des chiens qui agitent la queue devant leurs maîtres, comme des souris qui ont peur des chats » (Georges Renondeau, *La Doctrine de Nichiren*, Puf, 1953).

Il faut enfin mentionner les luttes intestines qui opposent, au sein de la secte Tendai (tendance majoritaire du bouddhisme japonais du 8e au 13e siècle), les factions du mont Hiei et du Miidera. À diverses reprises, les monastères des deux protagonistes sont détruits par les « moines-guerriers » du rival. Les raids périodiques de ces armées monacales sur la capitale, Kyôto, défrayent les chroniques médiévales. C'est seulement vers la fin du 16e siècle qu'un guerrier à bout de patience, Oda Nobunaga (1534-1582), décide de raser ces temples et de passer par le fil du sabre les fauteurs de troubles.

Fondamentalismes bouddhiques

Les rapports du bouddhisme et de la guerre sont complexes. Dans les pays où il constituait l'idéologie officielle, il fut tenu de soutenir l'effort de guerre. Il existe également dans le bouddhisme tantrique un arsenal important de techniques magiques visant à soumettre les démons. Il fut toujours tentant d'assimiler les ennemis à des hordes démoniaques, et de chercher à les soumettre par le fer et le feu rituel.

Avec la montée des nationalismes au 19e siècle, le bouddhisme s'est trouvé confronté à une tendance fondamentaliste. Certes, la chose n'était pas tout à fait nouvelle. Dans le Japon du 13e siècle, lors des invasions mongoles (elles-mêmes légitimées par les maîtres bouddhiques de la cour de Kûbilaï Khân), les bouddhistes japonais invoquèrent les « vents divins » (kamikaze) qui détruisirent l'armada ennemie. Ils mirent également en avant la notion du Japon « terre des dieux » (*shinkoku*), qui prendra une importance cruciale dans le Japon impérialiste du 20e siècle. Durant la Seconde Guerre mondiale, les bouddhistes japonais devaient soutenir l'effort de guerre, mettant leur rhétorique au service de la mystique impériale. Même Daisetz T. Suzuki, le principal propagateur du zen en Occident, se fera le porte-parole de cette idéologie belliciste.

Plus récemment, c'est à Sri Lanka que cet aspect agonistique a pris le dessus, avec la revendication d'indépendance de la minorité tamoule, qui a conduit depuis 1983 à de sanglants affrontements entre les ethnies sinhala et tamoule. Le discours des Sinhalas constitue l'exemple le plus approchant d'une apologie bouddhique de la guerre sainte. Certes, il s'agit d'un fondamentalisme un peu particulier, puisqu'il repose sur un groupe ethnique plutôt que sur un texte sacré. Il existe bien une autorité scripturaire, le *Mahâvamsa*, chronique mytho-historique où sont décrits les voyages magiques du Bouddha à Sri Lanka, ainsi que la lutte victorieuse du roi Duttaghâmanî contre les Damilas (Tamouls) au service du bouddhisme. Le *Mahâvamsa* sert ainsi de caution à la croyance selon laquelle l'île et son gouvernement ont traditionnellement été sinhalas et bouddhistes. C'est notamment dans ses pages qu'apparaît le terme de Dharma-dîpa (île de la Loi bouddhique). Il ne restait qu'un pas, vite franchi, pour faire de Sri Lanka la terre sacrée du bouddhisme, qu'il faut à tout prix défendre contre les infidèles. Ce fondamentalisme est avant tout une idéologie politique.

Mentionnons pour finir un cas significatif, puisqu'il met en cause la personne même du dalaï-lama, le personnage qui personnifie aux yeux de la plupart l'image même de la tolérance bouddhique. Il s'agit du culte d'une divinité tantrique du nom de Dorje Shugden, esprit d'un ancien lama, rival du cinquième dalaï-lama, et assassiné par les partisans de celui-ci, adeptes des Gelugpa, au 17e siècle. Par un étrange retour des choses, cette divinité était devenue le protecteur de la secte des Gelugpa, et plus précisément de l'actuel Dalaï-Lama, jusqu'à ce que ce dernier, sur la base d'oracles délivrés par une autre divinité plus puissante, Pehar, en vienne à interdire son culte à ses disciples. Cette décision a suscité une levée de boucliers parmi les fidèles de Shugden, qui ont reproché au dalaï-lama son intolérance. Inutile de dire que les Chinois ont su exploiter cette querelle à toutes fins utiles de propagande. L'histoire a été portée sur les devants de la scène après le meurtre d'un partisan du dalaï-lama par un de ses rivaux, il y a quelques années. Par-delà les questions de personne et les dissensions politiques, ce fait divers souligne les relations toujours tendues entre les diverses sectes du bouddhisme tibétain.

Même s'il ne saurait être question de nier l'existence au cœur du bouddhisme d'un idéal de paix et de tolérance, fondé sur de nombreux passages scripturaux, ceux-ci sont contrebalancés par d'autres sources selon lesquelles la violence et la guerre sont permises lorsque le *Dharma* bouddhique est menacé par des infidèles. Dans le *Kalacakra-tantra* par exemple, texte auquel se réfère souvent le dalaï-lama, les infidèles en question sont des musulmans qui menacent l'existence du royaume mythique de Shambhala. À ceux qui rêvent d'une tradition bouddhique monologique et apaisée, il convient d'opposer, par souci de vérité, cette part d'ombre.

Pourquoi **christianisme et bouddhisme se ressemblent-ils ?**

Entretien avec Kyong-Kon Kim

Ordres monastiques célibataires, culte des reliques... À regarder le christianisme et le bouddhisme, on est frappé par de nombreuses similitudes. Peut-on les expliquer ?

Je constate l'existence parallèle des ordres monastiques bouddhiques et chrétiens, marqués par l'austérité, l'alternance de travail manuel et de méditation, le célibat... Et certaines pratiques dévotionnelles et rituelles se ressemblent étonnamment. Pourtant, au-delà de cette similarité apparente, il existe des divergences. D'abord, ces ressemblances ne valent pas pour l'ensemble des Églises chrétiennes et des écoles bouddhiques. Leurs pratiques sont fondées sur des cosmologies différentes. Par exemple, il est difficile de faire de la notion bouddhique du cycle infini de renaissance (*samsâra**) l'équivalent de la croyance chrétienne en la résurrection. Le célibat des moines n'est plus une généralité dans certaines écoles bouddhiques japonaises et tibétaines. Le culte des reliques n'a pas la même valeur spirituelle : si le chrétien espère obtenir, en vénérant les reliques des saints, la grâce divine, le bouddhiste aspire, en rendant hommage aux reliques du Bouddha, à une renaissance favorable le rapprochant de l'état d'Éveil*.

Personnellement, je ne cherche pas à énoncer une théorie générale éclaircissant ce phénomène de similitudes entre les deux religions, car il me semble plus pertinent d'entreprendre une classification périodique, morphologique et herméneutique.

Dans les deux religions, les femmes peuvent devenir nonnes, mais elles sont explicitement considérées comme inférieures. Pourquoi ?

Certes, les nonnes bouddhistes n'exercent aucune autorité à l'égard des moines, à l'exception de celles de Corée du Sud qui, recevant l'ordination complète, jouissent d'une certaine autonomie. Du côté chrétien, il ne se trouve aucune prêtresse dans les

---

KYONG-KON KIM
Maître de conférences en histoire des religions à l'université de Strasbourg. Auteur de *Der Mensch und seine Erlösung nach Sŏn-Buddhismus und Christentum*, Borengässer, 2007.

Églises catholique et orthodoxe. Font exception l'ordination des prêtresses anglicanes et la nomination des pasteures protestantes.

De plus, les textes canoniques respectifs contiennent des passages susceptibles de justifier ce statut inférieur. Selon le *Vinayapitaka* (Corbeille de la discipline) pâli*, le Bouddha aurait d'abord refusé l'entrée des femmes dans la communauté monastique, puis il aurait imposé aux moniales des règles plus strictes qu'aux moines. Pour le christianisme, citons Paul de Tarse : « Femmes, soyez soumises à vos maris, comme au Seigneur, car le mari est le chef de la femme » (Éphésiens 5, 22). Toutefois, d'autres passages peuvent contredire ce qui précède. Par exemple, le *Sûtra de Vimalakîrti* enseigne que le corps du Bouddha n'est ni masculin ni féminin. Dans les Évangiles, l'attitude de Jésus de Nazareth envers les femmes est exceptionnelle dans le contexte patriarcal du judaïsme antique : « Si quelqu'un répudie sa femme et en épouse une autre, il est adultère à l'égard de la première » (Marc 10, 11).

En outre, l'interprétation des mêmes textes peut être fort variée selon l'intérêt, institutionnel, religieux ou politique, de l'herméneute. D'où l'idée que la permission du Bouddha aux femmes d'entrer dans une vie ascétique aurait été une première dans l'Inde androcentrique ; le conseil de Paul de Tarse aux maris d'aimer leur épouse comme le Christ a aimé l'Église aurait été révolutionnaire, eu égard à la mentalité de son époque considérant la femme comme la propriété de l'homme, etc.

Toutefois, la subordination des femmes en religion demeure un phénomène quasi universel.

Des moines, bouddhistes comme chrétiens, ont appelé à la guerre sainte. Comment ces religions, prêchant l'amour ou la compassion, ont-elles pu institutionnaliser la violence ?

Les usagers de la violence se justifient parfois au nom de la religion. Le bouddhisme mahâyâna connaît la notion de meurtre compassionnel permettant de restreindre le nombre de victimes. Le principe de vacuité pourrait amener à nier l'acte violent : « L'être vivant n'existant pas, le péché de meurtre n'existe pas non plus » (Traité de la grande vertu de sagesse de *Nâgârjuna*). Pour défendre le *Dharma** (doctrine bouddhique) menacé par les forces du mal, l'usage de la violence est justifié (*Sûtra de la Grande Extinction complète*). Les exemples de la mise en pratique en sont nombreux en Extrême-Orient.

Quant au christianisme, la protection de la foi et des croyants était la principale justification avancée à la « guerre juste » contre les hérétiques, aux croisades, à la création de l'ordre combattant du Temple, à l'Inquisition ou au massacre des protestants lors de la Saint-Barthélemy.

La justification religieuse de l'usage de la violence se retrouve, hélas, dans bien d'autres traditions.

Dans le bouddhisme mahâyâna, on prie les* bodhisattva**. Dans le catholicisme, on invoque les saints. La multiplicité des* bodhisattva *fait dire que le bouddhisme mahâyâna est un polythéisme, alors que le catholicisme reste considéré comme un monothéisme. Comment l'expliquer ?

Les textes mahâyâniques présentent divers *bodhisattva*, êtres (*sattva*) sur le chemin de l'Éveil (*bodhi*) se destinant à sauver l'ensemble des êtres avant d'entrer dans le *nirvâna** (extinction). Des bouddhistes rendent alors hommage aux *bodhisattva* afin d'obtenir des mérites permettant au final de devenir eux-mêmes *buddha* (éveillé). Par ailleurs, des personnalités réelles peuvent être vues comme *bodhisattva*, comme c'est le cas du dalaï-lama en tant que réincarnation d'Avalokiteshvara (seigneur qui regarde [avec compassion] d'en haut). Quant aux dieux, issus du brahmanisme, ils sont, selon la cosmologie bouddhique traditionnelle, des êtres non éveillés soumis au *samsâra*, donc inférieurs aux *buddha*. De ce fait, qualifier le *mahâyâna* de polythéiste est un non-sens.

Les saints chrétiens sont des martyrs, des moines, des ascètes, des évêques et des religieuses, qui ont vécu de manière exemplaire l'idéal évangélique et qui ont été reconnus en tant que tels par l'Église. Des chrétiens se confient alors à l'intercession de ces saints, en leur demandant de « prier pour eux », mais ils ne prient pas les saints. En outre, les saints ne sont pas des êtres divinisés, bien qu'ils soient, selon la foi chrétienne, dans la communion avec Dieu. Par conséquent, il n'est guère pertinent de considérer que les chrétiens croient en plusieurs centaines de dieux.

Quoi qu'il en soit, il me semble porteur de poser la question autrement : pourquoi certains ont-ils besoin de vénérer les *bodhisattva* ou les saints ? En admettant la présence de deux groupes distinctifs au sein de la plupart des religions, une élite religieuse et les fidèles ordinaires, je dirais que, contrairement à la première qui s'adonne à la réflexion doctrinale, pratique et institutionnelle afin de préserver l'orthodoxie, les derniers semblent plutôt rechercher une consolation à leurs maux quotidiens *via* des figures religieuses plus accessibles.

Propos recueillis par Laurent Testot

Amritsar (Inde), novembre 2009. Un pélerin au Temple d'Or, édifice sacré des Sikhs.

Les sikhs, une religion originale

DENIS MATRINGE
Directeur de recherche honoraire au CNRS, il est l'auteur de *Les Sikhs. Histoire et tradition des « Lions du Panjab »*, Albin Michel, 2008.

Dissipons d'emblée un poncif trop souvent diffusé : les sikhs ne constituent en aucun cas un syncrétisme entre islam et hindouisme. Le sikhisme est né comme un courant à l'intérieur de l'hindouisme théiste. Si des mots, des genres littéraires et certains *realia* (éléments spécifiques à une culture) ont pu être empruntés de part et d'autre, cela ne fait en rien du sikhisme un simple mélange de deux religions.

En 2011, les sikhs étaient 20,8 millions en Inde, soit 1,72 % des habitants du pays. 77 % d'entre eux vivent dans l'État du Panjab (Nord-Ouest de l'Inde), dont ils forment 58 % de la population. Les sikhs font remonter leur histoire à l'enseignement de Gurû Nânak (1469-1539), maître d'une paisible communauté mystique, le Nânak Panth (Voie de Nânak), prêchant la dévotion aimante à un Dieu unique.

Né autour de ce premier maître et de ses neuf successeurs dans le contexte d'un Panjab longtemps resté à l'écart du brahmanisme lettré, mais marqué par la présence de courants hindous comme les cultes de dévotion vishnouistes* et shivaïtes et par l'islam, surtout soufi*, le sikhisme a évolué comme une religion séparée. Il en a tous les traits distinctifs : fondateur, Écritures, lieux de culte, calendrier religieux et rites sacramentaux.

Quatre phases

L'histoire des sikhs peut être périodisée en quatre grandes phases.

• **La première, celle des dix *Gurû* qui se succèdent à la tête des sikhs aux 16e et 17e siècles, correspond chronologiquement à l'époque des grands Moghols** : Nânak livre un témoignage direct sur la conquête du maître turc de Kaboul, Bâbur (v. 1526-1530), qui installa les Moghols en Inde, et Gobind (1666-1708) décède à peine un an après le dernier grand Moghol, Aurangzeb (v. 1658-1707). Entretemps, le Nânak Panth s'est organisé et doté d'un livre sacré, l'*Âdi Granth* (Livre premier), compilé par Arjan (1563-1606), le cinquième *Gurû*, à partir des hymnes de ses prédécesseurs, de ses propres compositions et de celles de saints poètes hindous et soufis de l'époque.

Ensuite, soumis aux coups de boutoir des Moghols, le courant central du mouvement se militarise et finit par se muer en fraternité militante, le Khâlsâ (les Purs), fondée par Gurû Gobind, à qui est attribuée la composition d'un deuxième livre sacré, le *Dasam Granth* (Livre du Dixième). Gobind, selon la tradition historiographique sikhe, instaure un code, un rite d'initiation et, pour les hommes, cinq symboles distinctifs dont le nom commence en panjabi par la lettre k (on parle des cinq k) :

la barbe et les cheveux (*kes*) non coupés, un petit peigne (*khanghâ*) maintenant les cheveux sous le turban, un pantalon court (*kacch*) serré aux genoux, un bracelet métallique (*karâ*), un poignard (*kirpân*). Gobind décide aussi qu'au sein du Khâlsâ, les hommes ajouteront Singh (lion) à leur nom, et les femmes Kaur (princesse) au leur. Il établit qu'après sa mort, l'autorité du *Gurû* résidera conjointement dans les Écritures et la communauté rassemblée.

• **La deuxième phase va des soulèvements paysans contre les Moghols sous Bandâ Bahâdur (m. 1716) au royaume sikh du Panjab (1799-1849).** En grand danger après l'assassinat de Gobind puis l'exécution de Bandâ, les sikhs sortent finalement vainqueurs des affrontements où ils sont en compétition avec Moghols et Afghans pour le contrôle du Panjab. Ils fondent dans la région un grand royaume dont le premier maharadjah est Ranjît Singh (v. 1799-1839), et qui dure une cinquantaine d'années, avant son annexion par les Britanniques en 1849.

• **La troisième phase correspond à la domination coloniale britannique.** Sous la *Pax Britannica*, les sikhs prospèrent, et au tournant du 19e siècle apparaît parmi eux un mouvement de réforme socioreligieuse organisé au sein de la Singh Sabhâ (Société des Lions). Le courant qui s'impose, appelé Tat Khâlsâ (les Vrais Purs), voit triompher les partisans d'un retour aux sources et de l'affirmation d'une identité religieuse séparée de celle des hindous, contre les sikhs ouverts à l'hindouisme et se désignant comme Sanâtan (Traditionalistes). Ensuite, le mouvement qui assure aux sikhs, en 1925, la prise de contrôle de leurs temples dans le Panjab les dote d'une organisation politique, l'Akâlî Dal (Armée de l'Éternel). Se rangeant massivement au côté du Congrès dans le mouvement national, les sikhs sont pris dans la tourmente de la partition qui voit le Panjab divisé entre l'Inde et le Pakistan, au prix de vastes transferts de population accompagnés de massacres à grande échelle.

• **La dernière phase conduit jusqu'à l'époque contemporaine.** Dans l'Inde indépendante, l'Akâlî Dal réussit à obtenir, en 1966, un redécoupage du Panjab sur une base officiellement linguistique. Dans le nouvel État où les sikhs sont majoritaires, la révolution verte accentue les inégalités et le fondamentalisme se développe, instrumentalisé tant par l'Akâlî Dal que par le pouvoir central. Un mouvement indépendantiste voit le jour, le terrorisme se répand et la crise qui culmine en 1984 avec l'assaut du Temple d'Or par les forces gouvernementales, l'assassinat d'Indira Gandhi et les massacres subséquents de sikhs ne se résout qu'en 1992. De 2004 à 2014, le Premier ministre indien a été un sikh, Manmohan Singh (né en 1932).

Plus de deux millions de sikhs établis à l'étranger

75 % des sikhs du Panjab sont des ruraux, mais on rencontre aussi de nombreux sikhs dans les transports, l'agroalimentaire, les affaires et l'armée. Si les sikhs rejettent la caste comme condition d'accès au salut, ils sont bien intégrés au système des castes de l'Inde pour leur vie sociale: 60 % d'entre eux sont de caste *jât*, une caste rurale très présente dans le Panjab. Sur le plan religieux, ils sont divisés en courants et en sectes. Le courant qui impose sa marque reste celui du Tat Khâlsâ, et l'on appelle Sahajdhârî (tenants de l'extase mystique) les sikhs qui s'en tiennent à l'enseignement de l'Âdi Granth et restent très proches des hindous. Les principales sectes sont celles qui reconnaissent des *Gurû* postérieurs à Gobind Singh, comme celle des Nirankârî. Enfin, plus de deux millions de sikhs sont établis à l'étranger, surtout au Royaume-Uni et en Amérique du Nord.

Enseignement de Gurû Nanak, illustration tirée d'un livre de prière sikh, 1830.

Gurû Nânak
poète, mystique, fondateur

Nânak est un prédicateur mystique panjabi né dans la caste commerçante des Khatrî. Après de longues pérégrinations consécutives à une illumination, il crée le village de Kartârpur au bord de la Ravi, non loin de Lahore. Il y rassemble un groupe de « disciples » (sikhs) auxquels il enseigne l'expression la plus achevée de la doctrine des *sant*, mystiques errants de la tradition théiste hindoue (*bhakti**) dont la religion monothéiste partage des traits avec la *bhakti* vishnouiste* et le yoga tantrique des ascètes shivaïtes *nâth*.

Au cœur de l'enseignement de Nânak se trouve la foi aimante en un Dieu unique qui manifeste sa grâce à l'homme en faisant entendre sa Voix en son cœur. Cette dernière murmure le Mot qui révèle l'Ordre, principe d'harmonie universelle et indication de la voie du salut. Pour se conformer à cet Ordre, l'homme doit purifier son essence spirituelle par une discipline fondée sur la remémoration et la répétition du Nom divin, dans l'amour de Dieu et le service désintéressé. Il peut ainsi accéder au royaume de la Vérité, où son essence régénérée se fond en Dieu dans une suprême béatitude.

Nânak est un mystique, un poète et théologien dont les hymnes sont conservés dans l'*Âdi Granth*. Quant à l'histoire de sa vie, les sikhs y accèdent à travers des hagiographies tardives, les *janam-sâkhi* (litt. « récits de naissance », 18e siècle pour la plupart).

D. M.

L'islam en Asie, une longue histoire de négociations

MICHEL BOIVIN
Directeur du Centre d'Études de l'Inde et de l'Asie du Sud (CNRS-EHESS), directeur de recherche au CNRS, auteur notamment de *The Hindu Sufis of South Asian. Partition, Shrine Culture and the Sindhis of India*, I.B. Tauris (Londres), 2019 ; *Histoire de l'Inde*, Puf, « Que sais-je ? », 5e éd., 2015. Il a dirigé, avec Rémy Delage, *Devotional Islam in Contemporary South Asia. Shrines, Journeys and Wanderers*, Routledge, 2016.

Compte tenu de la médiatisation de « l'islam terroriste » dans le monde actuel, le lecteur pourra s'étonner de trouver l'islam cité comme une sagesse orientale. L'Asie du Sud, ou sous-continent indien, et l'Asie du Sud-Est comptent parmi les foyers musulmans les plus importants. Les pays musulmans les plus peuplés du monde s'y trouvent, à savoir l'Indonésie, le Pakistan, le Bangladesh et l'Inde. À eux quatre, ils regroupent plus d'un milliard de musulmans, plus de la moitié du total mondial. Cette aire culturelle montre combien l'islam a été flexible. La négociation entre l'islam et les cultures régionales et locales a produit une grande diversité au sein des musulmans, bien que des idéologies récentes tel le wahhabisme* saoudien

Mai 2003, Jogyakarta (Indonésie). La fête de Gareberg, menée par le sultan, mêle des rituels musulmans (commémoration de la naissance du Prophète) à des éléments issus de religiosités antérieures, animisme et hindouisme.

ou le déobandisme* s'évertuent à clamer l'uniformité et l'homogénéité de l'islam, et de ses pratiquants.

Inde : de la conquête à l'Empire moghol

Dans le sous-continent indien, l'islam apparaît près de huit décennies après la mort de Mahomet. Un jeune général arabe, Muhammad bin Qasim, soumet en 711 la vallée de l'Indus au nom du calife* omayyade de Damas. Mais qui dit conquête militaire ne dit pas conversion systématique par la force des populations, même si le djihad a été proclamé. Il faudra plusieurs siècles avant que les populations de la vallée de l'Indus ne deviennent majoritairement musulmanes. Lorsque le conquérant arabe arrive dans le royaume du Sindh, situé au sud de la vallée de l'Indus, le pays est gouverné par une dynastie de brahmanes* hindous, qui ont quelques années auparavant évincé une dynastie bouddhiste établie depuis longtemps. À partir de la fin du 9e siècle, le Sindh passe sous la suzeraineté du califat fatimide basé au Caire, dont les souverains sont des chi'ites* ismaéliens*.

Par la suite, de nouvelles invasions musulmanes se déversent sur l'Asie du Sud, généralement en provenance du nord-ouest. Au 11e siècle, les Ghaznévides, des souverains turcophones d'Afghanistan, puis les Ghurides, une dynastie iranisée, prennent le contrôle du Nord de l'Inde. À la mort du souverain ghuride Mu'izz al-Dīn, en 1206, un de ses lieutenants turcs, Qutb al-Dīn Aybak, se proclame « roi » à Lahore, puis installe sa capitale à Delhi. Il fonde ainsi le sultanat de Delhi qui se perpétuera jusqu'en 1526, date à laquelle le conquérant turco-mongol Bâbur fondera l'Empire moghol. Ce dernier marque l'apogée de la domination musulmane en Inde. Bien que vaincu par les Britanniques en 1764 (bataille de Buxar), l'empereur moghol sera laissé sur le trône jusqu'en 1857, date à laquelle l'Empire moghol sera officiellement supprimé par les Britanniques.

Indonésie et Philippines, la prédication des saints hommes

La diffusion de l'islam dans l'Insulinde (Asie du Sud-Est insulaire, soit l'essentiel de l'Indonésie et les Philippines) s'est faite par voie maritime et commerciale à partir de l'Inde. La religion est introduite dès le 12e siècle par des marchands arabes, puis gujaratis (du Gujarat, État du Nord-Ouest de l'Inde). L'arrivée des Européens dans la région dès le 15e siècle n'empêche pas la constitution de sultanats, et la diffusion de l'islam dans l'intérieur des terres par la prédication de saints hommes. Ici comme en Inde, ils doivent composer avec les populations rurales fortement hindouisées. Et similairement, leur islamisation passe par la négociation avec les religions antérieures, une négociation généralement conduite en contexte soufi*. C'est dans le même contexte commercial que des communautés musulmanes se développent dans l'Asie du Sud-Est continental, en Thaïlande et jusqu'au Viêtnam.

Chines : deux processus distincts

La diffusion de l'islam en Chine n'a pas suivi les mêmes modalités. En effet, la population musulmane est issue de deux processus historiques différents et indépendants. La grande province occidentale, le Xinjiang, annexée par la Chine au milieu du 18e siècle, est peuplée d'Ouighours, un peuple turcophone. Aujourd'hui le ouighour est parlé par 46 % de la population totale, auquel il faut ajouter le kazakh et le kirghiz (8 %), deux autres langues turciques. Ces langues sont donc encore majoritaires malgré la colonisation chinoise, grâce à laquelle les Han forment 40 % de la population totale de la province[1]. Les populations turques sont sunnites*, et l'islam a pénétré à partir de l'ouest dès les 10e-11e siècles. Le second groupe de musulmans

1- Les Han constituent l'ethnie majoritaire de Chine, et le plus grand groupe ethnique du monde, avec environ 1,2 milliard d'individus.

est constitué par les Dongxiang et Salars dans le Gansu, et les Hui dans le Ningxia. Les Hui seraient des Han convertis à l'islam.

Les islams du sous-continent indien

Dans l'Empire britannique des Indes, les musulmans représentaient 25 % de la population totale. D'importants foyers musulmans se trouvaient à l'ouest et à l'est, mais parfois, des États princiers[2] étaient dirigés par un souverain musulman, bien que la majorité de la population soit hindoue, comme à Hyderabad dans le Deccan, ou Junagadh dans le Gujarat. On avait également la situation où le souverain hindou régnait sur une majorité musulmane, comme dans le Cachemire.

Contrairement à une idée très répandue selon laquelle les musulmans auraient été convertis par la force, idée qui a trouvé un regain avec le gouvernement nationaliste hindou de l'Inde actuelle, les musulmans ne présentaient pas une communauté homogène en termes ethniques, linguistiques et sectaires.

Dans la société musulmane, un clivage déterminant existait entre les nobles, ou *ashraf*, supposés être les descendants des Arabes, Turcs, Afghans ou Iraniens qui avaient conquis des territoires, et les hindous convertis, ou *ajlaf*. Cette société était marquée par une stratification sociale qui n'est pas sans rappeler le système brahmanique des castes, où certains groupes sont considérés comme impurs à cause de la profession qu'ils exercent.

Des conversions sans rupture

Comment les *ajlaf* sont-ils devenus musulmans ? En premier lieu, il faut signaler que la conversion d'une religion antérieure, principalement hindoue, à l'islam a constitué un processus de longue durée, qui s'est déroulé sur plusieurs siècles. On ne peut certes pas nier que certains souverains musulmans aient détruit des temples, ni qu'ils aient converti de force. Pour autant, les sources indiquent que la majorité des conversions ont été réalisées par les ismaéliens et les soufis. Par ailleurs, lorsqu'on parle de conversion, il faut se départir de la conception christiano-centrée qui n'envisage ce processus que comme un abandon total de croyances antérieures pour en adopter d'autres foncièrement nouvelles.

2- L'Empire britannique des Indes était divisé en deux types principaux d'unités administratives. Dans le premier cas, les Britanniques exerçaient seuls le pouvoir. Dans le second cas, celui des États princiers, les Britanniques avaient laissé subsister des « États » et leur souverain, ce dernier étant cependant privé de tout pouvoir réel. Un État princier pouvait réunir quelques villages, ou être grand comme la moitié de la France, tel le Cachemire.

Contestation au sein de l'islam

Les missionnaires ismaéliens puis soufis avaient une méthode spécifique de prosélytisme, qui permettait à l'impétrant de rester dans une zone de transition entre la religion antérieure et la nouvelle religion. En général, ce procédé se focalisait sur la vénération d'un maître spirituel, qui n'exigeait pas l'abandon des formes extérieures de l'appartenance religieuse, comme le nom, les rituels de passage, en particulier la naissance, le mariage ou le décès.

Ces constructions religieuses furent cependant critiquées dès le 19e siècle par les musulmans eux-mêmes, au titre qu'elles ne se référaient pas à la religion musulmane authentique, celle qui résultait de la lecture littérale des textes sacrés de l'islam. La première phase de remise en cause correspond à la création de mouvements réformateurs pour répondre aux agressions des missionnaires européens proclamant la supériorité du christianisme sur l'hindouisme et l'islam.

Dans cette première phase, les réformateurs musulmans étaient convaincus que seul un repli sur les sources scripturaires, au premier chef le Coran, leur permettrait de faire face à l'hégémonie européenne. Une deuxième phase d'uniformisation de l'islam apparut avec la création de la Ligue musulmane panindienne en 1907, qui allait conduire à la création du Pakistan, un État théoriquement créé pour les musulmans de l'Empire britannique des Indes. Enfin, une troisième phase a commencé avec la diffusion de l'idéologie islamiste à partir des années 1980[3].

Le rôle des confréries soufies

Malgré cela, l'Asie du Sud demeure un foyer musulman caractérisé par une grande diversité en termes de groupes musulmans. Après l'Iran par exemple, le Pakistan et l'Inde constituent les deux plus grands foyers chi'ites au monde, avant l'Irak ou le Liban. Un autre trait caractéristique est l'existence de mouvements musulmans spécifiques, dont les formes d'organisation s'inspirent des confréries soufies (*tariqa*), comme les Nurbakhshis ou les Zikris. Mais tout compte fait, la spiritualité islamique de cette aire géographique apparaît avant tout avec la forte imprégnation soufie et chi'ite dans la religion populaire. Ces deux mouvements spirituels ont permis la création d'espaces partagés entre musulmans, hindous, bouddhistes et autres. Pour ce qui est du soufisme, on a vu le rôle clé qu'il avait joué dans des processus

3- Cette mondialisation de l'islamisme, marqué par un repli sur l'interprétation littérale du Coran, est souvent considérée comme étant la marque de l'influence grandissante de l'Arabie saoudite, dont la doctrine wahhabite s'inscrit dans cette mouvance.

de conversion à plus ou moins long terme. Cependant, il faut préciser que toutes les confréries soufies n'ont pas eu la même politique de prosélytisme, ni même de relations interconfessionnelles pacifiées avec les autres religions.

Les plus enclins à emprunter des motifs non musulmans dans la pratique et la croyance furent certainement les adeptes de la *tariqa* des Tchishtis. Ils firent de la musique soufie l'instrument par excellence pour diffuser l'islam et convaincre les hindous de devenir musulman. Mais dans un premier temps, le disciple soufi pouvait vénérer un saint soufi tout en restant hindou, ce qui est encore le cas aujourd'hui. La décision de devenir musulman était souvent liée à des impératifs sociaux voire économiques, résultant d'une décision prise à l'origine par le chef du groupe.

Les spécificités des chi'ites ismaéliens

Tous ces processus ont bien été étudiés chez les ismaéliens, qui ont pu être les initiateurs de ce système d'affiliation n'imposant pas de devenir musulman du jour au lendemain. Les textes ismaéliens indiquent que les missionnaires ismaéliens utilisaient les croyances et pratiques hindoues avant de les recentrer sur leur *hazar imâm*, leur guide divin manifesté, qui remplaçait alors les divinités hindoues comme objet de dévotion. Cette adoption de pratiques syncrétiques a pu être favorisée par le fait que les ismaéliens appartiennent à une branche minoritaire du chi'isme qui est la seule à reconnaître un imam manifesté, celui-ci étant le détenteur d'une connaissance divine héritée du prophète Muhammad à travers une lignée de ses descendants. Les ismaéliens mettent en œuvre une lecture symbolique, et non littérale, du Coran.

Par exemple, la principale prière des ismaéliens, jusqu'à la création du Pakistan en 1947, connue sous le nom de « Das Avatars » (les dix incarnations), consistait en une énumération des neuf incarnations, ou avatars, du dieu hindou Vishnou. Pour les hindous, la dixième incarnation nommée Kalki apparaîtra à la fin de notre cycle. Mais dans la prière ismaélienne, il est dit que le dixième avatar est déjà apparu en la personne de l'imam manifesté, qui était en fait plus connu sous le nom d'Âghâ Khân. Dans les années 1950, cette prière a été interdite par l'imam manifesté, et remplacée par une prière constituée d'extraits coraniques en arabe, qui diffère cependant de celle des musulmans sunnites. Dans le domaine rituel, les ismaéliens ont conservé un rituel d'origine hindoue nommé *ab-e shifa* (l'eau purifiée), qui consiste à boire une gorgée après qu'elle a été bénie par un représentant de l'imam. Comme les autres communautés musulmanes, sunnites comme chi'ites, les ismaéliens ont été soumis à partir de la création du Pakistan en 1947 à un processus d'islamisation, en ce que leurs croyances ont été partiellement réorientées pour être en conformité avec les injonctions coraniques.

Mausolées et culte des saints

Les mausolées soufis sont les lieux par excellence de rencontre interreligieuse. Ils constituent les plus grands centres de pèlerinage mineurs (*ziyarat*) de cette aire géographique, généralement conçus comme des substituts au grand pèlerinage (*hajj*) de la Mecque et Médine. La grande fête annuelle (*mela*) est organisée à l'occasion de la mort du saint, qui est considérée comme étant ses noces mystiques (*urs*) avec Dieu. Les croyants sont convaincus que c'est la période au cours de laquelle le saint diffuse par-delà son tombeau la *baraka*, nom donné à l'influx spirituel d'origine divine dont il est le réceptacle. Il existe différentes techniques qui sont mises en œuvre pour capter la *baraka*. Certaines comme la transe peuvent rappeler les techniques chamaniques de l'extase, et bien que les sources ne nous le permettent pas de l'affirmer avec certitude, il est probable qu'il s'agisse de ces techniques qui ont été islamisées, plus exactement « soufisées ». La danse extatique connue sous le nom de *dhamal* l'illustre parfaitement.

Le *dhamal* était pratiqué à l'origine dans les sanctuaires des Qalandars, un groupe soufi hétérodoxe gyrovague (un gyrovague étant un religieux itinérant, qui se déplace d'un site religieux à un autre sans en être membre permanent) qui était répandu du Proche-Orient à l'Asie du Sud. L'un d'eux, Lal Shabaz Qalandar, vint s'établir à Sehwan Sharif, au sud de la vallée de l'Indus, peu de temps avant sa mort en 1274. D'après la légende locale, il aurait pris place sur l'emplacement d'un temple dédié au dieu hindou Shiva, d'où viendrait d'ailleurs de nom de Sehwan, de Shiv asthan, le lieu de Shiva. Il entrait en transe en pratiquant une danse giratoire qui n'est pas sans rappeler celles des fameux derviches tourneurs de Turquie. Cette technique lui permettait de s'unir spirituellement avec Dieu, c'est-à-dire d'atteindre ce qui constitue le but de la majorité des voies soufies, le *fana fi'llah*, ou l'absorption en Dieu.

Pour ses disciples connus sous le nom de *faqirs*, ou pauvres en Dieu, le *dhamal* permet dans un premier temps d'atteindre le *fana fi'l shaykh*, ou l'absorption en son maître spirituel. L'union spirituelle avec son maître consiste à ne plus faire qu'un avec lui. Le *dhamal* est considéré comme un complément à la méditation (*zikr*), qui constitue la technique de base pour atteindre l'union avec le maître, puis avec Dieu.

Le *zikr* consiste généralement en la répétition d'un nom de Dieu, il y en a 99 dans le Coran, à laquelle on ajoute des exercices codifiés de respiration. Les cérémonies soufies témoignent encore du partage religieux qui a prévalu en Asie.

Dans la république islamique du Pakistan, à Sehwan, la fête annuelle commémorant les noces mystiques (*urs*) de Lal Shahbaz Qalandar avec Dieu dure trois jours. Pour symboliser ces noces, trois groupes appartenant à la population locale conduisent chaque jour une procession (*julus*) qui les mène de leurs hospices soufis au mausolée du saint. Les deux premiers jours, les processions sont dirigées par deux familles de *Sayyid*, des *ashraf* qui sont les descendants du prophète Muhammad. Le chef de chaque famille, qui est également le maître d'une confrérie soufie locale (*murshid*), porte le henné (*menhdi*) qui, en Asie du Sud, est le symbole même du mariage. Il doit le déposer au pied de la tombe de Lal Shahbaz Qalandar, suivi par la foule de ses disciples. Le troisième jour, la procession est conduite par un maître soufi qui n'est pas musulman mais hindou. D'après la tradition locale, ses ancêtres avaient régulièrement offert de la nourriture à Lal Shahbaz Qalandar.

Une fête chi'ite partagée avec hindous et chrétiens

Le chi'isme a également permis, au-delà des ismaéliens qui restent très minoritaires, la construction de zones de partage religieux. Le courant majoritaire du chi'isme est le chi'isme duodécimain, qui vénère douze imams, les descendants du Prophète investis de la connaissance divine. La principale croyance est que le douzième imam, qui est entré en occultation au 9e siècle, reviendra pour le Jugement dernier comme sauveur (*mahdi*). Cependant, leur principale est la commémoration de la tragédie de Karbala en 680, au cours de laquelle le troisième imam nommé Hussain, petit-fils du prophète Muhammad, fut massacré avec sa famille et ses compagnons par les troupes du calife omayyade de Damas, Yazid.

Pendant les dix premiers jours du mois islamique de Moharram, les chi'ites commémorent chaque épisode de cette tragédie, en organisant des processions et des sessions de lamentations. Ces cérémonies mettant en œuvre un *pathos* produit par le massacre d'une famille sacrée touchent tous les croyants, à quelque religion qu'ils appartiennent. Pendant les derniers jours de Moharram, les processions comprennent des flagellants qui se mutilent le dos avec des chaînes dont le bout est fait de lames affilées. Ils se scarifient également le crâne avec un sabre. Les chants funèbres (*marsiya*s) qui sont entonnés au cours des processus sont des pièces de choix de la littérature islamique locale, tout comme l'est la poésie soufie.

Ici encore, les hindous et les chrétiens participaient aux processions, et certaines des plus belles *marsiya*s ont été composées par des hindous.

Le partage de références, hier et aujourd'hui

La localisation des cultes soufis dans le prolongement de cultes préislamiques est partagée par toute la zone. Le culte des saints, qui n'a jamais été érigé en religion institutionnelle nulle part, a permis aux populations locales de ne pas bouleverser leur vision du monde, en ouvrant la porte à des négociations. Mais le plus important, c'est bien de constater que ce processus d'islamisation à travers le culte des saints s'est déroulé depuis le début de l'implantation de l'islam jusqu'à aujourd'hui. À Java par exemple, les dévots musulmans vénèrent une grotte sacrée, protégée par des serpents. En Chine, tout comme en Thaïlande, on observe le même type de processus qui s'est diffusé à travers le culte des saints, généralement assimilé à une forme de soufisme. Les Chams musulmans du Viêtnam et du Cambodge ont également procédé à des aménagements leur permettant d'intégrer des référents hindous, par la médiation du culte des saints.

Cette configuration du partage religieux peut étonner dans le contexte actuel de tension, en particulier entre l'Inde et le Pakistan. Elle est d'autant plus surprenante que les hindous de Sehwan ont massivement émigré en Inde après la partition de 1947. Pourtant, leur participation à l'événement le plus sacré de ce culte soufi a été maintenue. Ce type de phénomène, qu'il est convenu de qualifier de « syncrétique », perdure en Asie du Sud, en Asie du Sud-Est, et également en Chine. La pratique soufie de l'islam est majoritairement intégrative, et elle plaçait la lecture symbolique du Coran au-dessus de sa lecture littérale, et de l'application de ses injonctions à la lettre. Cela ne signifie pas pour autant qu'une forme de radicalisation du soufisme ne s'est pas développée. Dans la même province pakistanaise où se situe Sehwan, le Sindh, ce sont des maîtres soufis qui convertissent de force des hindous appartenant généralement à des classes sociales défavorisées, et donc très vulnérables.

Les sagesses du Monde chinois

Confucianisme, taoïsme, bouddhisme, chamanisme, shintô...

Les trois piliers de la sagesse chinoise

CYRILLE J.-D. JAVARY
Sinologue, écrivain et consultant, il a publié une quinzaine d'ouvrages sur la culture chinoise, dont *Le Discours de la tortue. Découvrir la pensée chinoise au fil du Yi Jing*, Albin Michel, 2003, L'*Esprit des nombres écrits en chinois. Symbolique, emblématique*, Signatura, 2008 ; *Cent mots pour comprendre les Chinois*, Albin Michel, 2008 ; *Grandir avec Confucius*, Eyrolles 2019 et *La Souplesse du dragon. Fondamentaux de la culture chinoise*, Albin Michel, 2017.

La quête du bonheur n'est-elle pas une aspiration commune à tous les êtres humains ? Seulement, comme beaucoup de choses qui nous paraissent universelles, sa réalisation peut prendre des formes bien spécifiques en fonction du terreau dans lequel elle s'enracine.

Le sinologue et philosophe François Jullien a fait remarquer que jusqu'à l'arrivée du bouddhisme, il n'y avait en Chine aucune notion de paradis. Aucune idée d'un lieu compensateur et consolateur, tel que le proposent, à l'issue d'un jugement dernier, les dogmes chrétien et musulman, ainsi que certaines constructions théoriques des penseurs grecs de l'Antiquité. Car en Chine, le bonheur n'est pas à rechercher dans la promesse divine d'un au-delà, mais à construire par chacun ici-bas, malgré les difficultés de la vie quotidienne.

On oublie fréquemment en Occident que la nature chinoise est brutale et parfois impitoyable. La Chine a toujours eu à souffrir de catastrophes naturelles, sécheresse ici, inondations là, engendrant partout famines et désolation. Gardant cela à l'esprit, on comprend mieux pourquoi dans ce pays

Nouvel an chinois à « Chinatown », New York.

l'idée de bonheur s'exprime d'abord par des souhaits d'abondance : avoir beaucoup d'enfants pour subvenir à ses vieux jours, disposer d'importantes réserves alimentaires pour nourrir une nombreuse famille, et pouvoir épargner suffisamment d'argent pour être en mesure de faire face aux aléas de la vie.

« Multipliez votre richesse »

À l'exception de cette formule de politesse bien caractéristique d'une nation policée, ce n'est rien d'autre que les Chinois se souhaitent au moment du Nouvel An : l'équivalent de notre banal « bonne année, bonne santé », signifie littéralement « respectueuses salutations, multipliez votre richesse ».

Une autre manifestation de cette nécessité quotidienne d'avoir à exorciser l'angoisse du manque de nourriture se manifeste encore plus crûment, si l'on peut dire, avec l'idéogramme qui écrit l'idée de « bonheur ». Ce caractère, « fú » sans doute l'un des plus répandus dans l'univers chinois (on le trouve partout écrit, sur les théières, les bijoux, les palais, les talismans, etc.), est composé de deux parties. À gauche se trouve un signe qui signifie « affaires religieuses », et qui désigne ici les cérémonies rituelles, collectives, sociales, qui soudent les membres des communautés villageoises.

De ce premier composant, on peut déjà tirer une information importante : alors qu'en Occident l'idée de bonheur est toujours posée (et vécue) comme relevant du domaine individuel, tel n'est pas le cas en Chine, ni d'ailleurs dans l'ensemble de la sphère culturelle chinoise (Corée, Japon, Viêtnam). C'est là l'un des domaines où la pensée des pays d'Asie orientale diffère de celle d'Occident. L'anthropologue Claude Lévi-Strauss avait remarqué, lors de ses séjours au Japon, que se situer à l'arrivée et non au départ d'une action exercée sur la matière révèle la même tendance profonde à se définir par l'extérieur : il soulignait cette « opposition entre centrifuge et centripète (qui) va jusqu'aux travaux manuels, où, pour le maniement de la scie et du rabot, le lancement du tour du potier, l'enfilage de l'aiguille, la couture, etc., l'artisan japonais favorise des mouvements en sens inverse des nôtres[1] ».

Dans ses formes graphiques anciennes (bien plus figuratives que celles tracées au pinceau, inventées seulement au premier siècle de notre ère), la partie droite du caractère « bonheur » montrait par ailleurs le dessin d'une jarre remplie de céréales, hermétiquement bouchée de façon à permettre leur conservation en prévision d'éventuelles périodes de pénurie.

Une profonde familiarité avec l'invisible

Sous le nom de taoïsme se recoupent deux réalités situées à des niveaux différents : le taoïsme lettré, et ce que l'on peut appeler le taoïsme populaire. Le taoïsme lettré est le produit de la méditation des lettrés sur un ensemble de textes, dont le plus connu est le *Dao De Jing* (*Tao Te King*), soit le « Classique » (*Jing*) de la Voie et de la Vertu. Du premier terme, Voie, *Dao**, on sait maintenant, grâce au sinologue suisse Jean-François Billeter, qu'il désigne le « fonctionnement des choses ». Du second, Vertu, De, qu'il prend le sens de « force d'application dudit fonctionnement des choses ».

Quant au taoïsme populaire, c'est la forme qu'a prise en Chine le vieux chamanisme issu du Néolithique. Religion d'avant l'invention des dieux, le chamanisme est une sorte de spiritualité animiste. Pour lui, tout ce qui vit (les gens, les plantes, les animaux, mais aussi les lieux, les communautés, les montagnes, les étoiles, etc.) possède une partie visible et une partie invisible. De cette croyance, toujours profondément ancrée dans l'esprit chinois, proviendra cette étonnante familiarité avec cette forme invisible de l'énergie vitale que les Chinois nomment le souffle, *qì*.

1- C. Lévi-Strauss, *L'Autre Face de la lune. Écrits sur le Japon*, Seuil, 2011.

Cette énergie vitale se manifeste sous de multiples formes, dont certaines sont en passe de nous devenir familières, comme les arts physiques chinois (tai ji quan, qi gong*, etc.) qui se réclament tous du patronage taoïste. Bien au-delà de ce à quoi certains les réduisent en y voyant de simples gymnastiques de bien-être, ils poursuivent chacun à leur manière le même objectif: vivre; vivre le plus longtemps possible; boire jusqu'à la dernière goutte la douce liqueur de la vie. L'acupuncture, à sa manière, partage aussi cet objectif; l'alchimie tant interne qu'externe également. Mais ce serait le trahir que de nommer pilule d'« immortalité » l'objectif des recherches autrefois menées par les alchimistes de l'Antiquité autour du cinabre. Les Chinois ne sont pas des songe-creux, ils savent bien que tout ce qui vit doit un jour mourir. Et que ce n'est pas là une raison pour profiter au maximum jusqu'à ce terme du profond bonheur d'être vivant.

La préoccupation de l'harmonie sociale

Mais cette quête personnelle se heurte à une autre incontournable réalité chinoise: la pression démographique. La Chine est depuis toujours un pays très peuplé. Il y a vingt siècles prenait place en Chine le premier recensement impérial. L'empire comptait alors plus de 60 millions de bouches à nourrir. Cinq siècles auparavant, à l'époque où vivait Confucius, la Chine avait déjà connu, à l'instar d'autres civilisations, une très forte croissance démographique causée par un fait technologique majeur: la diffusion du fer, un matériau efficace avec lequel on fabrique des charrues puissantes, qui décuplent les rendements agricoles, mais aussi des épées mordantes, qui bouleversent la manière de faire la guerre. Confucius avait bien conscience que l'accroissement de la population allait bousculer de fond en comble à la fois la stratégie militaire des « Royaumes combattants » – ainsi que l'on appelle les différents États qui constituaient la Chine d'alors –, mais aussi leur gestion civile au quotidien. Il s'était donc fixé un objectif clair qui est toujours d'actualité: faire baisser le niveau de tension sociale, apprendre à un peuple nombreux à savoir vivre ensemble en bonne intelligence.

Selon lui, il faut pour cela s'appuyer sur deux vecteurs principaux: le rituel, qui produit de l'extérieur le sentiment d'appartenance à un groupe, et l'étude qui nourrit de l'intérieur le désir d'une constante amélioration de soi. Pour inscrire son projet dans la réalité, Confucius va commettre un acte révolutionnaire: ouvrir la première école privée du monde en disant « en matière d'éducation, point de discriminations », et en proposant son enseignement à qui le souhaite en échange simplement de quelques lamelles de viande séchée (un mets toujours très apprécié en Chine). Ce faisant, non seulement il sape l'un des fondements du système féodal de son époque, dans lequel seuls les fils de nobles ont accès à l'éducation, mais il pose également les bases d'une nouvelle classe sociale : celle des lettrés. Elle formera l'armature solide de la Chine impériale pendant presque deux mille ans.

L'humanisme confucéen

Enfin, en affirmant que pour lui la noblesse du sang, qui se reçoit, ne vaut rien face à la noblesse du cœur, qui, elle, s'acquiert par un constant souci d'amélioration personnelle, Confucius invente ce que l'on appellera plus tard l'humanisme. Et il enracine dans l'esprit chinois cette révérence envers l'étude en général et tous les arts du pinceau : calligraphie, poésie et peinture demeurent jusqu'à nos jours la meilleure manifestation d'un harmonieux bien-être.

À ces deux versants de l'âme chinoise viendra s'ajouter une sagesse exogène : le bouddhisme. Bien que fort improbable à l'origine, son implantation sera durable parce qu'il apportait avec lui ce à quoi ni Lao Zi ni Confucius n'avaient jamais songé : la compassion, cette consolation face à la souffrance dont tous les humains ont besoin.

L'injustice et la corruption s'étaient développées au tournant du 3e siècle de notre ère par la déliquescence du pouvoir central de la dynastie des Han, qui avait favorisé dévastations, exactions et brutalités. Aussi lorsqu'à de malheureux paysans qui voient leurs récoltes pillées et leurs maisons détruites par des bandes armées, les missionnaires bouddhistes décrivent la loi du *karma** qui punira leurs tortionnaires en les faisant renaître crapauds ou démons alors que, au contraire, tous ceux qui, ayant acquis des mérites par une vie d'honnêteté, revivront dans de bien meilleures conditions, ils trouvent des oreilles attentives.

Cependant si les circonstances historiques ont grandement facilité l'enracinement du bouddhisme chez le peuple chinois, la teneur philosophique profonde du message de l'Éveillé s'est heurtée parmi les lettrés à des obstacles linguistiques. Ceux-ci étaient principalement dus à la profonde différence de structure entre la langue sanscrite utilisée par le bouddhisme, précise, logique, articulée pour le raisonnement, et l'idéographie chinoise, imagée, plus floue, plus appropriée à l'évocation qu'à la dissertation. Il naîtra de cette confrontation un enseignement par la méditation sans parole, le chan, que nous connaissons davantage sous son nom japonais de zen.

Les sagesses du Monde chinois

Vivre !

L'idéal chinois du bonheur pourrait finalement se résumer à ce seul mot : vivre ! Vivre le plus longtemps possible ; vivre le plus paisiblement possible. Jugé à l'aune des religions de salut et des philosophies de la transcendance qui nous sont familières, pareil objectif peut sembler étroit, voire trivial. Pourtant chacune des trois facettes de l'esprit chinois a su l'élargir jusqu'à une dimension quasiment cosmique.

Pour les taoïstes, comme pour les confucéens, le même mot servira de drapeau : *Tao* (*dào*), ce « fonctionnement impersonnel des choses » grâce auquel la marche des saisons, à la différence des êtres humains, tourne constamment « sans faute et sans usure » (Lao Zi, chapitre XXV). Pour cela, les premiers tenteront de s'en rapprocher le plus possible par des pratiques physiques, médicales et méditatives.

Les confucéens, de leur côté, s'appuyant sur la signification de conduite (sociale) du même caractère, développeront une visée plus collective : « L'être humain peut agrandir le *Tao*. Le *Tao* ne peut pas agrandir l'être humain » (Confucius, *Entretiens*, 15/29).

Quant aux bouddhistes, par l'attention qu'ils portent à la responsabilité de leurs actes vis-à-vis de toutes les formes vivantes, humaines et animales, ils diffuseront cette perception du bonheur par l'apaisement de la souffrance due à notre condition de vivants… retrouvant par là cet aphorisme attribué au taoïste Zhuang Zi : « La vie nous fatigue, la vieillesse nous détend, et la mort nous repose. »

Confucianisme, taoïsme, bouddhisme... La répartition des tâches

Faut-il parler d'une ou de religion(s) chinoise(s) ? La question divise les spécialistes. Taoïsme, confucianisme et bouddhisme se sont mélangés dans le monde chinois à un point d'hybridité tel qu'il en devient parfois difficile de les distinguer. Certains prêtres coréens vont jusqu'à alterner les cérémonies liées aux pratiques respectives de ces trois corpus. Le terme de « religion » étant un tard-venu dans la civilisation chinoise – il a fait irruption lors des premiers contacts avec les voyageurs occidentaux –, Cyrille J.-D. Javary préfère les qualifier de « sagesses ».

Cet auteur explique qu'un « regard global sur l'enseignement des trois sagesses chinoises fait apparaître leur profonde convergence : elles sont une invite à accroître notre responsabilité, à développer notre capacité à répondre par une attitude appropriée aux situations auxquelles nous sommes chacun, chaque jour, confrontés. Ce qui les différencie apparaît alors simplement comme une question de domaine d'application :

• **le confucianisme**, en mettant l'accent sur la responsabilité au niveau social, incite à une attitude bienveillante envers autrui (et au respect de l'ordre social – ndlr) ;

• **le taoïsme**, davantage porté sur la responsabilité au niveau vital, se manifeste d'une manière yin* par une attitude accueillante envers son corps, et d'une manière yang* par une attitude respectueuse envers la nature ;

• **le bouddhisme**, en soulignant l'importance de la responsabilité individuelle des actes et la nécessité d'acquérir des mérites, favorise une forme de compassion envers toutes les formes vivantes. »

Et C.J.-D. Javary de conclure : « Sans doute est-ce cette "répartition des tâches" qui a permis à ces trois sagesses de cohabiter si durablement et de s'enrichir mutuellement. (...) Il s'agit d'enseignements, de manières de vivre plutôt que de croyances absolues. »

Jean-François Dortier

POINTS DE REPÈRES

Les pensées **chinoises**[1]

Le *Tao** ou la voie du milieu

Statue de Confucius au temple de Shangai, Chine.

Tao (ou *dao*) signifie en chinois « voie ». Il désigne aussi l'action de marcher, d'avancer. C'est un peu l'équivalent du mot « démarche » (au sens de méthode) ou « chemin ». En ce sens très large, le *Tao* appartient à toutes les philosophies chinoises.

Mais le taoïsme, au sens plus étroit, renvoie à la doctrine professée par Lao-Tseu (ou Laozi), auquel est attribuée la rédaction du *Tao te King* (ou *Daodejing, Livre de la voie et de la vertu*), et à Zhuangzi (ou Tchouang-Tseu, dit aussi Chuang Tsu).

Lao-Tseu est un personnage vraisemblablement légendaire, reconstruit par la tradition, qui aurait vécu entre -570 et -490. Son nom signifie « le vieux maître ». On dit qu'il aurait rencontré Confucius, voire qu'il aurait inspiré le personnage de Bouddha, mais il s'agit d'inventions littéraires destinées à établir une hiérarchie entre les grandes doctrines religieuses. Devenu vieux, Lao-Tseu serait, toujours selon la légende, parti vers l'ouest à dos de buffle, rédigeant le *Tao te King* avant de disparaître.

Lao-Tseu insiste sur ce qu'il appelle l'« action non préméditée », parfois qualifiée de « non-agir », qui inspirera plus tard le bouddhisme chinois *chan*, dit *zen* en japonais. Contre le conditionnement social, il enjoint de cesser de penser à partir des mots. Sa sagesse s'oppose au ritualisme confucéen et s'axe sur une conception spontanée de l'action humaine comme voie d'accès à la perfection morale.

Zhuangzi (entre -350 et -275), au fil de fables écrites avec humour, insiste sur la relativité de toute chose. Démontrant que le langage est un instrument de conditionnement social, il revendique le droit de se dégager des conditionnements opérés par la société et fait valoir que l'on peut soutenir une infinité

1- Synthèse d'articles initialement publiés dans J.-F. Dortier et L. Testot (dir.), *Les Religions. Des origines au IIIe millénaire*, Éditions Sciences Humaines, 2017.

de points de vue sur un même sujet, puisque l'esprit humain est ainsi fait qu'il ne peut prétendre à la certitude. Ce faisant, il va approfondir la doctrine du non-agir préconisée par Lao-Tseu.

Au départ, le *Tao* est donc surtout un art de vivre ; on pourrait même plus précisément parler d'une hygiène corporelle et spirituelle. Car le but du *Tao* est centré sur la puissance vitale que l'on accroît par des disciplines alimentaires, respiratoires, sexuelles, gymniques, alchimiques. « C'était le moyen d'affiner le corps pour le rendre invulnérable (l'eau, le feu, les bêtes féroces ne peuvent rien contre le saint), d'acquérir le pouvoir de s'ébattre librement dans l'univers lors de voyages extatiques, de retarder indéfiniment le vieillissement de l'individu. » (Jacques Gernet, *Le Monde chinois*, 1972, rééd. Pocket, 1999).

La pensée taoïste prône un idéal de vie où l'individu doit se mettre à l'écart de la société, de sa vaine agitation, de ses ambitions, pour vivre une harmonie joyeuse et simple avec la nature. Le *Tao* ne vise pas à atteindre un bien suprême qui serait la vérité, le savoir absolu, le bonheur, l'amour universel ou le paradis. Au contraire, il prône le vide. Se défaire de ses désirs, trouver un équilibre intérieur par une sorte d'écologisme traditionnel. Telle est la voie du « juste milieu ».

Par la suite, le taoïsme va se développer sous plusieurs formes. Il a donné naissance à tout un ensemble de rituels proprement religieux (*daojiao*) et a, en parallèle, évolué en une doctrine strictement métaphysique (*daojia*). Enfin, il a fourni une idéologie religieuse permettant de fédérer les paysans en mouvements souvent messianiques, pour défier les autorités de l'empire en temps de crise.

Confucius, la morale comme vertu

« Si tu ne consacres pas une pensée au futur éloigné, tu seras en difficulté lorsqu'il sera proche. »

« Lorsque trois personnes marchent ensemble, il y en a nécessairement une qui a quelque chose à m'apprendre. »

Voici deux des aphorismes que l'on trouve dans les *Entretiens* de Confucius, le premier texte de référence du confucianisme.

On sait peu de chose de la vie de Confucius (présumé avoir vécu de -551 à -479). Son nom Kongzi (ou Kongfuzi, K'onh-Tseu…), qui veut dire « Maître Kong », a été traduit en Occident par les jésuites missionnaires sous la forme latinisée de Confucius.

C'était un lettré, administrateur, conseiller du prince et pédagogue qui exerça auprès des autorités des provinces. Mais la fin de sa vie fut plutôt celle d'un

chef d'école sans attache, à la recherche d'un prince qui puisse l'accueillir : « Si seulement il se trouvait un souverain pour m'employer, en un an je mettrais les choses en route, et trois ans après, on aurait des résultats. »
Confucius a vécu une époque troublée, où le pouvoir des rois de la dynastie Zhou était affaibli et où les princes locaux se disputaient les territoires, les privilèges. L'ordre social était menacé et Confucius rêvait de restaurer un âge d'or, plus stable, harmonieux, fondé sur la tradition et le respect. Institué par la suite comme orthodoxie en Chine, le confucianisme a perduré jusqu'à nos jours comme référence dominante de la pensée chinoise.
À la question : « Quelle voie suivre pour mettre fin aux désordres ? », Confucius répondait par le recours à la tradition : le nécessaire respect du fils envers son père, du sujet envers ses maîtres. En ce sens, sa doctrine était profondément conservatrice. Mais il était aussi un réformateur dans la mesure où il voulait moraliser la vie publique. Il s'opposa d'une part à l'autoritarisme (si les sujets doivent respecter leur prince, en retour, ce dernier doit le respect à ses sujets, le père à ses enfants, le mari à sa femme). Il s'opposa aussi à l'absence de morale dans la gestion des affaires publiques ou privées : « L'honnête homme envisage les choses du point de vue de la justice ; l'homme vulgaire, du point de vue de ses intérêts. » Ou encore : « L'honnête homme est exigeant envers soi, l'homme vulgaire est exigeant envers autrui. »

Culte des ancêtres, cohabitation des dieux et syncrétisme

Un des traits communs des religions orientales, vu d'Occident, semble être leur étonnante propension à cohabiter et à se fondre les unes dans les autres. On dit en matière de stéréotype qu'un Japonais sera déclaré au temple de son lieu de naissance (tantôt shintô, tantôt bouddhiste), sera marié par un prêtre shintô avant de bénéficier au final d'une cérémonie funéraire bouddhiste. Il pourra donc se dire simultanément bouddhiste ou shintô, et sacrifiera aux deux cultes (voire en sollicitera d'autres, chrétien par exemple) afin de multiplier ses chances de voir ses vœux (réussite universitaire ou professionnelle, richesse…) exaucés.
Il en est de même en Chine et en Corée. Les temples de tous ces pays vont fréquemment jusqu'à être dédiés à des divinités de plusieurs cultes : confucianiste, bouddhiste, taoïste, voire chamaniste en Corée… Même les prêtres de ces temples peuvent alterner entre

ces diverses formes de cultes. En Inde, il arrive que des temples jaïns soient desservis par des hindous attachés au culte de la divinité Shiva. Au Tibet, le culte bön a plus ou moins fusionné avec le bouddhisme vajrayâna…

Enfin, le culte des ancêtres (dans lequel certains auteurs voient une religion à part entière du monde sinisé) s'amalgame aux précédents, leur empruntant des éléments et leur fournissant un ciment commun.

Chronologie de la Chine

Du 11e au 3e siècle avant notre ère, la Chine est placée sous le patronage de plus en plus symbolique des **rois de la dynastie Zhou**, régnant symboliquement sur de nombreuses principautés. De -722 à -481 s'étend la période dite des **Printemps et Automnes,** dans le contexte de laquelle s'inscrit l'enseignement de Confucius (-551/-479) comme la vie probablement mythique du fondateur du taoïsme Lao Zi. S'ensuit une période de guerres civiles entre États de plus en plus puissants, dite période des **Royaumes combattants** (-481/-221). Mencius (-385/-301) et Xun Zi (-310/-235) développent l'enseignement de Confucius.

- **En -221**, le duc de Qin triomphe de tous ses ennemis, unifie la Chine et se proclame **Qin Shi Huangdi**, littéralement « Premier Auguste Empereur ». Sa dynastie ne lui survivra pas.
- **La dynastie Han** prend le pouvoir en -206 et le conserve jusqu'en 220 de notre ère. Elle adopte le confucianisme comme doctrine d'État et réalise l'« ouverture à l'ouest », inaugurant les premières routes de la soie. Le bouddhisme arrive en Chine au début de notre ère. À partir du 2e siècle éclatent des rébellions se réclamant du taoïsme, telle celle des Turbans jaunes en 184.
- **La dynastie Tang** réunifie la Chine de 618 à 907 après une longue période de guerres civiles, de rébellions et de royaumes concurrents, durant laquelle les bonzes bouddhistes se montrent actifs : Kumârajîva traduit de nombreux *sûtra** du pâli* au chinois au 4e siècle, Bodhidharma arrive en Chine au 5e… Le bouddhisme devient prédominant, même s'il fait l'objet de persécutions et de confiscations des biens des monastères durant le 9e siècle. Christianisme (nestorien) et islam sont attestés à partir des 7e et 8e siècles.
- **La dynastie Song** prend le pouvoir en 960 après une période de troubles, sans pour autant réunifier complètement la Chine, des royaumes au nord lui servant de tampon contre les nomades jürchen (futurs Mandchous), mongols et autres. Après que le chef mongol Gengis Khân (v. 1165-1227)

s'empare de ces marches, son petit-fils Kûbilaï Khân achève d'envahir l'Empire Song du Sud dans les années 1270.

- **La dynastie Yuan**, fondée par Kûbilaï Khân en 1271, va régner jusqu'en 1368. La réouverture de la route de la soie coïncide avec des tentatives expansionnistes.
- **La dynastie Ming,** qui succède aux Yuan chassés de Chine, règne de 1368 à 1644. Elle s'affirme comme la première puissance militaire, scientifique et industrielle de l'époque.
- **En 1644, les Mandchous** s'emparent du trône et fondent **la dynastie Qing**. Celle-ci durera jusqu'en 1911, date de l'abdication du dernier empereur, Pu Yi. La seconde moitié du 19e siècle est marquée par le déclin de l'Empire du Milieu, face à des ennemis externes (puissances occidentales et Japon) et internes (comme la rébellion Taiping, de 1851 à 1864).
- **De 1912 à 1949,** la Chine est dominée politiquement par le **Kuomintang** (Parti nationaliste), mais ravagée par des guerres civiles et des agressions extérieures, notamment japonaises.
- **1949** à aujourd'hui : règne du Parti communiste chinois, sous Mao jusqu'en 1976, puis sous ses successeurs. Invasion du Tibet en 1958, entraînant l'exil du dalaï-lama. Après une période de répression forte des cultes, est venu un temps de surveillance étroite des religions par l'État.

L.T.

Ratchaburi (Thaïlande), mars 2015. Un Thaïlandais issu de la diaspora chinoise se recueillant sur la tombe d'un Ancien lors du festival Qingming.

Quelques héros de la spiritualité chinoise

CYRILLE J.-D. JAVARY

Les Chinois vivent dans un monde étrange. Un univers de réseaux reliant visible et invisible, un entrelacs de dons et de contre-dons, qui fonctionne aussi pragmatiquement au niveau social qu'au niveau spirituel, et qui ne correspond en rien à ce dont nous avons l'habitude dans le monde indo-européen.

Claude Roy, lors d'un séjour en Chine au début des années 1950, raconte qu'il assiste à la sécularisation d'un petit temple dédié au dieu du Sol, que le nouveau régime « rend au peuple », en le transformant en grenier collectif. Bavardant avec le gardien de l'ancien sanctuaire, il lui demande s'il n'est pas triste de voir la statue du dieu local évacuée et détruite ? Et ce dernier lui répond : « Oh vous savez, c'était un vieux dieu, il n'était plus très efficace. »

Au début des années 2000, à l'occasion de l'un des voyages touristiques que j'accompagnais depuis une quinzaine d'années, au temple des Lamas, sanctuaire tibétain au cœur de Pékin, je vois arriver un groupe de jeunes, portable dans la poche et sac fluo à l'épaule. Parvenus devant le temple principal, bâtonnets d'encens tenus à deux mains, avec une sorte de révérence attentive, chacun d'eux se prosterne dans les quatre directions. J'interroge alors le guide chinois de notre groupe : « Ces jeunes, quel dieu sont-ils en train de prier ? »

Il me répond sans sourciller : « Ils ne prient pas, ils négocient.

—...!

— Oui, ils ont leurs partiels dans quinze jours, alors ils mettent toutes les chances de leur côté. »

Mao Zedong, protecteur des automobiles

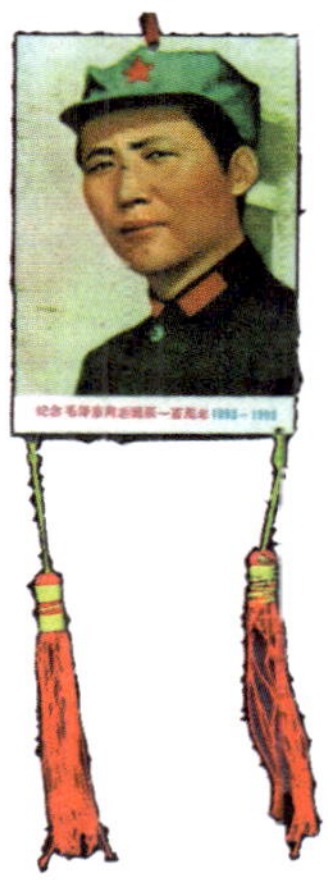

À l'automne 1993, la Chine se préparait à célébrer le centenaire de la naissance de Mao Zedong (né le 23 décembre 1893). On vendait partout des petites photos plastifiées de Mao, munies d'une cordelette pour pouvoir les accrocher. Les Occidentaux ne voyaient là qu'une sorte d'avatar oriental du culte soviétique de la personnalité. Pourtant, un détail peu remarqué disait autre chose : au bas de ces portraits pendaient de chaque côté des sortes de filaments ressemblant aux embrasses de rideaux des appartements bourgeois.

Ce n'était pas pour faire joli qu'on les avait disposés là, mais pour une raison bien plus sérieuse : protéger des méfaits des mauvais esprits, les *gui* et autres fantômes malfaisants.

Ce genre de pompons à filaments est un dispositif traditionnel de défense très courant en Chine, on le trouve entre autres dans tous les temples. Son efficacité vient des mouvements aléatoires des filaments provoqués par les courants d'air qui effraient les esprits malfaisants et donc les éloignent.

Et puis, un jour, il y eut à Canton une collision entre deux bus, causant dans l'un morts et blessés et dans l'autre des dommages bénins. Devinez dans lequel des deux le chauffeur avait accroché au rétroviseur le portrait de Mao. Alors, comme une traînée de poudre, la nouvelle s'est répandue dans toute la Chine : Mao, mort dix-sept ans auparavant, était maintenant devenu un *shén*, un puissant esprit protecteur.

Shén, que les Chinois utilisent à tout bout de champ chaque fois qu'il s'agit de traduire l'idée occidentale de « dieu », fonctionne pour eux dans un tout autre registre. Pour l'esprit chinois, la vie de tout être vivant résulte de l'interaction yin-yang de deux sortes d'entités appelées *hun* et *po*. Assemblées à la naissance, dissociées à la mort, elles s'en retournent alors chacune à son domaine originel, les *po* à la terre et les *hun* au ciel, où elles deviennent alors des *shén*, des esprits, mais cela sans perdre leurs qualités propres. Or, qui fut puissant durant sa vie sur Terre conserve cette qualité à l'issue de ce processus. L'accident de Canton apportait deux certitudes : la première était que la dissociation *post mortem* des deux « âmes » du fondateur de la RPC était maintenant achevée, la seconde qu'il était maintenant devenu un esprit protecteur dont le pouvoir se manifestait plus particulièrement efficace au niveau des automobiles. Curieux destin pour qui fut, durant la Révolution culturelle, qualifié de « bombe atomique spirituelle », de se transformer en une sorte de saint Christophe urbain. Mais comme toutes les modes en Chine, celle des portraits plastifiés accrochés au rétroviseur, qui prit durant quelques années une grande ampleur, est maintenant complètement disparue.

Le panthéon chinois comporte des personnages totalement imaginaires, comme Cái *shén*, l'esprit de l'enrichissement dont le culte est de plus en plus florissant. Mais il est aussi peuplé par nombre de personnages qui sont de simples humains chinois, qu'on pourrait appeler des « saints » sauf que c'est par décret impérial, donc civil, qu'ils sont élevés au statut de divinité. En voici deux exemples.

Guan Yu 关羽, saint patron des commerçants et des lettrés

Dans de nombreux restaurants et cafés tenus par des Chinois, il n'est pas rare d'apercevoir dans un coin une statuette de Guan Yu. On le reconnaît à son visage rouge (signe de son courage), à sa longue barbe (signe de sa vivacité) et surtout à la hallebarde qu'il tient à la main (signe, comme son armure, de son statut militaire).

Les deux grands caractères signifient : « le prince Guan », les six plus petits précisent : « Le noble esprit protecteur des soldats et des commerçants ».

À Hong Kong, on dit que sa statuette trône sur un petit autel dans les commissariats de police, et que la plupart des policiers chinois lui rendent hommage pour son sens de la justice. Ironiquement, pourrait-on penser, dialectiquement en fait, on dit aussi qu'il est très vénéré par les triades mafieuses. Leurs membres, pour qui loyauté et hiérarchie ne sont pas de vains mots, l'honorent en la saluant de l'appellation

« deuxième grand frère », référence populaire au serment de fraternité décrit dans le grand roman épique *Histoires des Trois Royaumes*. La croyance populaire affirme qu'un code d'honneur, incarné par Guan Yu, existe bel et bien dans l'autre monde.

D'autres statuettes de Guan Yu le montrent en train de lire quelque livre classique attribué à Confucius. C'est une manifestation de sa qualité intellectuelle qui explique pourquoi il est aussi devenu le saint patron des lettrés. L'homme a vraiment existé, il est mort en 219 de notre ère. Militaire, il vivait à l'époque troublée de l'affaissement de la grande dynastie des Han. On disait de ce redoutable bretteur que jamais personne n'avait tué autant d'adversaires en combat singulier.

Maudit à l'époque maoïste, Guan Yu est bien revenu en grâce en Chine. Particulièrement parce qu'outre la loyauté à la patrie et au gouvernement impérial, il était aussi, au fil des siècles, devenu le saint patron des commerçants. Comment un militaire peut-il acquérir ce statut civil ? Parce qu'il incarne les trois vertus fondamentales des entrepreneurs : l'audace chevaleresque du commerçant qui ouvre des nouveaux territoires commerciaux, le courage persévérant malgré les échecs, et la loyauté militaire due à l'empereur, comme la fidélité à la parole donnée, la loyauté commerciale, envers les associés.

Divinisation *post mortem*

La divinisation *post mortem*, pratique usuelle en Chine, est toujours d'origine populaire. Elle relève donc du domaine politique plus que du domaine religieux, les deux n'ayant jamais été disjoints, comme ce fut progressivement le cas en Occident et précisément en France en 1905.

Le côté lettré de Guan Yu. Toujours en armure, mais assis et sans armes, tenant à la main un ouvrage classique confucéen qu'il est en train d'apprendre par cœur.

Le processus de divinisation naît au sein du peuple, comme ce fut le cas pour Mao, mais il doit être officialisé par décret impérial. Il peut évoluer au cours des siècles parfois par rétrogradation, le plus souvent par élévation. On le voit avec l'ascension progressive de Guan Yu. Quarante ans après sa mort, il a reçu le titre féodal de « marquis ». Mille ans plus tard, sous les Song, l'empereur Huizong le nomma au rang plus élevé de « duc », puis il fut nommé « prince », position nobiliaire confirmée ensuite par les envahisseurs mongols de la dynastie des Yuan qui appréciaient

Ma Zu entourée de deux personnages, des aides célestes, entièrement imaginaires, mais qui l'assistent dans ses opérations de sauvetage des marins perdus en mer puisque l'un se nomme : Qui a des yeux (qui voient) à mille lieues chinoises ; et l'autre : qui a des oreilles (qui entendent) les vents favorables ramenant à bon port.

cet emblème de la loyauté au pouvoir étatique. Finalement, en 1614, vers la fin de la dynastie des Ming, il reçut le titre d'« empereur », qui fut confirmé en 1644 par les envahisseurs mandchous de la dynastie des Qing.

Ma Zu 妈祖, la « bonne mère » des marins chinois

Le 23 mars 960, à Putian (un bourg de la province côtière du Fujian située juste en face de Taïwan) naissait chez la famille Lin, une pauvre famille de marins, un bébé fille qui ne pleurait jamais et qui, pour cela, fut prénommée Mo, littéralement la « Silencieuse ». Cela ne l'a pas empêchée, au cours de sa courte vie (elle mourut à 27 ans), de se consacrer sans relâche au service des pauvres, des malades et surtout des marins en mer. On raconte qu'un jour de tempête, pour aider au retour de son père et de son frère, elle est montée au sommet d'une colline avec un fanal, refusant d'en descendre tant qu'ils ne seraient pas revenus. Comme cela n'arriva pas, elle demeura sur sa colline et les habitants de Putian, émus par sa détermination, venaient lui apporter de la nourriture pour elle et de l'huile pour son fanal guidant les marins à bon port. Dès sa mort, elle devint un véritable mythe sous le nom de Ma Zu, littéralement la mère ancestrale, secourable pour les gens de mer, pêcheurs, marchands et navigateurs de toutes les côtes est de Chine.

Son culte populaire prit une telle importance que le pouvoir impérial se devait de réagir. Soit il l'interdisait comme hérésie, soit il l'officialisait. L'empereur Hui Zong (règne 1100-1126) choisit la seconde solution. Par décret impérial, en autorisant officiellement son culte, il octroyait à Lin Mo le statut officiel de *shén*. Depuis lors, Ma Zu est une déité très populaire en Chine côtière, et particulièrement à Taïwan.

Les encens comme médicaments

Force est donc de constater qu'au-delà de vicissitudes politiques, la foi en la puissance de l'invisible reste fermement ancrée dans l'inconscient chinois. Fermés ou détruits durant la Révolution culturelle, les sanctuaires et les lieux de pèlerinages ont partout retrouvé leur activité et leur rayonnement. On paye pour entrer dans les temples, pour sauver la face du gouvernement, qui en retour paie les moines en tant que conservateurs d'un patrimoine culturel. Mais personne n'est dupe et chacun trouve cela d'autant plus normal que le guichet n'est pas le seul endroit des sanctuaires où l'on ouvre son porte-monnaie, voire maintenant son portable pour y acheter (*via* Paypal) des bâtonnets d'encens à usage spécialisé. Chacun a une fonction précise : il y a l'encens qui apporte un fils ; celui qui donne la richesse ; celui qui garantit la réussite sociale ; celui qui éloigne les maladies, etc. – spécialisation qui devrait donner des idées aux marchands de cierges à Lourdes ou à Czestochowa.

Les Chinois qui achètent ces cierges odoriférants croient-ils vraiment à leur efficacité ? On peut en douter, mais quand on prend une assurance, croit-on vraiment qu'on sera remboursé en cas de sinistre ? En tout cas, on est rassuré, on a fait ce qu'il fallait, ensuite advienne que pourra. Par certains côtés, au-delà des particularités locales, les croyances du peuple chinois ne diffèrent guère de certaines pratiques magico-religieuses d'autres peuples du monde. Et à notre époque taraudée par la question de la laïcité, on apprécie d'autant plus cette sage recommandation de Confucius : « Respecter dieux et diables, et s'en tenir éloigné. » Respecter religions et superstitions, parce qu'il y a des gens qui y croient (et de quel droit se moquerait-on d'une croyance ?). Et s'en tenir éloigné parce que ce ne sont que des croyances.

Le confucianisme, une pensée en mouvement

RÉMI MATHIEU
Chercheur (directeur de recherche émérite) au CNRS, il a notamment publié *Confucius*, Entrelacs, 2006, et, avec Charles Le Blanc, *Philosophes confucianistes*, Gallimard, 2009.

Le « confucianisme » a-t-il existé ? Non, si l'on en croit les histoires chinoises de la pensée. Elles nous rapportent que depuis 2500 ans, une philosophie morale et politique a développé son emprise sur la Chine, en un premier temps, puis sur les terres et les peuples ayant appartenu au « monde sinisé » (Corée, Japon, Asie du Sud-Est...). Les Chinois ont alors parlé d'école des lettrés, *Rujia*, appellation qui est en soi tout un programme, mais comporte sa part de réduction, tant elle en oblitère la dimension universaliste. Car le terme confucianisme est une invention occidentale. Ce qui compte en cette doctrine n'est pas tant la référence à Confucius que l'application en actes et en pensée d'une série d'options morales qui ont fini par faire système et qui, de surcroît, sont devenues les références officielles de l'Empire après sa fondation au 3e siècle avant notre ère, avec la dynastie des Han.

Les sagesses du Monde chinois

Savants devant un autel à Confucius, école de Jeonju, Corée du Sud, 2016.

La personne de Confucius, dès lors qu'un culte national lui a été rendu, peu avant le début de notre ère, fait question, dans la mesure où son hagiographie s'apparente plus à une vie de saint qu'à une biographie crédible. Comme celle d'autres personnages fondateurs de doctrine (on songe à Lao Zi et au taoïsme), il est connu par une série d'événements dramatiques dont il sort toujours vainqueur, sinon indemne (voir chapitre suivant). Cet aspect des choses ne présente pas, à nos yeux du moins, une importance majeure, car l'essentiel réside dans les propos qu'on prête au maître, qui forment un enseignement entièrement oral. Celui-ci est, pour sa plus grande part, contenu dans un ouvrage, anonyme mais bref, rédigé par ses disciples après sa mort et qui porte le titre générique d'*Entretiens*, *Lunyu*. Son analyse révèle une compilation tardive de textes d'origines diverses issus des notes prises par les adeptes en question au cours de pérégrinations dans la Chine antique de la fin du 4e siècle avant notre ère.

L'histoire de la pensée du Maître et de ses héritiers bascule lorsque l'empereur de la dynastie Han décide, à la fin du 2e siècle avant notre ère, de faire de cet enseignement la doctrine officielle de l'État et de ses serviteurs de cour. Dès lors, ses préceptes deviennent ceux du pays entier, toutes classes sociales confondues, jusqu'à la chute de l'Empire, au début du 20e siècle. Cette osmose entre l'homme, la doctrine, le pays et le peuple fut telle qu'aujourd'hui encore, on peut dire que la Chine est Confucius et que Confucius est la Chine. Toutefois, cette assimilation hâtive recouvre-t-elle toujours une réalité ou n'est-elle après tout qu'une incantation simplificatrice ? À la question « que reste-t-il de Confucius de nos jours ? », on peut en substituer une autre : « Que veut-on qu'il demeure de Confucius aujourd'hui, et pourquoi ? »

Origines d'une pensée

Quand naît Kong Zi, « maître Kong » (Confucius[1], -551/-479), la Chine est un vaste pays composé de nombreuses principautés censément placées sous l'autorité d'un roi de la dynastie des Zhou, dominant le paysage politique et religieux depuis le 11e siècle avant notre ère. Mais ce pouvoir est plus symbolique que réel, les seigneurs cherchant à imposer la puissance de leur État respectif, sans grand souci de la morale supposée mise en pratique au début de la dynastie. Le sentiment dominant est celui d'une déchéance globale qui frapperait la vie sociopolitique et les pratiques éthiques des grands de ce monde comme des populations. Confucius voit le jour, grandit, puis sert son prince – et quelques autres – dans l'État de Lu, dans le Shandong actuel, qui compte parmi les importantes principautés du temps. Lu restera d'ailleurs jusqu'à nos jours la contrée qui symbolise l'excellence lettrée et les vertus d'élégance et d'altruisme qui s'y rattachent.

À cette époque, connue comme étant celle des Printemps et Automnes (-722/-481), la philosophie chinoise n'est pas encore vraiment née. Elle est pour l'essentiel réduite à une pensée divinatoire contenue dans les manuels compilés à cette fin, dont le plus éminent est le *Yijing* ou *Classique des changements*, qui deviendra l'un des cinq canons de la pensée lettrée. On peut dire que Confucius fonde une forme de pensée philosophique (même si le terme de philosophie est contesté pour son temps) qui élabore des notions, des préceptes moraux et des règles de conduite, sans vraiment définir les termes des débats. Il ouvre surtout une période qu'on peut

1- **Confucius est la latinisation**, due aux missionnaires essentiellement jésuites, du nom de Kong Fuzi, le « Vénérable maître Kong » ; Kong étant le nom de famille, Qiu le prénom et Zhongni l'appellation. De même, Mencius est aussi la latinisation de Meng Zi, l'héritier du maître.

appeler celle de la révolution humaniste de la Chine. Cette philosophie morale se caractérise par quelques grands principes qu'on peut ainsi résumer :

• **On se doit de traiter autrui avec humanité**, attendant de l'être soi-même en retour. Cette vertu est en puissance chez tout homme qui a la responsabilité de la cultiver en soi et de l'exprimer, car « tous les hommes sont frères », pour autant qu'ils se comportent avec respect et compassion, observant les rites que la bienséance requiert. Cet humanisme est la vertu centrale, mais non unique, que vise le sage dans la quête d'une attention bienveillante à autrui. Ces vertus morales et intellectuelles s'apprennent auprès d'un maître, mais aussi par l'étude livresque dans ce que seront les *Classiques**.

• **Les rites** constituent la forme incarnée de ce respect mutuel; leur définition minutieuse – telle qu'on la peut lire dans les manuels cérémoniels – impose une exécution non moins attentive qui traduit cette relation distanciée à autrui et témoigne en même temps de l'attention compassionnelle qui lui est due. Le rite ne fait pas que mettre en acte (par une gestuelle souvent complexe) un sentiment socialement reconnaissable, lors de certains événements (naissance, mariage, deuil, réception...), il suscite ces sentiments chez ceux qui les accomplissent ou y assistent, sous la férule de la règle et de la contrainte.

• **Le dessein de la doctrine est de former cet homme idéal qu'on nomme homme de bien** et qui tend à dispenser autour de lui le bien d'autrui mais aussi, en premier lieu, le perfectionnement de soi. La « culture de soi » est en effet le moyen par lequel je vise à potentialiser la vertu native qui m'est donnée par le Ciel comme partie intégrante de ma nature propre. Confucius ne pose pas la question de la nature humaine (comme le feront plus tard Mencius et Xun Zi, au siècle suivant), il en pose simplement le principe; ses héritiers se déchireront pour en définir la qualité bonne ou mauvaise, innée mais toujours perfectible.

• **Cet homme de bien tend vers l'optimisation morale de sa personne** en vue d'assurer le bien de ses proches, de son clan et au-delà du pays, voire du monde entier. Cette thèse rejoint celle des penseurs grecs du temps : gouverner sa famille, c'est gouverner le pays, quoiqu'à une autre échelle; il suffit donc d'harmoniser l'une pour garantir la paix de l'ensemble du groupe social et même du pays. On voit que c'est également une vision politique qui s'élabore ainsi : la société obéit aux mêmes règles internes que la famille patriarcale. Le prince fait régner un ordre politique qui s'apparente à celui d'un clan, ordre également basé sur une pratique religieuse étatique elle-même inspirée du culte familial et de celui des divinités locales.

Confucius n'aura de cesse de faire appliquer ces sages préceptes par les seigneurs de son temps. Vaine quête qui le mènera d'un bout à l'autre du pays, jusqu'au terme de sa vie, sans jamais trouver celui qu'il estimera digne de mettre en musique ses leçons de morale à l'usage des honnêtes hommes.

Les héritiers d'un enseignement

Quand disparaît Confucius, à la veille d'une période connue comme étant celle des Royaumes combattants (-481/-221), ses disciples – qu'on dit être soixante-douze – se dispersent et créent à leur tour des écoles se réclamant de l'enseignement du maître. Cette période va durer plus de deux siècles avant que les choses ne se décantent, puis se figent pour longtemps. Le développement de la pensée confucéenne va de pair avec cette dispersion et son approfondissement doctrinaire qu'on doit principalement à Meng Zi (Mencius, -385/-301), mais pas seulement. Celui-ci marque une étape importance, voire cruciale, dans l'histoire de l'école des lettrés en tant que doctrine des officiers assistant les souverains. Car Mencius est lui aussi un enseignant qui argumente et bataille contre les autres écoles de pensée qui, à l'époque, entrent en concurrence auprès des princes et de leurs conseillers. Il postule que l'homme est foncièrement bon, qu'il naît ainsi et qu'il lui appartient de faire prospérer cette bonté innée. Ladite bonté est au cœur de sa vision politique du monde dans lequel le peuple est l'élément majeur qu'il affirme être ainsi établi par le Ciel, même si c'est au détriment du prince. Philosophie idéaliste qui servira de référence aux gouvernants, non sans hypocrisie dans son application pratique. Toute la question est en effet de savoir si l'honnête homme est celui qui proclame ces hautes valeurs ou celui qui, authentiquement, va les faire vivre en conscience, même s'il ne peut toujours les mettre en actes.

Le second grand héritier de Confucius fut Xun Zi (-310/-235). Il est sans nul doute le plus génial et l'un des plus oubliés des penseurs de l'époque préimpériale. Véritable Aristote de la Chine, Xun Zi se penche sur tous les domaines de la connaissance philosophique de son époque (histoire, politique, sociologie, morale, linguistique, poésie, rituels, logique formelle...). Philosophiquement parlant, il insiste sur deux thèses : l'homme est foncièrement mauvais (s'opposant ainsi frontalement à l'école de Mencius), et les rites forment avec l'étude le cœur de la formation éducative des hommes de bien.

L'Empire ou la glaciation

L'empire des Han fait suite, à partir de -206, à celui des Qin qui le fondèrent sur les ruines des Royaumes combattants. Le grand empereur Wu (v. -141/-87) choisit l'enseignement de Confucius comme doctrine officielle du système impérial en ce qu'il garantit une morale, une pratique et un cadre de pensée utiles aux intérêts du pouvoir. Il le restera jusqu'en 1911 et la proclamation de la République. À compter du Ier siècle, l'empereur Ming (v. 57-75) lui fit rendre un culte officiel (sa famille fut anoblie) qui ne cessera pas, indépendamment des pouvoirs en place, tant Confucius est perçu comme symbolisant la permanence des valeurs nationales, quelle que soit la religion dominante. Dès lors, le maître entre dans la légende et dans les arts qui le représentent, dispensant sa sagesse aux hommes de bien.

La canonisation des textes confucianistes a pour conséquence de fixer – et pour partie de figer – la lecture et l'interprétation des propos du maître au service de la pensée étatiste. Elle prend pour base les valeurs fondatrices de la culture chinoise exaltées par Confucius : le respect des parents (piété filiale) et le culte des ancêtres, l'obéissance à la hiérarchie (garantie de la stabilité sociopolitique), le perfectionnement de soi par l'étude et l'examen de sa conscience. La pensée de Confucius faite, selon ses *Entretiens*, d'aphorismes soumis aux circonstances existentielles devient un système susceptible d'interpréter l'ensemble du monde cosmique et humain.

Vers le temps présent

Sous la dynastie des Song (960-1279), un renouveau – connu en Occident sous l'appellation de néoconfucianisme (ce terme n'existe pas en Chine) – remanie la pensée de l'école, à travers sa lutte contre le bouddhisme, en une sorte de Contre-Réforme appuyée sur un retour aux fondamentaux des *Classiques* revisités. Des lettrés éminents, tels Shao Yong (1012-1077) ou Zhu Xi (1130-1200), marquent de leur empreinte forte cette renaissance des lettres orthodoxes. La fin de l'Empire, avec la dynastie des Qing (1644-1911), se caractérise par une ossification de la doctrine et surtout une sclérose de la pensée ne faisant, à de rares exceptions près, que ressasser le *credo*. Cette absence de mouvement intellectuel contribue sans nul doute à ossifier les esprits dans un monde à présent ouvert sur un Occident envahissant, pour ne pas dire conquérant voire impérialiste et religieusement prosélyte.

L'image de Confucius reste à ce point identifiée à la civilisation de la Chine que le pouvoir en place croit devoir cultiver l'exaltation de sa personne comme de sa pensée. Ce mouvement idéologique a une claire perspective politique : donner un cadre moral à une société revenue des campagnes partisanes et sans repère autre que celui des « valeurs éternelles ». C'est ainsi qu'il faut lire l'actuel renouveau des études confucianistes en Chine et les campagnes de glorification de ce maître d'une sagesse qui fait fi des époques et des régimes de pouvoir, se lançant à la conquête des mondes non asiatiques.

Confucius, *gouache sur papier, 18e siècle.*

Confucius

La vie de Confucius est constituée d'une série de tentatives visant à imposer ses vues à des princes plus soucieux d'efficacité politique et militaire que de morale altruiste. Maître Kong naît en - 551, dans une famille de la petite noblesse de Lu, au Shandong. Son père est très âgé et sa mère une toute jeune femme. La disparition précoce du père l'incite à s'intéresser aux rituels de deuil et aux marques de respect dues aux défunts. En dépit de cette situation d'orphelin (sa mère meurt aussi très tôt), le jeune homme peut étudier les lettres en vue de devenir officier, juge et ministre de la Justice. Mais ces fonctions officielles sont peu de chose au regard de sa mission – confiée par le Ciel, assure-t-il – de porter la parole d'une sagesse nouvelle qui, tout en respectant la hiérarchie sociale, instaure un véritable humanisme. Pour ce faire, il doit successivement s'exiler à Qi, un puissant État voisin, dans lequel le poussent les troubles politiques de son pays. Après son retour sur la terre ancestrale, il entreprend une longue pérégrination dans la Chine féodale. Il y rencontre des succès divers auprès de seigneurs des pays en guerre ; la principauté de Wèi (Henan) fait exception par son accueil favorable. Il revient mourir dans sa terre natale à 73 ans, affecté par ses échecs successifs, mais loué par le prince régnant.

Deux points, parmi d'autres, méritent d'être soulignés:

• **L'existence de Confucius fut rude et périlleuse.** Pris pour un brigand, il faillit être mis à mort par la population qui entendait ainsi se venger. Jalousé par les uns et les autres, il fut victime de tentatives d'assassinat en divers lieux. Il fut menacé par la faim et la soif (entre Chen et Cai, au Henan) et ne dut son salut qu'à sa foi dans le destin conféré par le Ciel divin en vue de sa mission moralisatrice. Remettant en cause l'ordre existant, il s'attira les inimitiés des officiers de cours, des ministres conseillers et des princes dont il questionnait la vertu et les choix politiques. Sa capacité de résilience fit l'admiration de tous, comme son idéalisme qui le mena, espoir en poche, chez les souverains les moins disposés à son égard.

• **Malgré les aménagements de textes qu'on lui prête,** il est vraisemblable que Confucius n'écrivit rien et l'on n'est pas assuré qu'il corrigea – comme le dit la légende – les cinq *Classiques* (dont le *Yijing, Classique des changements ;* le *Shijing, Classique des poèmes ;* le *Shujing, Classique des documents ;* ou le *Chunqiu, Chronique des printemps et automnes*). De plus, ce qu'on sait de sa parole, de ses actes et de ses possibles interventions sur ces textes vient essentiellement de sa biographie écrite plus de trois siècles après sa mort à partir de témoignages contradictoires et relevant de la légende dorée d'un personnage dès lors politiquement utile.

On s'accorde à reconnaître l'échec politique de Confucius, mais il est inversement proportionnel au renom impérissable dont fut auréolée sa pensée, jusqu'à nos jours, où il vit encore « en gloire » dans les esprits et les cœurs.

R. M.

Confucius au supermarché

JEAN-FRANÇOIS DORTIER
Humanologue, fondateur de la revue *Sciences Humaines*, auteur de nombreux ouvrages dont *Les Humains. Mode d'emploi*, *L'Homme, cet étrange animal*, *Le Cerveau et la Pensée*, tous parus aux éditions Sciences Humaines.

Au supermarché où je vais faire mes courses, je ne manque jamais de m'arrêter au rayon des livres, à l'entrée du magasin. On y trouve des étalages où sont placés les *best-sellers* : romans, essais, biographies de stars, ouvrages régionaux, de santé et de conseils pratiques. C'est là que j'ai trouvé le livre phénomène de Yu Dan, *Le Bonheur selon Confucius*.

Sans atteindre encore le rang des *best-sellers* mondiaux comme *Da Vinci Code*, *Harry Potter* ou *Millenium*, *Le Bonheur selon Confucius* fait tout de même partie des phénomènes éditoriaux hors normes. Sorti en Chine en 2006, il y aurait été vendu à 10 millions d'exemplaires, et il continue à faire partie des meilleures ventes dans de nombreux pays.

Son auteure, Yu Dan, avait 41 ans en 2006, lorsqu'est paru le livre. Cette charmante enseignante de littérature à l'université de Pékin a d'abord été propulsée sur le devant de la scène par une émission de télévision sur la CCTV, la chaîne nationale chinoise. Sa série de cours sur Confucius a captivé des millions de spectateurs. Quand le livre issu de ses émissions est paru, les lecteurs se sont rués dans les librairies. Au salon du livre de Pékin, 60 000 personnes s'étaient pressées en d'interminables files d'attente en espérant faire dédicacer leur livre.

Des vérités simples et éternelles

Ouvrons donc ce petit livre (moins de 150 pages) pour découvrir les trésors de sagesse qui s'y trouvent. Tout commence comme un conte : « Il y a plus de deux mille cinq cents ans, les élèves du philosophe Confucius rassemblèrent tous les événements de sa vie et de son enseignement qu'ils avaient pu recueillir. Ces récits ont été ensuite compilés et édités pour former les *Entretiens* de Confucius qui nous sont parvenus. »

Les *Entretiens* sont effectivement l'un des livres fondateurs de la pensée chinoise. Ce livre a fait l'objet, comme tous les grands textes fondateurs, de relectures et interprétations sans fin. Tous les commentateurs soulignent que le message de Confucius, qui s'exprime toujours par sous-entendus, est énigmatique, allusif et a été mal interprété par ses disciples. Yu Dan, elle, y a trouvé immédiatement des vérités « éternellement évidentes et simples telles que le soleil se lève tous les jours à l'est, que le printemps est la saison des semailles et l'automne celle des récoltes ».

Le livre est divisé en six parties d'égale longueur. La première est titrée « La voie du ciel et de la terre ». Elle souligne l'importance, pour une vie équilibrée, d'accorder l'idéalisme (les valeurs, des idées, les principes) avec la « terre » (c'est-à-dire le principe de réalité, le monde matériel, les lois de la nature). Celui qui vit dans le ciel est un rêveur, idéaliste et contemplatif. Il s'illusionne sur le monde et sera toujours déçu par le réel. Inversement, celui qui a perdu ses idéaux est un matérialiste, un hédoniste, un gestionnaire sans âme. La voie juste consiste à marier le rêve et les contraintes du réel. Là est le vrai réalisme.

En somme, l'individu vertueux respecte des valeurs et cherche à les accorder au réel sans tomber dans l'idéalisme ni le matérialisme. Mais quelles sont ces valeurs ? Des principes simples de bienveillance que Yu Dan distille comme dans un catéchisme : il faut protéger la nature, il faut se montrer tolérant à l'égard d'autrui ; il faut être généraux car donner nous fait du bien : « Si vous donnez une rose, le parfum s'attarde sur vos mains. » Le chômage, le divorce, la maladie sont certes des malédictions mais on peut les considérer comme un grand drame ou comme un incident mineur. C'est aussi une question de regard que l'on porte sur soi, sur sa vie. S'affliger ou minimiser nos tourments : cela dépend de nous.

La deuxième partie nous ouvre à « La voie du cœur et de l'âme ». Elle nous enseigne qu'il n'est pas bon de céder à ses impulsions. Il y a parfois du courage à ne pas répondre aux attaques et sortir son épée. Car au bout du compte, la colère et le désir de vengeance nous nuisent plus à nous-mêmes qu'à notre adversaire.

« Si un homme est victime le lundi d'une correction soudaine, violente et immotivée, le mardi, il s'en plaindra à tous ses amis, le mercredi, il sera déprimé et ne voudra voir personne, le jeudi, il commencera à se disputer avec sa famille sous le moindre prétexte, et ainsi de suite. » Cela signifie que « chaque fois que vous racontez l'histoire, vous êtes rossé de nouveau ». Le pardon et la bienveillance ne font pas qu'apaiser les relations humaines : ils font aussi du bien.

La troisième partie, « La voie du monde », développe le thème des relations à autrui. Yu Dan vante les mérites du respect. Donc bien sûr, rester courtois en toutes circonstances. Permettre à l'autre de « garder la face » est un principe fondamental des relations humaines en Chine.

La quatrième partie traite de l'amitié. Il faut entretenir l'amitié, certes, mais il y a l'art de choisir ses amis : les bons sont ceux qui nous élèvent et nous font du bien, les mauvais sont ceux qui nous rabaissent et ont de mauvaises influences.

La cinquième partie est consacrée à « La voie de l'ambition » : il en faut pour progresser dans la vie, mais pas trop, et attention à ne pas marcher sur les pieds des autres.

Dans la sixième et dernière partie, « La voie de l'existence », on découvre que la vie est certes faite d'épreuves, mais que l'on peut toujours les prendre du bon côté.

Au final, *Le Bonheur selon Confucius* est une sorte de catéchisme élémentaire de savoir-vivre (avec les autres) et de savoir-être (avec soi). Tel est le modèle de l'existence du *junzi*, ou « homme de bien ». Confucius s'adressait à une élite : celle des gouvernants et des lettrés qui constituait l'administration chinoise. Yu Dan, elle, s'adresse à tout le monde. Chacun doit finalement se comporter en *junzi*, en homme de bien : être bienveillant, tolérant, juste à l'égard des autres. Sur le plan personnel, le *junzi* sait prendre la vie du bon côté : ne pas se tourmenter pour des choses inutiles (il y a toujours du bien dans le mal), savoir adapter ses ambitions à ses capacités (ni renoncer à faire ce dont nous avons envie, ni viser trop haut : c'est le meilleur moyen de ne pas se décevoir).

Tel est le message que Yu Dan égraine, des conseils de vie mêlés à de petites histoires, des légendes, des récits édifiants pris sur Internet, ou des citations de Confucius interprétées à sa sauce.

En suivant ces préceptes, nous affirme l'auteure, « la sagesse de Confucius peut nous aider à atteindre le bonheur spirituel dans le monde moderne, à accepter les tâches quotidiennes et à trouver des points de repère ».

Pourquoi ça marche ?

Le Bonheur selon Confucius n'a donc rien de révolutionnaire (mais les Chinois en ont peut-être assez des révolutions ?), ni d'héroïque (il s'adresse à tout un chacun), ni de bouleversant (il n'y a pas de coup d'éclat philosophique caché). Et pourtant ça marche. Ou du moins, ça plaît.

Reste à comprendre les raisons de ce succès pour un livre au message finalement assez banal.

La clarté et la simplicité du message n'y sont évidemment pas pour rien. Yu Dan s'adresse à un très large public populaire. Le livre parle à des gens ordinaires qui ont des soucis d'argent, des problèmes de famille, de santé, de travail ou de voisinage. Yu Dan parle à tous avec des mots simples. Elle ne donne pas de recettes pour régler tous les problèmes, mais elle touche à une corde sensible en les évoquant, même de manière allusive.

Ensuite, Yu Dan délivre un message réconfortant, apaisant et assez flatteur. On ne trouve pas dans son livre de sévères leçons de morale, pas de résolutions impossibles à tenir, de programme de vie élitiste. Pas de jargon difficile à comprendre non plus.

Voilà la première recette du succès, ses recettes de bien-être sont comme les régimes : on ne sait pas trop si ça marche, mais on en a besoin et on a envie d'y croire. Et, au fond, peu importe que cela soit efficace, il suffit déjà que l'on passe un bon moment en lisant son livre. C'est peut-être l'une des clés de son succès. Pour l'avoir expérimenté, je confirme : lire Yu Dan fait du bien. C'est doux et tendre comme un Chamallow, c'est chaleureux et réconfortant comme une comédie sentimentale. C'est une philosophie fleur bleue dont on se laisse volontiers bercer. Que cela soit crédible n'est pas l'essentiel. Comme un conte merveilleux ou quelques belles pages de poésie, on ne s'interroge pas sur leur véracité : on aime s'y laisser prendre.

Certes, une fois le livre refermé, comme à la sortie d'une séance de cinéma, le réel reprend ses droits. Évidemment, les ennuis de couple ou de travail ne se sont pas évanouis, les problèmes de santé n'ont pas disparu, les dettes ne sont pas envolées, ni la tonne de travaux en retard, ni les bruits de la rue, ni la panne de la machine à laver. Mais grâce à Yu Dan, on a eu quelques heures de plaisir et de relaxation. Voilà le vrai secret du livre *Le Bonheur selon Confucius* : il a fait l'effet d'un bon massage, un massage du cerveau ; cet ouvrage est un baume hydratant pour l'esprit. Nul ne demande à un massage de vous rendre heureux, mais simplement de vous faire passer un bon moment. C'est déjà suffisant. Et pour 18 euros, ce n'est pas très cher payé.

Les Sagesses orientales

Et si Yu Dan avait raison ?

Les interprétations très libres de Confucius par Yu Dan peuvent faire sourire les érudits. Les spécialistes s'affrontent depuis des générations sur le sens profond des *Entretiens*, qu'il s'agisse de ses interprétations métaphysiques, personnalistes, moralistes, etc.[1].

Mais après tout, la naïveté volontaire de Yu Dan est-elle moins éloignée de l'original qu'on pourrait le croire ? Confucius a vécu à une époque, cinq siècles avant J.-C., où les sagesses personnelles ont surgi en s'affranchissant des morales communautaires et de la sagesse populaire. Mais il n'y avait pas encore à l'époque de classe d'intellectuels spécialisés ayant élaboré des doctrines philosophiques ou métaphysiques très sophistiquées. Les décennies d'exégèses tardives n'ont-elles pas eu pour effet de surinterpréter les propos du maître en leur donnant plus de profondeur et de complexité qu'ils en ont ? Et dans ce cas, la candeur de Yu Dan ne serait pas si éloignée de la pensée du maître. Quand il dit, par exemple, que « la vertu ne va jamais seule ; elle attire toujours des imitateurs », il ne veut rien dire d'autre. Tout simplement...

1- J. Levi, *Réflexions chinoises. Lettrés, stratèges et excentriques de Chine*, Albin Michel, 2011.

Masques taoïstes.

Taoïsme : un aperçu des origines

ROMAIN GRAZIANI
Professeur en études chinoises à l'École normale supérieure de Lyon, auteur notamment de *L'Usage du vide. Essai sur l'intelligence de l'action, de l'Europe à la Chine*, Gallimard, 2019.

Loin de constituer l'apanage des taoïstes, le terme *Tao** est employé par les penseurs chinois depuis l'Antiquité pour désigner de la façon la plus large le principe suprême régulant le cours de l'univers. Les sens et usages de ce terme sont si variés qu'il serait vain d'aligner tous les mots de notre langue qui en font apercevoir une facette.

Le *Tao* dénote avant tout une valeur première et une norme suprême de conduite, jouant en cela une fonction analogue aux notions de vérité, de nature ou d'absolu en Occident. Ce qu'on appelle communément le « taoïsme » (un terme qui réduit de façon unitaire diverses appellations en Chine), désigne aussi bien des courants philosophiques ou des ordres religieux, que des positions éthiques et esthétiques. Toutes ces tendances n'ont cessé de se nourrir et se féconder entre elles dans l'histoire chinoise.

Par une extension sémantique risquée pour la première fois par le légendaire Lao Zi, autour du 4e siècle avant notre ère, le terme *Tao*, qui désignait jusqu'alors un chemin ou un sentier, en est venu à désigner la voie que les humains doivent s'efforcer de suivre, mais aussi le cours que suivent tous les êtres dans leur processus d'avènement et de disparition. En ce sens, le *Tao* est à la fois le principe d'explication du Tout (versant descriptif) et le chemin à suivre pour rester en conformité avec l'ordre naturel (principe prescriptif). La compréhension ultime du monde, l'illumination personnelle ou le secret de la souveraineté absolue, sont autant de phénomènes désignés par l'expression « gagner le *Tao* ». De même, l'enseignement d'un maître peut être défini comme la transmission de son *Tao*, de sa voie et de sa méthode. En un mot, le *Tao* désigne les enseignements, les arts et les techniques menant à la maîtrise de soi et du monde.

Les mystères de la Voie

Le terme « taoïste » (*daojia*) apparaît tout d'abord sous le pinceau d'un historien de la dynastie des Han, Sima Tan, au 2e siècle avant notre ère, pour recenser un ensemble de penseurs et de textes de la période des Royaumes combattants (-481/-221). Il s'agit donc au départ d'une catégorie doxographique, forgée pour rendre compte d'une communauté d'aspirations et de pratiques formée par des individus parfois sans relations directes, mais qui tous auraient cultivé de façon prioritaire un discours et une éthique centrés sur la recherche d'une réalité absolue. Il existe dès l'époque des Royaumes combattants un nombre important de textes, certains transmis depuis toujours, d'autres récemment découverts, qui peuvent être considérés comme une expression de la pensée taoïste. Limitons-nous ici à mentionner ceux qui constitueront une référence constante dans la tradition chinoise.

• Dans le traité de cinq mille mots attribué à Lao Zi (ou Lao-tseu, le Vieux Maître), intitulé *Traité du Principe et de sa Puissance*, ou, selon une autre traduction possible, *Le Livre de la Voie et de la Vertu* (*Daodejing*), est célébré le mystère du *Tao*, cette puissance diffuse et indiscernable qui anime le monde, dont elle est à la fois le principe créateur et la source nourricière. Impossible à saisir par les organes des sens, par la raison logique ou par le langage, le *Tao* inspire un type de discours procédant par énigmes, paradoxes et métaphores, cultivant en cela une rhétorique affine à celle de la mystique rhénane ou de la théologie négative.

• Le *Zhuangzi*, ou *Écrits de Maître Zhuang* (prononcer *Tchouang-tseu*), est le second ouvrage érigé au statut de texte fondateur du taoïsme. Il développe sous forme d'histoires, de dialogues, de spéculations tantôt profondes tantôt farceuses, les aphorismes provocants et les versets de sapience sibylline du livre de Lao Zi. Composé dans sa plus grande partie par des mains anonymes entre le 4e et le 3e siècle avant notre ère, il est à raison regardé comme l'ouvrage qui atteint dans la civilisation chinoise le plus haut degré du subtil et du sublime. On oublie souvent toutefois, dans ce concert d'éloges presque unanimes, de mentionner le sens tout à fait unique de la dérision, le jeu du goût, de l'irrévérence et de la farce qui distingue cet ouvrage de tous les autres et imprimera un tour bien distinct à la pensée taoïste. *Mutatis mutandis*, le *Zhuangzi* est aux textes confucéens ce que Rabelais ou Montaigne sont en Occident aux pères de l'Église. Son influence a gagné l'ensemble du monde chinois, par-delà ses divisions doctrinales, politiques ou religieuses. Dans une langue baroque éprise d'excès, de sublime et de grotesque, le *Zhuangzi* introduit un ensemble de thèses et de thèmes décisifs pour la construction de l'imaginaire taoïste : le sens vertigineux de l'infini, la conscience que le monde entier n'est qu'un caillou dérisoire au regard de la temporalité cosmique, les pratiques de concentration et de calme qui permettent au sujet de transcender son identité sociale et sa conscience personnelle, ou encore l'idéal de l'homme authentique dédaigneux des artifices de la culture et qui s'attache à cultiver en toute indépendance ses ressources vitales.

• Citons enfin le *Liezi* (prononcer *Liè-tseu*), parfois tenu pour le troisième classique du taoïsme, qui recueille des matériaux plus disparates sur plusieurs siècles, dont certains proviennent directement du *Zhuangzi*. Ce livre injustement décrié comme production forgée et tardive contient en réalité des textes de la même veine et de la même verve que le *Zhuangzi*, et réjouit encore aujourd'hui de nombreux lecteurs bien au-delà de la Chine.

Dans ces trois textes fondateurs, un certain nombre de pratiques méditatives et d'exercices respiratoires sous-tendent, de façon plus ou moins allusive, les discours ou les dialogues des personnages qui s'expriment. Ce sont de tels exercices que le taoïsme de l'époque impériale va s'ingénier à développer, réinventer, consigner et diffuser, sous des formes hautement élaborées et de plus en plus techniques. Au cœur de toute la pratique taoïste se trouve une méditation sur le souffle vital, le *qi* (prononcer ts'i), à la fois comme principe d'explication de toute forme de vie et ressource agissante susceptible d'être contrôlée, stockée et affinée.

Les techniques de visualisations, les recettes et régimes, les exercices respiratoires, les formules gymniques, souvent mal différenciées mais qui forment concrètement le substrat du taoïsme, se développent au fil des siècles en méthodes radicales de respiration, de nutrition et de sexualité, rassemblées sous l'étiquette moderne de macrobiotique ou « pratique de longue vie ». Parmi ces pratiques, citons par exemple le silence prolongé, la mise du corps en apnée pour développer une respiration dite embryonnaire, la diète proscrivant pratiquement toutes les sources de nutrition classiques, jugées productrices de déchets dans le corps, ou encore la stimulation des flux et essences vitales grâce à un « art de la chambre à coucher », avec l'interdiction de parvenir au coït de peur d'occasionner une déperdition inexorable d'énergie. De telles pratiques culminent dans d'audacieuses expérimentations, notamment l'ingestion d'éléments (métaux et minerais) censés rénover le corps et le rendre imputrescible, avec parfois des conséquences fatales.

On se figure souvent que les taoïstes, par opposition aux confucéens pleinement engagés dans le monde, se détournaient de la réalité sociale pour cultiver le salut individuel et se consacrer au soin de leur corps. La réalité est plus complexe que cela. De nombreux textes de l'époque pré-impériale qui forment la première vague du taoïsme engagent déjà une réflexion de fond sur la question du devenir des humains en société, sur l'origine du politique ou sur les moyens d'agir efficacement sur autrui. Puis à l'époque suivante, sous la dynastie des Han (de -206 à +220) se développe un courant taoïste (Huang-Lao) qui repense les conditions de l'action impériale et les moyens de la souveraineté absolue. La pensée taoïste est tout aussi stratégique qu'une autre, quitte à faire par moments du refus de toute stratégie un moyen détourné, une ruse, pour mieux obtenir ce qu'elle vise.

Unité véritable et Turbans jaunes

C'est d'un tel imaginaire qu'héritent les premiers mouvements communautaires qui se constituent vers la fin de la dynastie Han. La Voie des Maîtres célestes (*Tianshidao*) qui promeut le culte de l'Unité est fondée par Zhang Daolin en 142. Ce mouvement du Zhengyi (mouvement de l'Unité véritable) est l'une des interprétations majeures du taoïsme religieux dans l'histoire. À son origine, si l'on suit l'hagiographie du patriarche Zhang, on décèle un récit en continuité avec le taoïsme dit Huang-Lao du début de l'époque impériale : au cours d'une retraite méditative sur une montagne, Zhang Daoling voit apparaître Lao Zi, non point cheminant placidement sur son buffle comme il est communément représenté, mais sur un char emporté aux cieux par un quintet de dragons immaculés. Lao Zi aurait imparti à Zhang Daoling son Art véritable du Triple Ciel (*santian zhengfa*) et l'aurait appointé Maître Céleste, le chargeant de purger cette terre des démons, de remettre l'humanité dans le droit chemin, en l'équipant pour cette mission de textes et de commandements, d'insignes, sceaux et brevets lui donnant accréditation pour randonner aux divers étages du Ciel.

Cette forme d'organisation communautaire de la religion taoïste bannit la pratique millénaire des sacrifices sanglants (que certains courants taoïstes réintroduiront dans leur liturgie) pour se concentrer sur la dévotion aux êtres formés de souffles purs émanés du *Tao*. L'officiant taoïste joue le rôle d'un fonctionnaire sacré, portant requêtes et doléances du peuple aux puissances célestes.

L'autre grand mouvement du taoïsme religieux qui se constitue à la même époque est celui des Turbans jaunes, en l'an 184, à une période de délitement de l'ordre institutionnel et bureaucratique des Han. Ce mouvement baptisé Voie de la Paix suprême (*Taiping dao*) se construit comme une réplique de l'État, sous la férule de Zhang Jue. Exaltant la croyance en la vertu thaumaturgique des talismans, il instaure une pratique devenue tristement célèbre, celle de l'autocritique ou confession publique de ses péchés, à genoux. Au culte des morts, qui constitue l'un des piliers idéologiques du confucianisme, la voie de la Paix suprême substitue le culte de l'immortalité, au moment où se développe dans la littérature le genre des biographies d'êtres divins et d'immortels.

Les taoïstes ont construit un imaginaire fantastique à partir des structures rituelles et bureaucratiques de la société chinoise. Curieusement, le caractère administratif et incroyablement répétitif de textes majeurs du taoïsme religieux (comme le *Taipingjing*), dénués de tout intérêt littéraire, voisine avec la fantasmagorie qui déferle sur les artefacts qu'il inspire : cohorte de créatures hybrides, immortels échevelés, cavalcades de tigres et dragons, etc. Une quantité considérable de textes du taoïsme religieux est issue par ailleurs de révélations par le biais de rêves, de séances de transe ou de possession.

Le taoïsme qui se développe au cours de la longue période de désunion du territoire chinois entre les 3e et 6e siècles contribue à la formation de cette riche esthétique picturale et poétique, qui reprend des éléments épars de la tradition lettrée : goût pour l'érémitisme, prédilection pour les lieux sauvages loin de la cour et de la capitale, pour les falaises et forêts, grottes et montagnes. L'imaginaire taoïste se développe pour ainsi dire dans la conscience enivrée de l'altitude et de la vastitude, dans l'habitat rêvé ou effectif de certains lieux d'élection aux marges du monde habité, sentis comme des points de passage vers une réalité supérieure.

Avec sa vision du salut et de la délivrance, du péché et de la pénitence, avec ses rites d'exorcisme, ses pratiques de prophétie, ses talismans conjuratoires et ses bénédictions, le taoïsme religieux représente un développement tout à fait inédit par rapport aux enseignements que l'on trouve dans les textes fondateurs du *Laozi* et du *Zhuangzi* : à l'acceptation sereine de la mort fait place la quête obsédante de l'immortalité ; les notions de souillure, ou de contamination, étrangères aux premiers penseurs, imprègne le discours des communautés religieuses et concurrence les idées de pollution dans le bouddhisme ; la foi quasi fétichiste dans le pouvoir de certains objets ou dans la vertu de certains caractères d'écriture magique contraste aussi avec le rejet résolu dans des textes majeurs du taoïsme antique de toutes les techniques dites « extérieures », à commencer par les procédures divinatoires.

On ne saurait pour autant opérer une césure nette et continue entre taoïsme philosophique et taoïsme religieux, taoïsme populaire et taoïsme lettré. Les formules et pratiques sans cesse reprises, la récurrence de certains lieux sacrés, réels ou imaginaires, les descriptions imprégnées de merveilleux, circulent incessamment d'un milieu à l'autre, et les mêmes figures fondatrices se voient mobilisées dans les exégèses savantes ou les liturgies communautaires.

Si le souci de sa vie et le soin de son corps dominent son existence, le taoïste, loin de se concevoir comme un individu isolé, cherche à connaître et utiliser à son profit les correspondances structurelles et fonctionnelles entre le corps et le cosmos. La topographie complexe de la réalité interne (le corps est décrit comme un ensemble de sites et de paysages peuplés d'une myriade d'esprits et de dieux) invite ainsi simultanément à un parcours mental de l'univers.

Le plus beau texte de cette période, le plus personnel aussi, est sans doute le *Baopuzi, Le Maître qui adhère au Brut* ou, dans une traduction plus convenue, *Le Maître qui embrasse la simplicité*, de Ge Hong (283/v. 363), un curieux chercheur d'immortalité, passionné de botanique et de drogue, dont la carrière militaire se conjugue avec une recherche érudite et solitaire. Le portrait que Ge Hong offre de lui-même l'impose comme un archétype du taoïste : rusticité érémitique, études alchimiques, quête ardente des élixirs, des talismans et des techniques susceptibles de conjurer les forces pathogènes dans le corps et le faire retourner aux sources même de la vie.

Né de révélations faites par des immortels au médium Yang Xi, dans les milieux aristocratiques du sud de la Chine, au 4e siècle, le courant de la Pureté suprême (Shangqing) réagit contre les pratiques alchimiques développées avec Ge Hong. Délaissant les rituels collectifs et le recours aux talismans, cette version du taoïsme, associée au mont Maoshan, s'emploie à réinstaller la méditation et la louange au cœur de la pratique, notamment par des techniques de visualisation, de respiration et de gymnastiques (*daoyin*). On trouve l'expression la plus achevée de ce courant dans le texte des *Exhortations des hommes authentiques* (*Zhen gao*) sous le pinceau de Tao Hongjing (456-536), précepteur princier de l'une des brèves dynasties impériales de l'époque, qui développa le courant de la Pureté suprême en une école structurée sur le plan institutionnel et doctrinal.

Un autre courant du taoïsme voit le jour à la même époque, celui du Joyau numineux (ou Joyau sacré, Lingbao), dont les révélations furent compilées par un descendant de Ge Hong, un certain Ge Chaofu, vers l'an 400. Ce courant s'inspire de façon très forte des liturgies bouddhiques qu'il prétend concurrencer : le style d'écriture et de récitation se calque sur les *sûtra**, de même que ses cérémonies d'ordination au cours desquelles sont remis des écrits sacrés. Le Lingbao réintroduit dans la liturgie taoïste le culte des ancêtres qui constituait l'une des pratiques au cœur de la religion traditionnelle depuis le 2e millénaire avant notre ère, et développe une vision du salut universel inspirée du bouddhisme, qui concerne jusqu'aux « malmorts » souffrant dans les enfers.

Contrairement au bouddhisme qui ne se développe pas en une idéologie de combat contre l'institution impériale, les courants populaires du taoïsme ont su fédérer au cours de l'histoire des groupes de personnes en sécession ouverte avec les autorités régionales ou centrales. La vision messianique ou les prophéties millénaristes du taoïsme ont donc fait de cette religion un objet de crainte et de suspicion de la part des fonctionnaires-lettrés chargés d'administrer l'empire.

L'entrée en cour impériale

Sous la dynastie des Tang (618-907), l'une des périodes les plus glorieuses et les plus fécondes de l'histoire chinoise, le taoïsme bénéficie des faveurs impériales, et ses plus illustres représentants sont appelés à la cour, dans un climat de lutte parfois âpre avec le clergé bouddhique. Le processus d'institutionnalisation du taoïsme se confirme avec l'inscription des classiques du taoïsme, le *Laozi* et le *Zhuangzi* (notamment) aux concours impériaux de recrutement de l'élite lettrée (sous l'empereur Xuanzong, qui commente personnellement le *Laozi),* l'érection de temples d'État dans chaque district, l'intégration d'éléments de la liturgie taoïste au sein du cérémonial de cour, enfin, la fondation d'une académie des Grands Hommes réunissant les experts ès textes taoïstes de l'époque.

Les faveurs dont jouit le taoïsme sous les Tang perdurent sous les Song (960-1279) ; avec le patronage impérial se développent de nouveaux rites tandis que le panthéon taoïste s'adjoint de nouvelles divinités ; ainsi de Zhenwu, le Vrai Guerrier, protecteur de l'Empire, dont la figure tutélaire sera officialisée sous la dynastie des Ming (1368-1644). La quête inlassable de l'immortalité s'enrichit à la période Tang-Song de la voie de l'alchimie intérieure (*neidan*). Ce courant, associé à la figure semi-légendaire du lettré Lü Dongbin (né en 796) consacré comme l'un des Huit Immortels, développe une vision du dynamisme de l'univers fondée sur l'antique *Classique du Changement* (*Yijing*) et élabore des techniques physiologiques en vue de conjurer les forces yin, accroître les énergies mâles et fécondes (yang) et se libérer de tous les facteurs matériels et mentaux empêchant de faire retour à sa nature foncière. L'immortalité se confond à ce stade avec l'absence totale de déperdition des énergies présentes au stade premier de la vie : elle est pensée sur le mode d'une régénération et d'une fusion avec l'Un originel.

Sous la dynastie étrangère des Jin fondée par les Jürchen, qui contrôlent le nord de la Chine pendant près d'un siècle (jusqu'en 1215), est fondée la grande école taoïste du Quanzhen (courant de l'Authenticité parfaite) par Wang Chongyang (1113-1170), qui demeurera en Chine le mouvement majeur du taoïsme jusqu'à aujourd'hui. Ce mouvement inspiré par les pratiques de l'alchimie intérieure offre une version monastique du taoïsme qui renforce les penchants ascétiques au sein de cette religion et fait écho à un mode de vie développé dans le bouddhisme.

À l'époque moderne, sous les deux dernières dynasties, Ming (1368-1644) et Qing (1644-1911), l'État impérial, par souci de contrôle politique et fiscal, surveille et réglemente de près les institutions taoïstes, du déroulement des rites au nombre des ordinations. En 1445, l'empereur Yongle commandite l'édition et la publication de la totalité des textes taoïstes existants ; cette entreprise colossale de plusieurs dizaines de milliers de pages aboutira au *Daozang*, qui représente encore aujourd'hui une ressource fondamentale pour l'étude de la pensée, des pratiques et des courants religieux du taoïsme. La fin du 16e siècle marque le début de la désaffection des souverains à l'égard du taoïsme, qui perd en puissance et en prestige. Ce déclin contraste avec la vivacité de certains lettrés de l'époque prémoderne, tels que Lu Xixing

(1521-1601), maître accompli en alchimie intérieure, qui s'emploie à un audacieux effort de synthèse et de conciliation des textes du *Zhuangzi* avec les orientations du taoïsme alchimique. Les trois siècles suivants sont marqués par une assimilation d'éléments doctrinaux, méthodiques ou éthiques des deux autres systèmes de représentations et de pratiques en Chine, le confucianisme et le bouddhisme.

La proclamation de la République de Chine en 1912, puis de la République populaire de Chine en 1949, avec l'imposition de valeurs laïques puis marxistes n'a pas été exactement favorable à l'essor du taoïsme. Le taoïsme demeure l'une des cinq religions reconnues par le régime de Pékin, et le temps est loin à présent du déchaînement maoïste contre la religion, si préjudiciable à la préservation et la transmission du patrimoine taoïste, longtemps taxé d'amas de superstitions nocives à l'émancipation des classes populaires.

Le renouveau religieux en Chine des dernières décennies et les vagues de conversions par millions n'ont toutefois pas bénéficié de façon prioritaire au taoïsme. Elles se sont surtout portées vers le bouddhisme, le christianisme, vers des formes rénovées, ou au contraire archaïsantes, du confucianisme, ou encore vers d'autres sectes combinant différents éléments des traditions religieuses populaires. L'influence taoïste reste toutefois vivace, surtout dans la Chine rurale, et les maîtres taoïstes orchestrent les rituels pour des communautés ou des familles qui constituent leur clientèle privée. En marge des vertigineuses spéculations métaphysiques du *Zhuangzi*, du *Laozi* et de leurs commentaires savants, qui alimentent la réflexion philosophique tant en Chine qu'en Occident, adeptes, pratiquants et prêtres taoïstes restent ouverts au tout-venant dans les temples et monastères. À les fréquenter, on ne peut que s'inspirer du motif central qui anime leur religion, pour leur souhaiter, à défaut d'immortalité, Vitalité et Longévité.

La fondation du mouvement des Maîtres célestes

PIERRE MARSONE
Directeur d'études à l'École pratique des hautes études (EPHE, PSL), membre du Centre de recherche sur les civilisations de l'Asie orientale (CRCAO) et membre associé du Groupe sociétés, religions, laïcités (GSRL), il a notamment publié *Wang Chongyang (1113-1170) et la fondation du Quanzhen : ascètes taoïstes et alchimie intérieure*, Collège de France, 2010, et *La Steppe et l'Empire : la formation de la dynastie Khitan (Liao), IVe-Xe siècle*, Les Belles Lettres, 2011.

Le mot « taoïsme » (*daojiao*) signifie en chinois « doctrine de la Voie », cette Voie (*Tao*) dont le chantre le plus célèbre est Lao Zi (Lao-tseu). Ce sage mystérieux, au point que d'aucuns en viennent à douter qu'il ait vraiment existé, est connu comme l'auteur du fameux *Traité de la voie et de la vertu* (*Daodejing, tao-te-king*). Ce texte fondateur de la pensée taoïste, qui remonte au 5e siècle avant notre ère, recèle bien une pensée, voire une philosophie, englobant métaphysique, politique et morale. Développant une vision de l'univers (en mouvement mais en même temps impassible et imperturbable) et de la place que l'homme occupe en son sein, le *Traité de la voie et de la vertu* exhorte son lecteur à s'intégrer docilement, sans états d'âme, à cet univers. Cela sans précéder ni retarder le cours des événements, encore moins en s'y opposant frontalement.

La recherche de l'immortalité

Si le taoïste ne vit pas nécessairement à l'écart du monde, il méprise les honneurs et ne s'attribue aucun mérite. Il ne se met pas en valeur et rejette la sagesse et l'intelligence calculatrice prisées par la société mais souvent entachées d'hypocrisie et d'orgueil. Il veille à ne pas se faire remarquer, à se faire poussière avec la poussière, à ne s'attacher à rien.

La pensée de Lao Zi trouve des consonances dans un ouvrage complexe, le *Livre de maître Guan* (*Guanzi*), qui traite notamment des thèmes du recueillement, de l'apaisement des passions et de « l'entretien de la vie », une recherche de la longévité et de l'immortalité par un travail sur le souffle et les énergies du corps. Mais elle est surtout développée dans un ouvrage composite, le *Livre de Maître Zhuang (Zhuangzi)*, l'un des chefs-d'œuvre de la littérature chinoise, qui fait de la philosophie à travers des paraboles et des anecdotes.

Dans la Chine morcelée des Royaumes combattants (481-221 av. J.-C.), chaque souverain était à l'affût de la doctrine politique qui lui permettrait de renforcer son État et d'unifier à son profit l'empire du Milieu. Le taoïsme, qui prône au plan politique de laisser au peuple la plus grande liberté, ne connut pas la fortune d'autres doctrines visiblement plus efficaces, comme le confucianisme ou le légisme. Mais faisant son chemin dans les croyances populaires, parmi les devins, astrologues, géomanciens, alchimistes et prêtres des cultes locaux, il se mêla de plus en plus intimement à une littérature d'écrits apocryphes et à la religion chinoise*. Ainsi se formèrent des mouvements religieux comme l'école Huang-Lao qui vénérait conjointement l'Empereur jaune (Huangdi), mythique souverain civilisateur de la Chine, et Lao Zi.

Zhang Daoling fonde le mouvement des Maîtres célestes

Ce long processus de maturation aboutit en 142 de notre ère à la divinisation officielle de Lao Zi, proclamé solennellement « Très Haut Seigneur Lao » par l'empereur Huan des Han. Au même moment, Lao Zi serait apparu, dans la région du Sichuan, à Zhang Daoling (ou Zhang Ling) qu'il nomma « maître céleste », lui conférant la mission de délivrer le monde des hérésies et des démons dont il est infesté. Alors se structura un mouvement politico-religieux, la Voie des cinq boisseaux, du nom des cinq boisseaux de riz que les adeptes devaient apporter en entrant dans l'organisation. Dite aussi mouvement ou Église des Maîtres célestes, cette communauté pratiquait la confession publique des péchés et la guérison par talismans, et elle condamnait sévèrement le vol, le dol et l'usure. Contrairement à un autre grand mouvement

L'école **Quanzhen**

Alors qu'une grande partie nord de la Chine était dominée par un peuple d'origine sibérienne, les Jürchen de la dynastie Jin (1115-1234), le taoïsme se renouvela en profondeur, principalement grâce à l'émergence de l'école Quanzhen. Ce mouvement d'ascètes mendiants fondé par Wang Chongyang (1113-1170) insiste sur le détachement des passions et l'entretien de la vie par l'alchimie intérieure. Il se distingue surtout en ce que ses religieux sont célibataires et mènent en général une vie monastique communautaire. Après que Gengis Khan accorde au patriarche Qiu Changchun d'immenses privilèges pour cet ordre religieux, le Quanzhen acquiert dans le taoïsme une place majeure, qu'il occupe encore aujourd'hui.

P.M.

Représentation de Zhang Daoling tirée du livre Histoires merveilleuses du taoïsme et du bouddhisme *(Xian Fo qizong* 仙佛奇踪*) publié en 1602.*

politico-religieux et millénariste, celui de la Grande Paix (Taipingdao, aussi appelé « Turbans jaunes ») qui surgit au même moment mais sera écrasé au bout de vingt ans après une rébellion, l'Église des Maîtres célestes se développa et évolua au fil de l'histoire, de telle sorte qu'elle constitue encore aujourd'hui un courant majeur du taoïsme.

De la religiosité populaire au feng shui

Entre la fin des Han (220) et le début des Tang (618), la Chine connut une nouvelle période complexe de divisions durant laquelle le taoïsme s'enrichit et se diversifia. Un officier militaire descendant de lettrés taoïstes et passionné d'immortalité, Ge Hong (283-343), composa une somme des techniques alchimiques, respiratoires et mentales du taoïsme de son époque, qui porte comme titre le surnom de son auteur: *Le Maître qui embrasse la simplicité* (*Baopuzi*). Alors que le bouddhisme étendait son influence à tous les niveaux de la société, un membre de la famille de Ge Hong, Ge Chaofu, compila autour de l'an 400 les textes du *Joyau merveilleux* (*Lingbao*), *sûtra** taoïstes calqués sur le modèle bouddhique qui exercèrent une influence durable sur le taoïsme ultérieur, en particulier sur la liturgie.

À la même période, le médium Yang Xi reçut des trois frères Mao et de Wei Huacun, une immortelle issue de l'École des maîtres célestes, des révélations qui furent à l'origine du courant de la Pureté suprême (Shangqing) et que Tao Hongjing (456-536) réunit dans un ouvrage majeur du taoïsme: les *Exhortations des immortels* (*Zhen'gao*).

Les grandes dynasties Tang (618-907) et Song (960-1279) virent la reconnaissance officielle du taoïsme: l'empereur Xuanzong des Tang inscrivit le livre de Lao Zi aux examens officiels et les empereurs Zhenzong et Huizong des Song furent de fervents taoïstes. Pendant ce temps, parmi les religieux et les ermites se développa une synthèse de l'alchimie et des techniques physiques d'entretien de la vie, appelée « alchimie intérieure ». Cette ascèse allie la méditation à un travail sur les énergies du corps théorisé par des termes empruntés à l'alchimie opératoire. Elle constitua le grand facteur de renouvellement du taoïsme au 2e millénaire.

On compterait aujourd'hui, selon le gouvernement chinois, quelques millions de taoïstes officiels. Mais en République populaire de Chine, ce sont plusieurs centaines de millions de personnes qui, à un moment ou un autre de leur existence, recourent à l'intercession des immortels du panthéon taoïste pour obtenir santé, prédiction ou prospérité. Enfin, une forme de « néotaoïsme », adaptée à l'exportation, tend à se diffuser en Occident. Délaissant la religiosité populaire qui constitue l'essentiel du taoïsme en Chine, elle met notamment en valeur des techniques alimentaires propres à prolonger l'existence, des arts martiaux visant à canaliser les énergies vitales comme le qi gong*, ou des recettes d'aménagement harmonieux de l'espace, tel le feng shui*.

La révolte des Taipings

VINCENT GOOSSAERT
Historien des religions et directeur de recherches au CNRS, auteur notamment de *Bureaucratie et salut. Devenir un Dieu en Chine*, Labor et Fides, 2017 ; et, avec David A. Palmer, *La Question religieuse en Chine*, traduit de l'anglais par Fanny Parent et Eva Salerno, CNRS, 2012 ; avec Caroline Gyss, *Le Taoïsme. La révélation continue*, Gallimard, coll. « Découvertes », 2010 ; Il a également dirigé, avec Ling Fang, *La Religion des Chinois de France*, CNRS, à paraître.

1836 : de nombreux candidats, comme tous les trois ans, viennent passer les examens provinciaux à Canton (la capitale de la province du Guangdong), dans le Sud de l'Empire chinois des Qing. Parmi eux, un petit nombre de lauréats pourra par la suite se présenter aux examens à la capitale et espérer ainsi être recruté dans l'administration impériale. Les autres seront recalés, et leur frustration se nourrira de cet échec venant sanctionner des années d'études arides. Un missionnaire protestant américain, Edwin Stevens, présent illégalement (l'Empire n'autorisera la circulation des missionnaires qu'après la défaite de la seconde guerre de l'Opium, en 1860), distribue à l'entrée des salles d'examen des copies d'un tract composé d'extraits de la Bible traduits par un converti chinois. Parmi les candidats, un jeune homme, Hong Xiuquan (1812-1864), issu du groupe ethnique défavorisé des Hakkas, prend un exemplaire.

Le petit frère du Christ

Il ne le lira que sept ans plus tard, en 1843, à la suite d'un nouvel échec. Ce faisant, il y trouve l'explication de visions apocalyptiques qu'il a eues précédemment en rêve. Hong élabore sur cette base une théologie hautement composite, où il est lui-même le petit frère du Christ, revenu sur Terre pour y établir le royaume de Dieu et anéantir l'Empire « impie » des Qing. La « Sainte Famille » s'agrandit, avec ses disciples se révélant être les incarnations du fils du Christ, du Saint-Esprit, etc. ; la Bible est largement réécrite et devient, avec un corpus de révélations médiumniques produit par la Sainte Famille, le texte fondateur de son enseignement.

Hong prêche autour de lui, puis sur la route qui finit par le mener sur les plateaux de la province du Guangxi. Dans cette région appauvrie et mal contrôlée par l'Empire, il convertit des travailleurs migrants hakkas comme lui. En 1851, la foule de ses suivants a grandi, s'est organisée en Société des adorateurs de Dieu et a pris son destin en mains, s'organisant de façon militaire. Cette armée rudimentaire, menée par de jeunes stratèges autodidactes, se lance alors dans une folle course à travers la Chine, prenant les villes les unes après les autres, recrutant de gré ou de force parmi les populations, et finissant par établir en 1853 sa « capitale céleste » à Nankin, au cœur de la région la plus riche et densément peuplée de l'Empire. Pendant onze ans, jusqu'à sa chute finale sous les coups de l'armée impériale, le Royaume céleste de la Grande Paix (Taiping) va tenter d'imposer sa réforme radicale de la société, séparant les hommes des femmes (et promouvant ces dernières à un statut d'égalité, en interdisant le bandage des pieds), mettant tous les biens en commun (les repas étaient pris dans de grandes cantines communautaires), détruisant systématiquement les temples et les lieux de culte, et endoctrinant la population au moyen des Évangiles revus et corrigés par Hong, écrits et enseignés en langue vulgaire.

Une extraordinaire utopie, et trente millions de morts

Là où la société chinoise était organisée de façon pluraliste autour d'une grande variété de cultes et de trois systèmes religieux cléricaux (confucianisme, bouddhisme, taoïsme), les prédicateurs taipings imposent un système de sens et de pratique unique et obligatoire. Mais cette extraordinaire utopie reste en large partie inachevée. Car le régime est entièrement absorbé par sa survie, en combat permanente sur tous les fronts, lançant des attaques sur Pékin, qui échouent de peu, engoncé dans une guerre de mouvement où les territoires sont pris, perdus et repris en succession rapide, semant la misère sur une bonne moitié du territoire chinois. L'Empire finit par l'emporter en 1864.

Les historiens se disputent encore sur l'héritage des Taipings. La guerre, bien sûr, a eu un impact considérable : au moins trente millions de morts (batailles, famines, épidémies) et sans doute plus, ce qui en fait la plus meurtrière guerre civile de l'histoire de l'humanité. La victoire finale de l'Empire a aussi entraîné une réorganisation très profonde de la structure sociale et politique de la Chine : les notables locaux, ayant organisé les milices qui ont joué un rôle crucial dans la victoire, s'arrogent des pouvoirs politiques et fiscaux qui affaiblissent définitivement l'organisation traditionnelle de la société. Les grands temples qui géraient la société urbaine en sortent profondément affaiblis, même s'ils sont reconstruits après 1864. Le choix des puissances occidentales, un temps fascinées par ce royaume chrétien avant de décider de soutenir l'Empire Qing, s'est accompagné d'un accaparement des privilèges et des ressources : c'est pendant la guerre des Taipings que Shanghai, protégée par des milices franco-anglaises, commence à devenir cette métropole et capitale culturelle de l'Asie qu'elle sera au début du 20e siècle – et à nouveau aujourd'hui.

Les prémices de la Chine moderne

L'héritage religieux est tout aussi important. La violence du discours messianique des Taipings et de leurs pratiques de destruction préfigure d'une certaine façon les campagnes communistes antisuperstition du 20e siècle. On estime mal l'impact à long terme de la prédication taiping dans la population, mais il faut constater que les Taiping réunissent pour la première fois trois éléments qui continuent à jouer jusqu'à aujourd'hui un rôle crucial dans le développement social et religieux de la Chine : un appel à la révolution sur un mode apocalyptique ; l'influence chrétienne largement réinterprétée (comme elle l'est encore aujourd'hui dans certains groupes chinois réinventant totalement le christianisme) ; et l'utopie communiste. Les idéaux taipings visant à abattre l'empire et l'ancienne société et à promouvoir l'égalité des classes, des ethnies et des sexes seront implicitement ou explicitement invoqués par les révolutionnaires de 1911 et surtout par le Parti communiste chinois. Aussi n'est-il pas indifférent que ce soit dans une vision profondément religieuse de réforme de la société que s'ancre le premier des grands mouvements qui ont bouleversé la Chine moderne et l'ont fait devenir, au prix de terribles souffrances, ce qu'elle est aujourd'hui.

Taoïsme : la voie du bien-être ?

CYRILLE J.-D. JAVARY

Il faudrait pour commencer se demander si l'idée de « bien-être » existe dans la culture chinoise ? Si c'est le cas, il existe alors un mot en chinois pour la désigner et pour l'écrire. À l'entrée « bien-être » d'un français-chinois contemporain[1], on trouve le binôme 福利 *fú lì*.

Le premier 福 *fú*, signifie en propre : bonheur et le second 利 lì : gain. Curieux couplage pour signifier le « bien-être » ? D'autant plus que le type de « bonheur » décrit par le caractère 福 *fú* est très matériel. Il est en effet composé, à gauche, du signe général des « affaires rituelles et sociales » (礻) et, à droite, du dessin d'une jarre remplie de céréales (畐). Pour ce peuple de paysans sédentaires, la famine a été un fléau récurrent et le bonheur n'est pas une idée abstraite, mais une réalité tangible : celle d'un grenier plein assurant d'avoir suffisamment pour manger tout l'hiver tout en gardant du surplus pour semer au printemps. Quant au mot 利 lì, il est formé, à droite, du signe du couteau (刂) avec, à gauche, le signe général des céréales (禾). Le seul gain qui vaut étant celui de la moisson qui jadis se faisait, à la faucille.

1- https://chine.in/mandarin/dictionnaire/

Mais dans la Chine actuelle le binôme 福利 *fú lì* a pris un sens plus politique, qualifiant plutôt les « avantages sociaux » (就业福利 *jiù yè fú lì*), voire « l'État providence » (福利国家 *fú lì guó jiā*). Ces emplois ont tous la particularité de se situer à un niveau collectif sans référence individuelle. La dimension personnelle du « bien-être » à l'occidentale est-elle absente de l'esprit chinois ou bien s'est-elle réfugiée dans le taoïsme ? Pour répondre à cette question, il faut différencier trois taoïsmes : en Occident le taoïsme imaginaire, et en Chine le taoïsme lettré et le taoïsme populaire.

Le taoïsme lettré est une aventure individuelle, celle des mandarins engagés dans la recherche de l'intime du monde, symbolisée par une approche spirituelle et une pratique physique du « 道 *dào* », en tant que principe conducteur. Mais cet idéogramme ne doit pas être confiné au seul taoïsme, il occupe une place centrale dans la plupart des écoles chinoises de sagesse, en tant que nom commun du « fonctionnement des choses », de ce moteur impersonnel qui fait tourner les saisons et anime tout ce qui vit au rythme du yin et du yang[2].

Le taoïsme religieux apparaît, vers la fin du 2e siècle de l'ère commune, corrélativement avec l'effondrement de la grande dynastie des Han (- 206/+ 220), sous l'impulsion d'un certain Zhang Dao Ling, un gourou qui organisait ses adeptes dans des sortes de phalanstères comparables à ceux créés en 1830 par Charles Fourier et que Marx et Engels considéraient comme des manifestations du « socialisme critico-utopique ». Par la suite, à partir de la fin du « Moyen Âge » chinois, vers le 6e siècle, et surtout à l'époque des Tang (618-907), principalement pour contrer l'emprise grandissante du bouddhisme, ces communes populaires avant l'heure prendront la forme religieuse (cérémonies, chasubles, temples, monastères, etc.) qu'elles ont gardée jusqu'à nos jours.

Le taoïsme imaginaire enfin est celui que se fabriquent en Occident les pratiquants des arts physiques chinois, picorant les différents styles de *tai ji quan* et les nombreuses formes de qi gong* toujours vendues comme des « gymnastiques de bien-être ». Il ne ressemble qu'assez superficiellement aux deux premiers mais il s'appuie sur l'ancienne tradition médicale chinoise (MTC) qui est elle-même issue, sans rupture épistémologique, des ancestrales pratiques chamaniques. Ce qui explique pourquoi en Chine médecins et guérisseurs depuis toujours rassemblés sous la houlette du couple imaginaire et mythologique de Lao Zi et de l'Empereur jaune se retrouvent avec tous les maîtres des pratiques de l'art de « vivre longtemps

2- Voir C. J.-D. Javary, *Yin yang. La dynamique du monde*, Albin Michel, 2018.

Moine taoiste à Pékin.

et en bonne santé » dans cet objectif idéal de la médecine chinoise. Mais où se trouve le croisement entre le « bien-être », l'ancestrale pratique du yang sheng (养生 *yāng shēng*), littéralement : nourrir (养 *yāng*), et le vivre (生 *shēng*), ce « vivre » qui traverse notre corps comme il traverse celui de toutes les choses vivantes ?

Les Chinois admirent les États-Unis

Peut-être faut-il le chercher dans le rapprochement entre la mise en avant par Xi Jinping du slogan : le « rêve chinois » libérant la Chine des mots d'ordre de « *profil bas* » prônés par Deng Xiaoping pour sortir discrètement de l'isolement du maoïsme. Ce « rêve chinois » propulsant au premier plan les valeurs spécifiquement chinoises de fierté nationale et de réalisation collective va rencontrer en Occident la vogue des arts physiques chinois, amplifiée par le taoïsme rêvé et identifié avec l'idée d'une harmonie « zen » (un mot sans équivalent dans les langues occidentales donc apte à désigner moult formes de fantasme *New Age*). La relation avec les États-Unis est encore plus complexe dans la mesure où la rivalité économique (et de plus en plus aujourd'hui informatique) entre les deux pays est vécue de manière quasi schizophrénique par les Chinois, pour qui les États-Unis sont perçus comme étant à la fois l'idéal à atteindre et l'ennemi à dépasser.

L'ennemi, nos gazettes en parlent à foison, inutile d'en dire plus. L'idéal en revanche est perceptible à deux niveaux historiques et idéographiques. Historiquement, les Chinois admirent les États-Unis comme étant le premier pays de l'histoire moderne à s'être libéré de son colonisateur, les Anglais qui justement ont beaucoup maltraité les Chinois au 19e siècle, notamment lors des deux guerres de l'Opium. Cette admiration se manifeste clairement dans le choix des idéogrammes qui écrivent le nom de « America ». Parmi tous les caractères ayant une proximité phonétique avec la prononciation anglaise de ce mot qui accentue la syllabe « me », celui qui fut retenu (la première syllabe « a » a été négligée à cause de sa connotation péjorative en chinois) est le mot 美*měi*, qui signifie en propre : beau, magnifique ! Pour qui écrit en chinois l'Amérique (美国 *měi guó*), c'est le beau (美 *měi*) pays (国 *guó*). Il en résulte un croisement complexe entre la modernité chinoise et les formes occidentales de recherche du « bien-être » individuel à contours taoïsants qui font florès en Occident.

Aussi quand on parle « bien-être » avec des Chinois, ceux-ci n'utilisent pas les idéogrammes du « bien-être social ». Ils emploient plus volontiers un vocabulaire emprunté aux anciens arts physiques taoïstes, utilisant des expressions telles que : 养生之道 yǎng shēng zhī dào, littéralement : le cheminement (道 *dào*) en direction du (之 *zhī*) nourrissement (养 *yǎng*) du vivre (生 *shēng*), qui reprend le nom d'une forme de qi gong connue en Occident. On entend aussi les jeunes générations parler de : 身心和谐 shēn xīn hé xié, littéralement : l'harmonie (ou l'harmonisation 和谐 *hé xié*) entre le corps (身 *shēn*) et l'esprit (littéralement le cœur 心 *xīn*).

Il apparaît donc que cette recherche du « bien-être » qui, en Occident comme en Orient, se positionne comme une réaction aux excès du consumérisme, trouve en Chine un véritable écho comme remède aux trente années d'embrigadement maoïste suivies d'autant d'années d'ouverture capitalistique à tous vents, deux périodes ayant chacune bousculé les anciennes traditions chinoises. Aujourd'hui, attentive à retrouver dans ses racines spirituelles et philosophiques cette harmonieuse conception de l'individuel et du vivre ensemble, la Chine parviendra-t-elle à nous transmettre une vision du « bien-être » accordée aux exigences de la modernité et au poids terrifiant de sa masse démographique ? L'avenir nous le dira.

Le *Yijing*, plan du monde en changement

Le dessin yin-yang entouré par les trigrammes du Yijing.

Le *Yijing*, *classique des Changements*, est un livre étrange et utile. Étrange, cet ouvrage-maître du mode de penser yin-yang l'est par son histoire. Utile, il l'est par son usage.

Si son texte canonique a été fixé à l'époque des Han (-206/+220), le commencement de son histoire remonte à la naissance de l'écriture idéographique, il y a trente-cinq siècles. Lors, les souverains analysaient l'opportunité d'un projet en observant les fissurations produites par des sources de chaleur sur des carapaces de tortues. Gens sérieux, les préposés à cet office archivaient les carapaces pour vérifier *a posteriori* la validité de leurs interprétations, qu'ils résumaient par des petits signes mnémotechniques gravés à même la carapace. Ces signes sont les ancêtres directs des idéogrammes chinois actuels.

Les Han ayant posé le confucianisme comme morale d'État, le *Yijing* a été placé comme premier des « cinq classiques » confucéens dont la connaissance approfondie était exigée des participants aux examens impériaux qui servaient au recrutement des fonctionnaires mandarinaux. Le Yijing a depuis lors servi de vocabulaire et de référence intellectuelle à quasiment tout ce qui s'est pensé sur les rives du fleuve Jaune. Un peu comme le fut Aristote dans l'Occident médiéval.

Le « texte canonique » du *Yijing* se présente sous la forme d'un mince texte, regroupant 64 situations types de la vie quotidienne, organisées selon les six stades de leur développement et résumées par des figures linéaires abstraites organisées en termes de yin-yang. Cette partie est depuis les Han assortie de « commentaires canoniques », dans lesquels apparaissent pour la première fois les mots yin et yang dans leur sens philosophique, celui du mode de « penser par deux ».

Le *Yijing* a été longtemps tenu pour un traité de divination populaire, car une forme dévoyée de son usage, le *Yijing* du marché, était visible sur les places publiques. De plus les missionnaires jésuites se méfiaient d'un ouvrage ayant la prétention d'expliquer le monde sans l'intervention d'aucun dieu créateur. Ils l'ont donc traduit dans le vocabulaire de la divination pour l'y enfermer.

Aujourd'hui le *Yijing* reprend en Chine comme en Occident une place plus conforme à sa nature, celle de grand livre du mode de penser yin-yang, le mode de penser par deux.

Cyrille J.-D. Javary

Une médecine millénaire toujours officielle

ÉRIC MARIÉ
Sinologue, docteur en histoire et en médecine chinoise, auteur notamment de *Précis de médecine chinoise*, Éditions Dangles, 2008.

Quand on examine le système médical né et développé en Chine pendant une période de plus de deux mille ans, on est frappé par sa remarquable continuité. Il ne s'agit évidemment pas d'un système immuable, mais force est de constater que les changements s'y sont opérés de façon plus fluide, moins radicale que ceux qu'a connus la médecine en Occident. Alors que la plupart des médecines anciennes y ont été balayées par les révolutions scientifiques et technologiques, la médecine chinoise a conservé un statut officiel, comparable à celui de la biomédecine occidentale.

La médecine chinoise est principalement définie par ses textes fondateurs, auxquels praticiens et chercheurs se réfèrent encore aujourd'hui. Le plus important est indiscutablement le *Huangdi neijing* (*Classique interne de l'Empereur jaune*, ouvrage composite rédigé et recomposé du 3e siècle avant J.-C. au 8e siècle de notre ère). D'autres ouvrages, parfois issus d'écoles de pensée et de lignées médicales diverses, constituent la source de la médecine chinoise savante ; elle est complétée sur le terrain par des formes plus populaires, fondées sur une transmission orale, celles-ci se distinguant peu ou prou de celle-là.

L'une des idées les plus fondamentales de la médecine chinoise est qu'aucun phénomène vital ne peut être analysé en dehors de son contexte organique et universel : l'être humain constitue un ensemble indivisible et interactif en permanente adaptation à son environnement cosmique, climatique, psychologique... Pour le médecin chinois, la vie se définit comme l'enracinement d'une conscience organisatrice (*shen*), sur une essence individualisée (*jing*), à partir de laquelle elle conduit, personnalise et anime des souffles universels (*qi*), dans une forme corporelle (*xing*). Les théories du *yin/yang* (dialectique d'opposition et de complémentarité de tous les phénomènes) et des *wuxing* (cinq mouvements), omniprésentes dans la pensée chinoise, sont à l'origine de tout un système de correspondances et de relations entre organes, sentiments, tissus corporels, fonctions physiologiques...

En outre, le corps humain est perçu comme un empire, les viscères ne sont pas des groupes de tissus mais des ministères et des administrations au service d'un gouvernement (on emploie d'ailleurs volontiers les termes d'« empereur », de « chancelier », « général » ou de divers fonctionnaires pour les définir) ; les informations qu'ils transmettent et reçoivent sont véhiculées grâce à un réseau complexe de *jingluo* (méridiens et ramifications) sur lesquels sont répartis les points d'acupuncture.

Un double diagnostic

Les théories sur les causes des maladies se sont précisées tout au long de l'histoire, avec une étape marquante, la division en trois catégories d'étiologies, établie par Chen Wuze en 1174. Elle distingue les causes externes, d'origine principalement environnementale, les causes internes liées aux débordements émotionnels, et les causes « ni externes ni internes », inclassables dans les deux autres catégories.

S'appuyant sur ces concepts, le diagnostic s'effectue en deux étapes. La première phase consiste à recueillir des signes et symptômes à travers quatre modes d'investigations traditionnellement nommés *sizhen* (quatre diagnostics) : observation (morphologie, teint du visage, langue, peau...), olfaction/audition (voix, bruits respiratoires, toux, odeurs corporelles...), interrogatoire (antécédents, circonstances de survenue et évolution de la maladie, symptômes subjectifs...) et palpation (particulièrement celle des pouls radiaux, étape essentielle du diagnostic chinois). À partir de cette collection d'informations qui sont classées et hiérarchisées, le praticien établit un double diagnostic : *bianbing* (identification de la maladie), dont le principe consiste à nommer un état morbide sans prendre en considération ses causes et son développement ; et *bianzheng* (identification du syndrome) qui détermine le tableau clinique en fonction de la cause et du mode de développement de la maladie. C'est surtout à partir de ces *zheng* (syndromes), spécifiques à la médecine chinoise, que le thérapeute va élaborer un principe de traitement.

La médecine chinoise comprend une démarche préventive et un ensemble de branches thérapeutiques. La plus importante repose sur une pharmacopée très riche. Parmi les autres techniques de soin, il faut principalement mentionner l'acupuncture et la moxibustion, les techniques de massage, les exercices physiques, respiratoires et psychiques regroupés sous le nom de qi gong* (exercices sur le *qi*) et une « diétothérapie » qui associe des recommandations alimentaires et l'intégration de drogues de la pharmacopée chinoise à des recettes culinaires.

Jusqu'au début du 20e siècle, le savoir médical en Chine reposait beaucoup sur une transmission de maître à disciple. Aujourd'hui, les facultés de médecine chinoise forment les étudiants en trois cycles : cinq ans pour le premier, puis trois ans pour le deuxième et, à nouveau, trois ans pour le dernier, qui conclut donc une formation de onze années universitaires. Ces durées sont identiques pour la médecine occidentale, le choix entre les deux disciplines s'opérant directement à la fin du cursus secondaire.

Un cursus combinant Orient et Occident

La médecine chinoise, comme la médecine occidentale, a ses propres hôpitaux, ses instituts de recherches, son académie nationale et son administration centrale, jusqu'au niveau ministériel. Durant le premier cycle, les étudiants en médecine chinoise reçoivent également un enseignement de biomédecine qui représente environ 30 % du volume horaire total. Au cours des années suivantes, la proportion entre les deux médecines est variable, selon la spécialité. Enfin, après une formation de base dans l'une ou l'autre, certains étudiants s'orientent vers une combinaison de médecine chinoise et de médecine occidentale.

Il faut noter qu'aujourd'hui, la médecine chinoise n'est plus seulement pratiquée en Asie ; elle est l'objet d'une large globalisation, à l'instar de la médecine occidentale, dont elle est à la fois une alternative et un complément incontournable. De nombreux travaux visant d'ailleurs à établir des ponts et des coopérations entre ces deux systèmes médicaux sont en cours. Certains y voient l'ébauche de la médecine intégrative du futur.

Bodhidharma sur l'éléphant Yiran.

Une histoire du grand véhicule

ALEXIS LAVIS
Philosophe, sanskritiste et sinologue, auteur notamment de *Paroles de sages chinois*, Seuil, 2013 ; *L'Espace de la pensée chinoise. Confucianisme, taoïsme, bouddhisme*, Oxus, 2010 ; il a dirigé, avec Fabrice Midal, *50 fiches pour comprendre le bouddhisme*, Bréal, 2011. Dernier ouvrage paru : *La Conscience à l'épreuve de l'Éveil. Lecture*, traduction, commentaire du *Bodhicaryâvatâra* de Shântideva, Cerf, 2018.

Pour comprendre le bouddhisme mahâyâna, il faut appréhender ses origines en Inde, les trois points essentiels de son enseignement, son développement en Chine, ainsi que l'essor du chan/zen.

De quoi mahâyâna est-il le nom ?

Avant d'entrer dans d'autres considérations, sans doute conviendrait-il d'abord d'éclairer quelque peu le sens de ce terme sanskrit*, d'entrevoir davantage de quoi mahâyâna est le nom. Il s'agit d'une expression associant l'adjectif *mahâ* au nom *yâna* et que l'on traduit littéralement par « grand véhicule ». La grandeur dont il est ici question ne touche pas tant à la hauteur qu'à la largeur ou à l'ampleur. Le mahâyâna est ainsi l'ample véhicule et même, en un sens, le véhicule de l'ample. Il s'oppose en cela à un véhicule qui serait étroit ou petit, et que la tradition mahâyânique nomma hinayâna en pointant sous cette expression un ensemble d'écoles du bouddhisme ancien, comme celles du Sthaviravâda, du Sarvâstivâda ou encore du Pudgalavâda... Ainsi, le mahâyâna ne s'oppose pas au hinayâna comme s'opposeraient deux écoles rivales. Ni l'un ni l'autre ne sont des « écoles » du bouddhisme ; et le grand véhicule comprend de nombreuses écoles qui s'opposèrent également entre elles. Ce que cherche à pointer la notion de mahâyâna par opposition au hinayâna est une différence fondamentale de perspective qu'indique en quelque sorte le mot *yâna*.

Il s'agit là d'un des points d'originalité du grand véhicule de se nommer ainsi « véhicule ». La notion de *yâna* est quasiment absente des textes de la tradition ancienne. L'introduction toute mahâyânique du terme « véhicule » introduit la possibilité de différents modes de transport sur la voie bouddhique. En quoi ces différences consistent-elles ? En différentes allures, en nombre de passagers transportés et en différentes formes de voyage. Le véhicule qu'est le mahâyâna est, en quelque sorte, un transport en commun, à la différence du petit qui n'est qu'individuel. Le pratiquant du grand véhicule chemine essentiellement avec l'ensemble des êtres, quand bien même serait-il tout seul, poussant ainsi la logique du non-*ego* jusqu'à l'« identification avec autrui, en pratiquant l'interversion de soi avec autrui », comme le dit ce grand représentant du grand véhicule qu'est Shântideva.

La naissance et l'épanouissement du mahâyâna en Inde

D'un point de vue historique, on s'accorde à déterminer l'émergence du mahâyâna au premier siècle avant notre ère, à la fois au Nord-Ouest et au Sud de l'Inde, non loin de grands centres monastiques et à proximité de ces monuments dévotionnels que sont les *stûpa*, tels ceux de Sânchî et d'Amarâvatî. Ce qui permet une telle datation est évidemment la présence de textes et d'œuvres qui témoignent de réflexions et de références propres au grand véhicule. Ainsi par exemple en va-t-il pour l'art et l'architecture. Lorsque n'est représenté que le Bouddha vêtu de sa robe de mendiant et muni de son bol à aumônes, ou même lorsqu'il n'est pas représenté en personne mais seulement par des symboles de sa présence (roue, trône vide...), nous avons alors affaire aux modes de représentation du bouddhisme ancien.

Mais lorsqu'apparaissent de jeunes princes aux allures de dieux, aux multiples bras, munis de lotus, d'épée, de sceptres ; lorsqu'à la raideur fixe des postures méditatives, s'ajoute une forme de déhanché, de sensualité même, bref lorsqu'apparaissent les *bodhisattva**, alors on peut être sûr d'être entré en pays mahâyânique.

Toutefois, étant donné que l'Inde est restée fort longtemps une civilisation de l'oralité, la présence de textes mahâyâniques ou protomahâyâniques datant du 1er siècle ne saurait attester pleinement des débuts réels du grand véhicule, qui put très bien être professé oralement bien avant la mise par écrit des enseignements. Il fut ainsi organisé vers 305 avant J.-C. un grand concile, à Pâtaliputra (non loin de Patna), durant lequel une sorte de schisme eut lieu, à la suite duquel se distingua l'école Mahâsâmghika, dont les positions sur la nature du Bouddha et le statut de l'*arhat* (celui qui atteint le *nirvâna**) rappellent celle du mahâyâna.

Quoi qu'il en soit, le mahâyâna ne se revendique pas véritablement comme une réforme du bouddhisme, mais plutôt comme une réception plus originelle de la parole du Bouddha. C'est ainsi que les textes fondateurs du grand véhicule, les *Mahâyâna-sûtra*, rédigés en sanskrit, imitent la scénographie traditionnelle des textes rapportés à la parole même de l'Éveillé, et débutent tous en reprenant la fameuse phrase du disciple Ânanda rapportant les propos du Bouddha : « Ainsi ai-je entendu, le Bouddha se trouvait alors à... »

Une autre question est de savoir si le *mahâyâna* est à l'origine un mouvement de sécularisation, assumé par des laïcs contre la mainmise des moines sur l'ensemble de la voie bouddhique. Plusieurs indices vont en ce sens, notamment le fait que dans les *sûtra** du grand véhicule interviennent des laïcs ou des femmes qui prennent en charge l'enseignement. Néanmoins, les grandes figures du mahâyâna demeurent en majorité des moines, et les grands centres d'études mahâyâniques, tels Nâlandâ ou Vikramashîla, étaient des monastères. Quoi qu'il en soit, une plus grande ouverture est clairement remarquable et la différence entre voies régulière et séculière est bien moins marquée dans les courants du grand que du petit véhicule.

Le mahâyâna a connu en Inde deux grands courants interprétatifs, qui se sont eux-mêmes subdivisés sous l'influence de grands maîtres. Le premier d'entre eux se nomme le madhyamaka, littéralement « la voie du Milieu ». Il fut fondé par Nâgârjuna au 2e siècle de notre ère et se développa sous l'influence de figures tels Bhâvaviveka, Candrakîrti ou encore Shântideva. Maîtres de méditation autant que de l'argumentation, les tenants du madhyamaka cherchent à révéler l'absence d'identité propre, la non-substantialité des phénomènes. Le second courant répond aux noms de yogâcâra ou cittamâtra. Il fut fondé au 4e siècle par Asanga et son demi-frère Vasubandhu. Il cherche à montrer comment l'esprit ordinaire dénature l'expérience et fait écran à sa dimension originairement éveillée. Les pays gagnés au mahâyâna héritèrent des enseignements de ces deux courants, en privilégiant le second pour la Chine et le Japon et le premier pour le Tibet.

Le mahâyâna connut son apogée sous la dynastie des Pala (8e-12e siècle) dont les souverains furent d'ardents bouddhistes. Toutefois, sous les coups des armées turco-mogholes qui détruisirent les monastères, le grand véhicule disparut d'Inde au 13e siècle, alors même qu'il avait déjà gagné toute l'Asie, jusqu'au Japon.

Les enseignements du grand véhicule

Trois points nous semblent particulièrement attachés aux enseignements du grand véhicule.

- **Le premier, issu du *Sûtra du Lotus*,** affirme que le fruit de la voie n'est pas l'accession au *nirvâna*, c'est-à-dire à l'au-delà des peines, mais l'obtention de l'Éveil (*Bodhi*). Le but de la voie n'est donc pas d'en finir avec le mal-être, mais de découvrir une dimension d'existence à ce point ouverte qu'elle intègre l'ensemble des êtres. Le champion de cette perspective se nomme le *bodhisattva*, celui qui se voue à l'Éveil pour libérer tous les êtres.
- **Le deuxième enseignement fondamental du grand véhicule** tient à l'union d'une forme radicale de détachement qui culmine dans l'idée que tous les phénomènes sont libres d'identités propres, avec la culture d'une tendresse infinie à l'égard de tous les êtres. Le cœur du *bodhisattva* est ainsi tout à la fois vacant et plein d'affection et ce paradoxe que cultive la méditation est l'essence du mahâyâna.
- **Le troisième thème original est l'enseignement du Tathâgatagarbha** qui affirme que l'Éveil n'est pas le résultat d'une pratique, qu'il ne s'obtient donc pas mais constitue la dimension la plus originaire de l'existence. En conséquence, tous les êtres sont dès l'origine éveillés. Il n'existe dès lors nul privilège face à l'Éveil qui peut être découvert par n'importe qui, qu'importe sa condition.

L'aventure chinoise du grand véhicule

C'est en 51 après J.-C. que la tradition situe l'entrée du bouddhisme en Chine. Vers l'an 65, l'empereur Ming des Han envoie une ambassade en Inde qui rapporte moines et textes, notamment le *Sûtra en quarante-deux sections* qui est le premier enseignement du Bouddha traduit en chinois. Pour les accueillir, il fait construire à

Luoyang le temple du Cheval blanc (Baima Si). Le bouddhisme n'en reste pas moins confidentiel jusqu'au 3e siècle.

Le grand événement est sans nul doute l'arrivée du moine koutchéen Kumârajîva à Cháng'an (actuelle Xi'an) en 401 et le lancement, sous sa direction, d'une véritable école de traduction qui établit, par la transcription d'une vingtaine d'œuvres majeures du mahâyâna, les bases scripturaires solides qui serviront à l'édification des écoles du bouddhisme chinois.

Peu de temps après arrive le moine indien Buddhabhâdra. Il traduit en chinois la collection des *sûtra* du reccueil *Avatamsaka*. Son enseignement influencera la création des célèbres écoles Tientai et Huayan, dont Zhiyi et Fazang furent respectivement les plus illustres représentants. Grâce aux conseils de Kumârajîva et Buddhabhâdra, le moine Huiyan fonde également l'école de la Terre pure (Jingtu), initiant un courant également connu sous le nom d'amidisme, qui demeure des plus populaires en Asie (Viêtnam, Corée, Japon).

Au 6e siècle, le moine indien Paramârtha arrive à Nankin et entreprend la traduction de textes relatifs au courant yogâcâra (ou cittamâtra). Il jette les fondements de l'école Faxiang, créée par le pèlerin chinois Xuanzang au siècle suivant, qui fera un voyage devenu légendaire jusqu'en Inde pour y recevoir l'enseignement des maîtres du centre monastique de Nâlandâ et rapporter avec lui nombre de textes originaux. Le moine indien Bodhidharma fait aussi son entrée en Chine au tout début de ce siècle et instaure l'école chan (zen japonais) dont la postérité sera florissante.

La période qui s'étend du 6e au 9e siècle, comprise entre le règne des dynasties Sui et Tang, est considérée comme l'âge d'or du mahâyâna chinois. Ce temps favorable est brutalement interrompu par l'empereur Wuzong, qui proscrit le bouddhisme de 842 à 845. La majeure partie des écoles bouddhiques disparaît peu de temps après. Seules les écoles chan et Jingtu survivront.

Un siècle plus tard, sous la dynastie Song (960-1279), le mahâyâna reprend de la vigueur. En 983, l'empereur Taizu ordonne l'impression du grand canon bouddhique chinois (le *Dazangjing*). Les recensions faites en 1021 comptabilisent 500 000 moines dans l'Empire, et c'est aux alentours de ce siècle que le bouddhisme commence véritablement à toucher les couches populaires.

Au 13e siècle, sous la dynastie des Yuan (1279-1368), le bouddhisme chinois passe sous contrôle des lamas tibétains. Sous la dynastie Ming (1368-1644), le bouddhisme est pris dans un mouvement général de syncrétisme. Les enseignements confucianistes, taoïste et bouddhique se lient de plus en plus pour former le Sanjiao (le « triple enseignement »). La communauté laïque devient plus présente et le bouddhisme continue à entrer dans la conscience populaire, se mêlant à d'autres croyances.

De la fin de l'Empire en 1911 jusqu'à l'avènement de la République populaire en 1949, le déclin du bouddhisme chinois se poursuit. Le Parti communiste crée ensuite l'Association bouddhique chinoise, qui permet la reconnaissance d'un droit de culte ainsi que le contrôle de ce dernier. La révolution culturelle portera un coup violent au bouddhisme. Néanmoins, un net regain s'est amorcé à partir des années 1980. Le bouddhisme gagne, depuis une dizaine d'années, la faveur des couches les plus jeunes et dynamiques de la société chinoise. La méditation vient ainsi de faire son entrée dans les écoles et les entreprises.

C'est par la Chine et sous l'influence des écoles chinoises que le mahâyâna gagne d'abord la Corée (4e siècle) puis le Japon (6e siècle). Cette influence est si prégnante que toutes les tendances du bouddhisme présentes dans ces deux pays calquent les courants chinois, en particulier le seon coréen et le zen japonais, qui sont les copies d'une des plus originales écoles du mahâyâna chinois, le chan.

Petite histoire du chan puis du zen

La tradition du bouddhisme chan fait remonter l'intuition fondamentale qui oriente tout l'enseignement de cette école à un épisode du *Lankâvatarasûtra* (un des textes canoniques du grand véhicule). Le Bouddha cueille une fleur, personne dans l'assemblée ne réagit, sauf Kâshyapa qui lui sourit. Shâkyamuni annonce alors qu'il sera son successeur et aura ainsi à poursuivre la transmission du *Dharma** après sa mort. Rien n'est dit, tout est évident : Kâshyapa eut un aperçu du sens de l'Éveil* à l'occasion du geste du Bouddha ; ils se reconnurent dans une même expérience, transmise sans médiation, d'esprit à esprit.

Tout l'enseignement du chan, le sens qu'il donne à la méditation (dont il tire son nom – chan est la contraction de « *chan-na* » qui sert à rendre en chinois le sanskrit *dhyâna*, un des noms de la méditation) est une interprétation de cet épisode que l'on pourrait ainsi résumer : d'abord l'Éveil, ensuite la voie ou le *Dharma**. L'idée reçue voudrait, en effet, que le *Dharma* soit ce qui mène à l'Éveil*. Pour les maîtres de l'école chan, pour Bodhidharma qui en est le fondateur, il n'y a de *Dharma* qu'à partir du moment où l'on est en rapport à l'Éveil. Il faut donc, en quelque sorte, être éveillé pour pouvoir pratiquer le chemin de l'Éveil ! La voie n'est plus la quête laborieuse d'une illumination à venir – et donc en grande partie fantasmée –, mais un séjour où s'apprivoise progressivement l'expérience subite de l'Éveil, de telle sorte d'y être proprement à demeure. Or, et c'est un des points saillants du chan, l'apprivoisement de cette dimension éveillée de l'existence doit en passer par une attention extrême à l'ordinaire.

Cette banalité du formidable à laquelle s'est attaché le chan prend sa source au plus profond de la mentalité chinoise, qui est sensible à l'ordinaire. On rapporte souvent, en effet, que cette école du bouddhisme chinois est celle qui se rapproche le plus du taoïsme. Et il est en effet évident qu'il existe une rencontre entre la pensée taoïste de l'ordinaire sagesse du « saint » et la « banalité » de l'Éveil. Ce sens de l'ordinaire, les adeptes du chan l'eurent et l'ont encore, et il guide leur écoute du *Dharma* d'une façon si pleine que l'on peut dire qu'il est « l'école la plus chinoise du bouddhisme ».

Comme nous l'avons mentionné, le fondateur du chan n'est pas chinois mais indien. Nommé Bodhidharma, il vient en Chine à la demande de l'empereur Wu des Liang (502-557). Il se retire alors dans le monastère de Shaolin où il médite dans une grotte face à un mur (cette pratique demeure dans le zen). Il y rencontre son premier disciple, Huike, qui se tranchera le bras pour lui prouver sa détermination et deviendra le deuxième patriarche de l'école chan. La lignée se poursuit sans encombre jusqu'au sixième patriarche, sans doute le plus célèbre, Huineng (638-713). Illettré, sa nomination au titre de patriarche provoque un schisme entre le chan du Sud, dont il fut le fondateur, et le chan du Nord qui fut confié à Shenxiu. Par la suite, le chan s'est à nouveau scindé en d'autres branches marquées par la personnalité hors normes de maîtres comme Linji ou Baizhang, qui devint célèbre en introduisant le travail des champs dans la voie monastique, rendant ainsi les communautés autosuffisantes. C'est sous son initiative que les pratiques du chan touchèrent non seulement la méditation assise traditionnelle mais aussi les tâches du quotidien, de telle sorte qu'aucune part de l'expérience humaine n'échappe à l'Éveil.

Le *Sûtra du Lotus* est traduit en chinois

JEAN-NOËL ROBERT
Directeur d'études à l'École pratique des hautes études (EPHE), rédacteur en chef du *Hôbôgirin, dictionnaire encyclopédique du bouddhisme d'après les sources chinoises et japonaises*, auteur notamment de *Petite histoire du bouddhisme*, Librio, 2008.

Pour les amateurs de parallélisme historique, l'année 406 de notre ère constitue un singulier exemple de synchronisme dans l'histoire des religions en Eurasie. À quelques mois près, les deux cultures majeures qui encadrent cet immense continent, le Monde latin et le Monde chinois, virent s'achever deux œuvres qui devaient profondément façonner la suite de leur évolution. À l'ouest, dans les déserts de Palestine, Jérôme le Dalmate mettait un terme à onze ans d'efforts pour retraduire en latin la Bible hébraïque, établissant le texte plus tard appelé la Vulgate de saint Jérôme, qui deviendra le pilier de la culture latine médiévale.

Une vie d'aventures, un texte idéal

À l'est, dans la prestigieuse cité chinoise de Chang'an (aujourd'hui Xi'an), un moine extraordinaire, arrivé des lointaines oasis d'Asie centrale

Manuscrit du Sûtra du Lotus illustré par l'artiste japonais Sugawara Mitsushige en 1257.

et secondé d'une pléiade de lettrés chinois, réalisait en quelques semaines le tour de force de traduire du sanskrit* au chinois classique l'un des textes bouddhiques (*sûtra**) fondamentaux du grand véhicule (mahâyâna), nouveau courant bouddhique né en Inde aux environs des débuts de l'ère chrétienne : le Sûtra de la fleur *de lotus de la Loi sublime* (en sanskrit *Saddharmapundarîka-sûtra*, en chinois *Miaofa lianhua-jing*).

Ce moine avait nom Kumârajîva et cette traduction venait couronner une vie riche en aventures. Né vers 350 dans la cité-oasis de Kucha, située sur le pourtour nord de l'implacable désert du Taklamakan et arrosée par la fonte des neiges de la chaîne des Tianshan, Kumârajîva était fils d'une princesse de l'endroit, appartenant donc à cette population dite tokharienne dont la langue constitue une branche isolée et fort ancienne du groupe indo-européen.

Son père, assure-t-on, était indien et de la caste des brahmanes* ; devenu moine bouddhiste, il avait fini par épouser la sœur du roi de Kucha. Kumârajîva put se familiariser dès l'enfance avec le sanskrit, langue des Veda* comme des textes bouddhiques du grand véhicule. Il n'avait pas 10 ans quand il commença à voyager pour approfondir ses études, fréquentant des maîtres au Cachemire, à Kashgar et à Turfan. Pris dans les tourmentes politiques, fait prisonnier par les Chinois quand Kucha tomba entre leurs mains en 382, sa grande réputation en fit un hôte que s'arrachaient les potentats locaux, jusqu'à ce qu'il s'établît en 401 à Chang'an, où il mourut entre 409 et 412. Il eut le temps, en une dizaine d'années, de réaliser la traduction en chinois de peut-être 74 œuvres sanskrites, dont la plus marquante fut sans conteste le *Sûtra du Lotus*.

Ce texte avait déjà été traduit 120 années auparavant, en 286, par un autre personnage exceptionnel, Dhạrmaraksha, mais sa version était très difficilement compréhensible, écrite dans un style obscur et foisonnant; Kumârajîva, lui, donne au monde chinois une traduction remarquable par sa fidélité, sa concision et son élégance, même si quelques passages, parmi les plus importants du point de vue doctrinal, s'éloignent considérablement de l'original sans que l'on en comprenne la raison.

Avec la propagation de la culture chinoise en Asie orientale, la traduction du *Sûtra du Lotus* de Kumârajîva gagna la péninsule coréenne, l'archipel japonais, le Viêtnam. Dans le vaste ensemble d'écritures recueillies dans le canon bouddhique (bien plus de 2000 titres dans l'édition moderne courante), il était naturellement plus commode de choisir un texte censé à la fois résumer et dépasser tous les autres. Le *Sûtra du Lotus*, dont une grande partie est consacrée à critiquer ce qu'on y appelle le « petit véhicule », des doctrines qui lui sont antérieures, était idéal dans ce rôle: ni trop court ni trop long, il comportait de nombreuses paraboles, comme celle du Fils pauvre, souvent comparée à celle de l'Enfant prodigue de l'Évangile, ou celle de la Maison en feu, qui se prêtaient fort bien à l'élaboration littéraire ou artistique, dans les sermons comme dans les manuscrits illustrés.

C'est très certainement au Japon que le *Sûtra du Lotus* a le plus profondément influencé la culture générale. Texte fondamental de l'école bouddhique Tendai, il occupe dans la civilisation classique de Heian (9e-12e siècle) une place comparable à celle de la Bible latine dans la culture médiévale. Il constitue aussi l'essentiel de l'arrière-plan religieux du célèbre *Roman de Genji*, chef-d'œuvre de la littérature japonaise de tous les temps. Son importance ne put être que renforcée par l'action du religieux bouddhiste Nichiren qui, au 13e siècle, exacerba le rôle exclusif de ce *sûtra* à la fois pour le salut du peuple et celui du royaume japonais. Le 20e siècle vit naître dans la mouvance de Nichiren une quantité de mouvements néobouddhiques (Reiyû kai, Risshô kôsei kai, Sôka gakkai...) qui, parallèlement aux écoles et sectes plus traditionnelles, contribuèrent à maintenir le *Sûtra du Lotus* à sa place de « roi des *sûtra* » au Japon et en Extrême-Orient.

La fusion entre le **Bouddha solaire** et la **déesse du Soleil**

La Chronique des choses anciennes (*Kojiki*) est le premier grand monument de la langue japonaise. Dans cet ouvrage rédigé en 712, on trouve l'histoire des divinités primordiales et son prolongement humain dans l'origine de la lignée impériale. Ces dieux, appelés *kami** en japonais, sont intimement liés à la création du monde comme à celle de l'archipel.

On comprend donc que lorsque les doctrines bouddhiques, arrivées au Japon vers 550, se répandirent, une question devint cruciale : les *kami* étaient-ils les mêmes êtres que les *deva* indiens, tels Shiva ou Brahma, et en ce cas, étaient-ils comme leurs homologues indiens condamnés aux renaissances auxquelles seuls les éveillés peuvent échapper ? Répondre par l'affirmative revenait à mettre les *kami* au même niveau que les autres êtres soumis à la dure loi du *karman**.

On vit se développer pendant la période de Heian (794-1185) une solution de compromis : les kami n'étaient pas de simples *deva*, mais des émanations directes des bouddhas à destination du peuple japonais. Sous le nom de *honji-suijaku* (« Base originelle et traces descendues »), cette doctrine de l'émanation rencontra un succès extraordinaire et constitue jusqu'à l'époque moderne le socle de la religion japonaise par-delà l'opposition tardive entre bouddhisme et shintô.

Une manifestation typique de cette idée est l'assimilation entre le grand bouddha de l'ésotérisme indien Mahâvairocana, le « Grand Lumineux », dont le nom est traduit en sino-japonais par « Grand Soleil », Dainichi, et la déesse japonaise Amaterasu, « Celle qui illumine le ciel », entité solaire ancêtre de la lignée impériale.

Cette doctrine finit par s'inverser, la déesse devenant l'origine du bouddha, ainsi que le suggère le jeu de mots sur le nom même du Japon : *Dai Nihon koku*, « le royaume du grand Japon », réinterprété comme signifiant « le royaume originel de Dainichi ».

J.-N. R.

Entretien avec Matthieu Ricard

Le paradis,
c'est les autres

MATTHIEU RICARD
Biologiste et moine bouddhiste, il a publié de nombreux ouvrages, notamment *Le Moine et le Philosophe. Le bouddhisme aujourd'hui* (dialogue avec son père Jean-François Revel), Nil, 1997 ; *Plaidoyer pour le bonheur*, Nil, 2003 ; *L'Art de la méditation*, Nil, 2008 ; *Plaidoyer pour l'altruisme. La force de la bienveillance*, Nil, 2013.

Après une thèse en génétique cellulaire à l'institut Pasteur, sous la direction de François Jacob dans les années 1970, ce fils d'académicien s'installe en Inde pour se consacrer à l'étude et à la pratique du bouddhisme. Œuvrant à la préservation de l'héritage culturel et spirituel du Tibet, devenu interprète du dalaï-lama, aujourd'hui à la tête d'une importante organisation humanitaire auprès des populations himalayennes, Matthieu Ricard a renoué avec le monde scientifique, en prenant notamment part aux recherches en neurosciences catalysées par l'institut Mind of Life (fondé par le neurobiologiste Francisco Varela).

Quelles sont pour vous les relations entre altruisme et bonheur ?

Diverses études ont permis d'observer de fortes corrélations entre les pratiques altruistes et le bien-être des individus. Elles montrent que le fait de pouvoir aider les autres va de pair avec un niveau élevé de bien-être. Les personnes qui font du bénévolat semblent plus heureuses, en meilleure santé, vivent plus longtemps… Mais on sait bien qu'il ne faut pas confondre cause et corrélation. Est-ce parce qu'on est plus heureux que l'on devient plus altruiste (on donne plus volontiers une pièce à quelqu'un si on est de bonne humeur par exemple) ou l'inverse ?

Il y a cependant pour moi un lien fondamental entre altruisme et bonheur. L'argument qui revient souvent est que l'on agit de manière altruiste pour se faire du bien, dans une quête égoïste en quelque sorte. Or, ce bonheur personnel est un effet secondaire qui arrive « de surcroît ». Tout comme le paysan qui cultive du blé pour nourrir sa famille récolte en prime de la paille pour son bétail…

C'est l'intention altruiste sincère qui fait que vous vous sentez bien. La recherche du bonheur égoïste semble vouée à l'échec pour plusieurs raisons. D'une part, la rumination centrée sur soi-même nous rend le plus souvent misérable du fait que nous devenons très vulnérables à tout ce qui peut affecter nos sentiments égocentrés. D'autre part, vouloir construire son bonheur personnel en restant isolé dans la bulle de son *ego* repose sur un postulat erroné selon lequel les individus sont des entités indépendantes les unes des autres. En réalité, nous sommes fondamentalement interdépendants, et notre bonheur ne peut se construire qu'avec les autres.

Mais cette inclinaison à l'altruisme est-elle une qualité innée, que posséderaient certains, ou bien acquise, et dans ce cas comment ?

Chacun de nous possède une riche palette d'états mentaux. L'altruisme tout comme l'égoïsme ont été des facteurs de survie dans l'évolution. Les émotions humaines ont toutes une raison d'être. La colère permet de surmonter les obstacles, etc. Aristote le disait déjà, l'homme est un animal social. De nombreuses recherches (celles notamment de Michael Tomasello et Paul Bloom) ont établi que dès l'âge d'un an les enfants manifestent spontanément des comportements d'entraide et de coopération qui ne leur ont pas été appris par des adultes et qu'ils préfèrent les gens qui sont bienveillants les uns envers les autres. Les récompenses et les punitions n'influencent pas ces comportements et ont même un effet contraire.

Ce n'est qu'après l'âge de cinq ans que l'enfant apprend à être plus circonspect dans ses choix et assimile progressivement les normes culturelles en vigueur dans la société dans laquelle il évolue. Il cesse alors de coopérer inconditionnellement. C'est donc tout le contraire de ce qu'avançaient à la fois Sigmund Freud et Jean Piaget, qui voyaient le petit humain comme entièrement égocentré au départ. À l'adolescence et à l'âge adulte, certains étendent à nouveau le cercle de l'altruisme et ressentent un profond sentiment d'« humanité partagée » avec les autres êtres humains, et d'empathie pour tous ceux qui souffrent.

Mais comme tout potentiel, que ce soit pour apprendre à lire ou faire du vélo, les émotions humaines, notamment le bonheur, doivent être cultivées pour se développer. Je m'étonne toujours que l'on omette de les inclure dans les programmes scolaires ! L'aptitude au bonheur est une capacité qui s'entraîne. Les recherches sur la plasticité cérébrale mais aussi sur le rôle des facteurs épigénétiques (mis en évidence depuis peu) attestent des effets de l'entraînement de l'esprit sur les transformations personnelles.

Comment en êtes-vous venu à mettre l'altruisme au centre de vos préoccupations ?

Pour moi, c'est l'aboutissement d'une vie. À 18 ans, je ne me souciais guère de la recherche de l'altruisme ou du bonheur ! Mais dans les années 1970, j'ai quitté l'institut Pasteur pour aller suivre, en Inde et au Népal, l'enseignement de grands maîtres spirituels du bouddhisme tibétain, Kangyur Rinpoché, puis Dilgo Khyentsé Rinpoché. J'ai été profondément inspiré par leur sagesse et leur bienveillance. La tradition bouddhiste vise à éradiquer les causes profondes de la souffrance et, comme tout un chacun, je me sentais concerné. Ces maîtres incarnaient dans leur vie une science du bonheur au centre de laquelle se trouvaient l'amour des autres et la compassion.

Pendant quarante-cinq ans, j'ai essayé avec mes modestes moyens de mettre ces enseignements en application, par un entraînement persévérant à l'amour, à l'altruisme et à la compassion, d'une part, et par l'action, en me mettant au service des autres pour aider et soulager la souffrance, d'autre part.

Après avoir quitté la France, j'ai vécu pendant vingt-cinq ans auprès de ces maîtres spirituels et consacré de nombreuses années à la pratique contemplative dans un petit ermitage très frugal à Darjeeling (Inde), puis au Bhoutan. Quand mes livres ont rapporté des droits d'auteurs, notamment le premier qui était un dialogue avec mon père (*Le Moine et le Philosophe*), tout a été consacré aux projets humanitaires. En 2000, nous avons fondé Karuna-Shéchèn, association destinée à promouvoir l'éducation et la santé des populations des régions himalayennes, en Inde, au Népal et au Tibet. Grâce à des dons de philanthropes et aux collaborateurs qui nous ont rejoints, nous éduquons aujourd'hui 25 000 enfants dans les écoles que nous avons construites, soignons près de 100 000 patients par an et avons mené à bien plus de 130 projets.

Le fait de cultiver l'altruisme et la compassion évite les dérives que connaissent certaines organisations humanitaires, où la corruption, la compétition et l'égocentrisme provoquent de gros dégâts. Dans le monde contemporain, l'attention altruiste au bien-être de chacun est devenue une nécessité, voire une urgence.

Propos recueillis par Martine Fournier

La méditation, pourquoi ça marche ?

MARC OLANO
Journaliste scientifique, collaborateur régulier du magazine *Sciences Humaines*.

Il est communément estimé que la méditation apparaît il y a 2500 ans avec le Bouddha, premier à décrire des pratiques menant à l'Éveil* et à un état de paix intérieure qu'il nomme le *nirvâna**. Du latin *mederi* (littéralement « prendre soin »), la méditation a la même racine que le terme « médecin ». C'est une attitude particulière d'attention et d'ouverture au monde. Deux étapes clés servent de guide: *shamatha* (tranquillité d'esprit) qui consiste à mettre son esprit au repos en se concentrant sur un point précis, comme la flamme d'une bougie, l'écoute de sa respiration... ; et *vipashyanâ* (vision profonde) qui désigne le fait d'accueillir tout ce qui vient de l'extérieur ou de l'intérieur avec bienveillance et sans jugement. Dans la tradition bouddhique, l'association de ces deux attitudes permet à la personne d'apaiser l'agitation de son esprit pour avoir une vision plus claire de ce qui lui arrive.

Au fil de l'histoire, différentes pratiques se sont développées. Parmi elles, le theravâda des moines de la forêt du Nord de la Thaïlande. Ceux-ci portent une attention particulière aux détails. Ils distinguent par exemple 21 sensations corporelles uniques pour chaque cycle d'inspiration/expiration. En Chine, c'est le chan qui se développe à partir du 5e siècle. Il prône une transmission de la méditation non pas par les textes, mais à travers l'expérience personnelle. Selon le chan, la méditation ne peut être enseignée, elle doit être éprouvée. Mais elle est accessible à tout le monde, alors que dans la tradition indienne le méditant est souvent associé à un « surhomme » aux pouvoirs divins. Enfin, au Japon, la pratique du zen s'inscrit dans cette même lignée d'une méditation simple, mais sous des formes davantage austères et strictes. Le zen insiste sur une position assise bien définie pour pratiquer (position du lotus ou à genoux). Quant à la tradition tibétaine, le méditant n'est pas

La méditation dans **les thérapies**

Le premier à s'intéresser de plus près aux vertus thérapeutiques de la méditation a été le médecin américain Jon Kabat-Zinn. Il a développé dans les années 1980 une méthode de réduction du stress basée sur la pleine conscience (MBSR) destinée aux personnes atteintes de maladies chroniques (sida, cancer, douleurs chroniques...).

Son programme a été adopté dans de nombreux hôpitaux. Une formation expresse de huit séances hebdomadaires de 2 à 3 heures, menées en groupe, permettait à chaque participant de pratiquer ensuite la méditation à sa guise.

Au début des années 2000, trois psychologues cognitivistes (Zindel Segal, Mark Williams, John Teasdale) ont repris les travaux de Kabat-Zinn pour développer la thérapie cognitive basée sur la pleine conscience censé chercher un état de paix intérieure à tout prix, mais simplement une forme d'ouverture, qui lui permet d'observer ses sensations agréables ou désagréables sans s'y fixer.

Au-delà du bouddhisme, la méditation a été pratiquée sous des formes diverses et variées par d'autres religions : l'hindouisme avec le yoga, le judaïsme avec les traditions kabbales (Moyen Âge) et le hassidisme (18e siècle en Europe de l'Est), l'islam soufi* avec le *dhikr* (la récitation d'une prière répétitive) ou encore le christianisme. Que ce soient les ermites dès le 4e siècle ou plus récemment des pratiques monastiques, les chrétiens ont aussi leurs adeptes de la méditation. Par exemple, le moine bénédictin John Main fonda en 1978 le Dialogue interreligieux monastique, un organisme qui promeut des échanges entre moines bénédictins et bouddhistes zen du Japon. Mais dans les plus hautes sphères, les avis divergent. Les papes Benoît XVI et Jean-Paul II voyaient dans la méditation davantage un risque de se couper du monde et de Dieu, plutôt qu'un moyen de rencontre.

Depuis quelques années, la pratique de la méditation s'est fortement démocratisée et laïcisée avec la « méditation de pleine conscience ». Aussi, elle a vu ses missions s'élargir bien au-delà de la simple ouverture au monde. Aujourd'hui, la méditation est la nouvelle tendance pour lutter contre le stress, contre l'anxiété, la dépression

(MBCT). Ils ont travaillé plus particulièrement sur la prévention des rechutes dépressives, les troubles anxieux ou encore les troubles du comportement alimentaire. Leur thérapie repose sur une prise en charge globale, associant notamment la méditation et des entretiens réguliers avec un psychologue. La médiation n'est donc qu'un outil parmi d'autres. Il serait réducteur de penser qu'elle seule suffit à soigner un trouble.

D'autres cognitivistes ont aussi développé des approches s'inspirant de la méditation. Par exemple, la thérapie d'acceptation et d'engagement de Steven Hayes met l'accent sur la notion d'acceptation des pensées et des émotions qu'on cherche habituellement à éviter. La thérapie comportementale dialectique de Marsha Linehan à destination des personnes avec un trouble de la personnalité *borderline* utilise également la méditation pour apaiser des émotions débordantes et diminuer les pensées suicidaires et les automutilations.

M.O.

 Les Sagesses orientales

ou encore les douleurs chroniques. On assiste à un véritable *boom*. Tout le monde s'y met : hôpitaux, entreprises, écoles, armée, et même la prison.

Comment médite-t-on ?

Il y a deux types de pratiques : une pratique formelle codifiée et planifiée et une pratique informelle spontanée dans les gestes du quotidien. La pratique formelle s'effectue de préférence dans un endroit calme et durant une plage horaire régulière (par exemple 10-15 minutes le matin au lever ou 5 minutes le soir). La méditation comprend quatre étapes :

- **Se poser**, pour favoriser la tranquillité du corps et de l'esprit. La position classiquement recommandée est la position assise du lotus : les jambes croisées (pied droit sur la cuisse gauche et inversement), le dos droit, la tête dans l'alignement de la colonne vertébrale, les mains posées à plat sur les genoux ou les cuisses, les yeux ouverts ou mi-clos. Mais on peut également méditer les yeux fermés, assis sur une chaise, allongé, debout ou en mouvement (comme dans le *tai-chi*, le qi gong* ou le yoga).
- **Tourner son attention vers soi.** On observe ce qui se passe en nous : pensées, émotions, ressentis, idées, projets, on écoute le bruit de sa respiration, les bruits internes.
- **Stabiliser l'attention**, apaiser les tensions tout en restant concentré sur ce qui se passe. Éviter l'agitation ou au contraire un trop grand relâchement. On peut s'aider par le souffle et la visualisation du trajet de l'air à l'inspiration, puis l'expiration.
- **Accueillir tout ce qui se présente avec bienveillance** sans essayer de lutter contre, accepter la souffrance et le stress, les pensées intrusives. Tenter de prendre de la hauteur.

En dehors de ces exercices formels, on peut pratiquer la méditation dans d'innombrables moments du quotidien : en se lavant les mains, en faisant la vaisselle, en mangeant, en conduisant, en se promenant, etc. Le principe est toujours le même : porter l'attention à tous les détails en ralentissant au maximum nos faits en gestes. Par exemple, prendre conscience de tous les aspects de la nourriture lorsque nous mangeons (saveurs, forme, couleurs), décomposer nos mouvements quand nous agissons, prendre conscience de notre environnement, de notre corps (nos épaules sont-elles détendues ? Comment est notre visage ?).

Pourquoi un tel succès ?

C'est « une réponse hygiénique à un mode de vie saturé d'informations en tous genres », écrit le philosophe Fabrice Midal. En effet, tout s'est accéléré ces dernières années : réception des informations, communication, rentabilité au travail… Ce trop-plein peut nous conduire parfois à l'épuisement et au *burn-out* ! Tiraillés entre des événements passés non digérés et l'anticipation anxieuse des expériences à venir, nous avons de plus en plus de mal à profiter de l'instant présent. La méditation, quant à elle, fait le pari de revenir à des choses très élémentaires de l'ordre du ressenti physique et émotionnel. C'est une tentative de ralentir le temps, de sortir des automatismes qui nous échappent.

La méditation permet de se recentrer sur la tâche. Les études en imagerie cérébrale ont montré que la pensée des méditants au repos se disperse moins. Le fait de ralentir et de se centrer sur sa respiration va notamment diminuer la perception des distracteurs environnants possiblement anxiogènes. Sur le plan émotionnel, la méditation a pour objet de relâcher la pression, d'accepter ses peurs, sans chercher à les maîtriser à tout prix. C'est aussi un moyen de se recentrer sur ses valeurs, ses désirs, ses projets, de se défaire des pressions extérieures et de prendre des décisions en son âme et conscience.

Aujourd'hui, on utilise souvent la méditation pour lutter contre le stress et le *burn-out* dans le monde professionnel. Elle se révèle aussi efficace pour lutter contre l'anxiété. En revenant aux sensations élémentaires, elle permet de formaliser ses peurs pour mieux s'en affranchir. D'un point de vue physiologique, elle induit un relâchement des muscles, la diminution du rythme cardiaque et de la tension artérielle, ce qui à son tour diminue la production des hormones du stress que sont l'adrénaline et le cortisol.

Sur le plan neurologique, il semblerait que la pratique méditative permette d'intensifier l'activité électrique au niveau du cortex préfrontal gauche impliqué notamment dans les ressentis agréables. Au niveau biologique, elle stimulerait l'activité de la télomérase, des capuchons protecteurs des chromosomes qui freinent le vieillissement cellulaire. Serait-ce donc également un gage de longévité ?

Et pourtant, la méditation ne réussit pas à tout le monde. Dans la dépression, elle est conseillée seulement pour prévenir les rechutes, et non pas quand la personne est au plus mal. C'est avant tout un moyen de prévention des risques et non pas de guérison. Pour lui, « présenter la méditation comme un outil pour guérir du stress est mensonger », car, poursuit-il, la méditation n'a jamais eu pour finalité le bien-être

Quelques idées reçues

« Méditer, c'est arrêter de penser »

Pas vraiment. Il s'agit plutôt de prendre de la distance vis-à-vis de ses pensées, ne plus se laisser embarquer dans un flux de pensées ininterrompues, de sortir de leur emprise. Mais pas de faire le vide. Au contraire, l'objet de la méditation est de se recentrer sur soi, pour mieux percevoir ce qui se passe.

« C'est une pratique pour des gens calmes »

Pas exclusivement. Tout le monde peut prendre goût à la méditation, y compris des enfants ou adultes hyperactifs.

« La méditation, c'est comme la relaxation ou la sophrologie »

Contrairement à la relaxation ou la sophrologie, la méditation ne vise pas explicitement un état de bien-être. Le but n'est pas de se « détendre », mais d'observer ce qui se passe en soi. L'accent est mis sur les sensations corporelles et non sur le mental. Or, en sophrologie, le mental est sollicité pour rechercher des émotions positives par exemple.

« C'est une pratique sectaire »

La méditation de pleine conscience est une pratique laïque dépourvue de toute connotation spirituelle. Mais le nombre d'organismes qui proposent des formations est en forte expansion et il faut se méfier des dérives sectaires.

« C'est ennuyeux »

À première vue, s'asseoir et ne rien faire pendant un laps de temps peut paraître ennuyeux. Mais on peut très bien méditer sans voir passer le temps, car l'esprit continue à fonctionner. Il est seulement recentré sur le présent. Or, s'ennuyer, c'est penser au passé avec nostalgie ou anticiper le futur avec inquiétude.

M.O.

ou l'estime de soi, mais seulement l'ouverture à soi et aux autres. Pour F. Midal, la méditation ne doit pas servir d'anesthésiant pour échapper à un mode de vie devenu invivable.

Est-ce efficace ?

Si les études scientifiques sur les effets de la méditation étaient encore quasiment inexistantes au début des années 2000, on en dénombre aujourd'hui environ 700 par an. C'est sans doute l'un des domaines le plus investigué en neurosciences. Ces études ont démontré des bienfaits de la méditation dans de nombreux domaines, dont :

- **la régulation émotionnelle** (diminution du stress, de l'anxiété, de l'humeur dépressive, des troubles du sommeil, des ruminations mentales ; prévention du *burn-out*) ;
- **les facultés cognitives** (augmentation de l'attention, de la concentration, de la mémoire, de la créativité, de la flexibilité mentale ou encore de l'intuition) ;
- **la stimulation du système immunitaire**, notamment des lymphocytes NK, aussi appelés « cellules tueuses » ;
- **la douleur chronique** (diminution ou meilleure gestion de la douleur, par exemple, chez les personnes atteintes par la fibromyalgie ou la sclérose en plaques) ;
- **l'atténuation des symptômes** de certaines maladies somatiques (hypertension artérielle, psoriasis, maladies auto-immunes, diminution du risque d'accident cardio-vasculaire) ;
- **les troubles du comportement alimentaire** (boulimie, anorexie…) ;
- **l'image de soi** (meilleure confiance en soi) ;
- **les maladies dégénératives :** la méditation pourrait préserver du déclin des facultés cognitives en favorisant le métabolisme de glucose qui fournit au cerveau l'énergie nécessaire à son bon fonctionnement ;
- **les relations interpersonnelles :** la méditation renforcerait la compassion et la bienveillance avec soi-même et les autres, elle favoriserait aussi la flexibilité relationnelle.

Mais la validité de ces études est remise en question par certains chercheurs. Ils leur reprochent des failles méthodologiques : absence de groupe de contrôle (non soumis à la méditation), pas d'essais randomisés (répartition aléatoire des sujets de l'étude,

condition quasi indispensable pour avoir des tests représentatifs de la population), pas de différenciation entre pratiques groupales et individuelles (on ne sait pas si les bénéfices sont attribuables à un effet du groupe ou à des pratiques individuelles)...

Une récente étude passe en revue les effets secondaires indésirables qu'on observe plus particulièrement lors de pratiques intensives. Dans certains cas, notamment pour les personnes avec des antécédents de troubles psychiques (schizophrénie, phobies...), la méditation pourrait faire plus de mal que de bien. Elle pourrait provoquer des visions et des illusions (dues à une hypersensibilité perceptive des cinq sens durant la méditation), la perte des limites entre soi et le reste du monde (sensations de déplacement du corps), des angoisses intenses, la réapparition de souvenirs traumatiques, des tensions ou « décharges électriques » liées au rappel de souvenirs douloureux ou d'affects négatifs.

La méditation n'est pas conseillée non plus pour les personnes en manque de confiance en soi. Dans leur cas, un travail sur l'affirmation de soi et l'estime de soi semble d'abord prioritaire.

Aujourd'hui, la méditation est devenue un *business* lucratif. Ce serait le remède miracle pour tout et n'importe quoi: perdre du poids, trouver l'amour, sauver son couple, arrêter de fumer, gagner plein d'argent... Certains essaient même de développer un tourisme méditatif, avec des voyages en Inde ou en Corée, formation à la clé. Bien évidemment, parmi ces pratiques, le pire peut côtoyer le meilleur. Le spectre sectaire n'est jamais très loin. Il importe donc de se renseigner en amont sur l'organisme en question, d'interroger ceux qui l'ont pratiqué et, évidemment, se méfier de toute financiarisation de la pratique en dehors des frais annoncés à l'avance.

MindfulUp : bientôt à l'école ?

La psychologue Jeanne Siaud-Facchin, spécialiste des enfants surdoués, a développé la méthode MindfulUp pour enfants et adolescents, une adaptation du programme de réduction du stress, basée sur la méditation de pleine conscience (MBSR) de Jon Kabat-Zinn. Selon la psychologue, les jeunes n'échappent pas à l'accélération de nos rythmes de vie. De plus en plus tôt, rivés sur leurs *smartphones*, ils sont sollicités de tous les côtés. Résultat : des troubles du sommeil plus fréquents, une attention labile, des difficultés de concentration en classe, une intolérance à la frustration accrue.

Aux États-Unis et aux Pays-Bas, certaines écoles ont intégré des sessions de méditation dans leurs programmes scolaires. En France, on n'en est pas encore là. Mais quelques enseignants passionnés par le sujet commencent à initier les enfants.

Avec le programme MindfulUp, expérimenté dans les écoles et collèges de la banlieue Nord de Paris, J. Siaud-Facchin propose d'instaurer des moments de césure : par exemple, le matin pour commencer la journée, après la récréation, avant un contrôle ou après un conflit important.

La méditation à l'école permettrait de restaurer le calme, d'apaiser les tensions, de favoriser l'attention, la concentration, l'engagement des élèves, et le silence, ou encore de renforcer le lien aux autres. Selon la psychologue, on peut utiliser la méditation à partir de l'âge de 7 ans, quand les enfants deviennent capables de « penser sur leurs pensées ». Pour les plus jeunes, elle propose un programme de six sessions d'1 h 15, et pour les adolescents, huit sessions d'1 h 30 à 2 heures.

Il n'est pas toujours facile de parler de méditation à des adolescents qui ont en général d'autres urgences à traiter, mais quand la psychologue leur parle de devenir « experts d'eux-mêmes », c'est quand même tentant...

M.O.

Dans l'entreprise

Certaines entreprises à l'image de Google, L'Oréal, Siemens, EDF, Sodhexo, la Maif et d'autres, ont intégré la méditation dans leurs programmes internes de formation. Des sessions en groupe permettent aux salariés d'apprendre ensemble les fondements d'une pratique méditative pour ensuite l'utiliser de manière individuelle lors de pauses au travail ou à la maison. Que ce soit à destination des cadres dirigeants ou des employés exécutants, le pari est de favoriser les performances en stimulant la créativité et l'esprit d'équipe.

La méditation pourrait aider les cadres à mieux percevoir les besoins de leurs employés et ainsi favoriser un meilleur climat de travail.

En travaillant sur la diminution du stress, la méditation pourrait permettre aux employés d'être plus présents et plus investis dans le travail.

Néanmoins, selon Julien Diop, président de l'Association française de pleine conscience, il n'est pas toujours facile de se laisser aller à cette pratique sur son lieu de travail : « Durant ces sessions de formation, beaucoup de salariés restent sur la retenue et ne sont pas forcément à l'aise à côté d'un chef ou d'un collègue de travail pour laisser libre cours à leurs ressentis. On peut les sensibiliser à cette pratique, leur apprendre des techniques, mais si on veut avoir des effets à long terme, il faut pouvoir continuer la pratique de manière individuelle et régulière à la maison. »

M.O.

La méditation, un art... très occidental !

FABRICE MIDAL
Philosophe, fondateur de l'École occidentale de méditation, auteur de nombreux livres dont *Foutez-vous la paix !*, Pocket, 2017, et *Traité de morale pour triompher des emmerdes*, Flammarion, 2019.

Contrairement à une idée reçue, très peu de gens méditent en Orient. Le bouddhisme est devenu un ensemble religieux de rituels, d'offrandes et de chants, où la méditation n'est que très peu pratiquée, et ce, depuis plusieurs siècles. C'est d'ailleurs la raison qui a poussé plusieurs grands maîtres de méditation – Chögyam Trungpa, Shunryu Suzuki, Thich Nath Hanh –, à venir enseigner en Occident à partir de la fin des années 1960. Ils ont tous raconté comment le bouddhisme était devenu une hiérarchie oppressante et déconnectée de la vie de tous les jours, avec un clergé engoncé dans ses traditions et dans des questions d'argent et de pouvoir.

Pour eux, revenir à la méditation, c'était revenir à une source révolutionnaire et travailler à rompre avec le dogmatisme social, religieux ou politique, source d'oppression et de violence. La méditation a figuré pour eux une manière de revenir à la dimension première : s'asseoir, entrer en rapport à son expérience de façon directe, intelligente, libre. Loin du cliché du moine serein et souriant en toutes circonstances, ces maîtres ont pris des risques,

quitté leur pays (Trungpa à pied dans l'Himalaya, poursuivi par l'envahisseur chinois, et Thich Nath Han en *boat people*). Ils ont clairement dénoncé les abus des sociétés bouddhiques dont ils étaient issus, et ont essayé de penser l'intégration de la pratique de la méditation dans la tradition occidentale comme une chance pour l'avenir de la méditation.

Comme le disait Shunryu Suzuki, l'un des principaux introducteurs du zen en Occident, presque plus personne ne pratiquait vraiment au Japon, et c'est pourquoi il s'est rendu aux États-Unis. L'exemple de ces enseignants nous montre que méditer, c'est revenir à la source même de notre humanité commune. Ni adopter une religion, ni s'élever hors de la réalité concrète, sociale et politique.

Les premiers Occidentaux à étudier et à transmettre la méditation se sont montrés fidèles à cet esprit de rupture, en trouvant chacun une manière à la fois personnelle et sérieuse de montrer les possibilités qu'ouvre la méditation : elle dispose de ressources de guérison profonde qui l'associent par de nombreux aspects à nos psychologies et thérapies.

Trois personnalités surtout, Jack Kornfield, Jon Kabat-Zinn et Sharon Salzberg, sont un peu les mousquetaires ayant, par leur travail, repensé la méditation qu'ils ont reçue. Ces auteurs n'ont pas essayé de reproduire les codes orientaux et religieux, ce qui aurait manifesté une forme de fascination pour un ailleurs qui n'a pas raison d'être : ils ont puisé dans leurs vies et dans leurs cultures pour donner à la méditation un ancrage solide, en lien avec les problématiques et les possibilités de notre temps.

C'est en grande partie grâce à leur travail que la méditation a pu se développer dans le monde entier. Ils enseignent que celle-ci peut nous aider à aller mieux – non en fuyant notre expérience par l'idée absurde de la contrôler, mais en se mettant à son écoute avec chaleur.

Pourquoi tout le monde a le sentiment de ne pas y arriver ?

J'enseigne dans cette perspective et c'est pourquoi je ne cesse de dénoncer l'idée que la méditation devrait « calmer » les gens, leur apprendre la « zénitude » et autres niaiseries… Il y a cinq ans, j'ai réalisé que, quoi que je dise sur la simplicité de l'expérience de la pratique, les gens restent convaincus qu'il faut vivre une expérience particulière et qu'il faut réussir quelque chose. Ils s'en veulent de ne pas « y arriver », de ne pas arriver à ne plus avoir de pensée, à rester immobile, etc. Et ils se découragent… Ils croient que méditer c'est regarder ses pensées passer dans le ciel comme des nuages et du coup, ils s'ennuient à le faire. C'est pour couper au travers de ces contresens que j'ai commencé à expliquer que méditer c'est « se foutre la paix ». Ce n'est pas être calme, zen, parfait – mais simplement ouvert à ce qui est. Ouvert avec attention, curiosité, bienveillance…

En voulant réussir notre méditation, ou plus exactement notre fantasme sur ce que devrait être la méditation, nous passons complètement à côté de ce qu'elle rend possible. Il ne s'agit pas de cocher les cases (être sans pensées, être parfaitement droit, calme et détaché) pour avoir un bon point, mais d'entrer en rapport avec ce que nous sommes. Méditer, c'est l'attitude que nous avons devant notre enfant qui pleure, un ami qui nous appelle au bout du rouleau… nous nous mettons à son écoute. Voilà ce qu'est la méditation !

Se foutre la paix, c'est s'autoriser à faire l'expérience de ce que l'on vit, là au moment précis. Et c'est libérateur !

Méditer, ce n'est pas chercher à être un superhéros mais faire la paix avec notre propre humanité. C'est un message très simple, très évident, mais inépuisable. Nous passons tellement de temps à nous en demander plus, à nous reprocher d'être comme nous sommes, sans compter la pression extérieure qui conduit tant de gens à bout, au *burn-out*. Foutez-vous la paix, c'est la manière la plus directe de transmettre ce qu'est la pratique de la méditation. Celle-ci n'a rien à voir avec une technique de gestion du stress et de contrôle de ses émotions – qui sont d'ailleurs des projets d'une grande violence. Méditer, c'est s'asseoir là où nous sommes et nous ouvrir à nous-mêmes, aux sensations, au monde, à notre esprit, aux emmerdes, aux autres – c'est nous ouvrir à la vie.

Aux sources du tantrisme bouddhique

STÉPHANE ARGUILLÈRE
Maître de conférences « Langue et civilisation tibétaines » à l'Institut national des langues et civilisations orientales (Inalco).

On confond souvent le bouddhisme tantrique (ou véhicule de diamant, *vajrayâna*) avec le bouddhisme tibétain. Ou le tantrisme bouddhique avec celui qui a fleuri dans les diverses autres spiritualités indiennes. Les Tibétains y voient, eux, en quelque sorte l'ésotérisme du bouddhisme, qui serait aussi vieux que cette religion. Mais pour la critique historique (qui reconstitue l'évolution des religions, même quand celles-ci perçoivent leurs aspects tardifs comme ayant toujours déjà été là), l'apparition du vajrayâna est bien postérieure à la vie du Bouddha Shâkyamuni.

L'idée de « prototantrisme »

Le sinologue Michel Strickmann, dans son livre *Mantras et mandarins* (1996), exploite au maximum les sources chinoises, grâce auxquelles on peut dater les évolutions du bouddhisme en Inde dès le début du 1er millénaire de notre ère. L'Inde a toujours été indifférente à l'histoire; les Chinois, eux, en sont férus: leurs traductions des textes sanskrits* sont précisément datées. De plus, le canon bouddhique chinois conserve toutes les versions successives des mêmes textes.

Strickmann propose l'idée de « prototantrisme ». Il cherche dans les textes rituels des pratiques préfigurant le vajrayâna dans sa forme la plus ancienne: celle qui va se diffuser en Chine au 8e siècle, puis au Japon au siècle suivant. Au cœur de ce premier tantrisme bouddhique: « l'Union aux trois mystères », qui consiste, pour le méditant, à unir par l'imagination son corps, sa parole et son esprit à ceux du Bouddha qu'il aspire à devenir. Pour cela, il recourt à des visualisations et à des postures manuelles ou *mudrâ*, pour le corps; à des formules répétées ou *mantra** , pour la parole – tandis qu'il se repose dans le *samâdhi* (recueillement), pour l'esprit.

Strickmann fait observer que l'on trouve des *mantra** (ou plus exactement des *dhâranî*) dès les écritures canoniques (ou *sûtra**) du grand véhicule, tel le *Sûtra du Lotus*. Or la première traduction chinoise de ce texte, celle de Dharmaraksha, date de 286 apr. J.-C. Mais, dans tout le prototantrisme jusqu'au 6e siècle, il n'y a encore que des pratiques magiques pour protéger le détenteur des enseignements du mahâyâna et lui permettre d'écarter diverses calamités. Ces moyens ne sont pas encore une voie spirituelle.

La première forme connue de vajrayâna au sens plein est donc celle qu'apportèrent en Chine les moines Vajrabodhi (671-741) et Shubhakarasimha (637-735), préservée au Japon sous le nom de Shingon et qui s'est diffusée aussi dans d'autres écoles (Tendai, etc.). Cette forme du vajrayâna repose principalement sur un texte: le *Mahâvairocana Sûtra*. Les historiens tendent à situer sa composition au milieu du 7e siècle (première traduction chinoise: 724). Ce qui caractérise ce premier vajrayâna, c'est aussi qu'il se présente comme une voie brève pour l'obtention de l'état de Bouddha *« en cette vie, avec ce corps »* – selon une formule attribuée à son introducteur au Japon, le moine Kûkai (774-835). En cela, le vajrayâna ressemble au chan (zen). Mais il s'y oppose par son ritualisme sophistiqué, et par sa pratique réservée à ceux qui ont reçu une initiation.

Faire le bien de tous les êtres

Ces deux grands courants du mahâyâna ont en commun d'affirmer que « tous les êtres sensibles sont (déjà) des bouddhas, mais cela leur est voilé par des souillures adventices ». Il s'agit donc de reconnaître notre propre perfection innée, et non de la produire. Mais le zen en a tiré une critique radicale de l'idée d'une méthode réglée pour l'obtention de l'Éveil* ; à l'inverse, le vajrayâna est du côté d'une extrême technicisation de la voie.

Tantrisme bouddhique et zen découlent d'une même angoisse devant l'injonction paradoxale du mahâyâna : il y a urgence à atteindre l'état de Bouddha, seul moyen de faire vraiment le bien de tous les êtres – mais cette condition n'est accessible qu'au bout d'un cheminement interminable (« trois périodes cosmiques immenses »). Il n'y a donc que deux issues : ou bien proposer une méthode puissante pour parcourir toutes ces étapes à grande vitesse – option du tantrisme bouddhique –, ou bien trouver un raccourci allant droit au but en dispensant de tout cheminement: c'est le choix du chan.

Si les dates conjecturées à partir des sources chinoises sont justes, il ne s'est pas écoulé beaucoup de temps entre la première émergence du bouddhisme tantrique en Inde (7e siècle ?) et sa transmission au Tibet, principalement sous l'empereur tibétain Trisong Detsen (règne: de 755 à 794 ou 804). Cependant, il est difficile de se faire une idée précise de l'état des textes indiens à cette époque à partir des traductions tibétaines : à la différence des Chinois, les Tibétains n'ont conservé que les versions des textes jugées les plus satisfaisantes par les compilateurs du canon aux 13e et 14e siècles.

Il y a certes bien un « canon des anciens *tantra* » (c'est-à-dire de l'école des *nyingmapa*, qui se réclament de la première introduction du bouddhisme au Tibet à partir du 8e siècle) – mais, à cette étape, il est impossible d'y démêler des apocryphes tibétains les parties anciennes. Par ailleurs, le travail de comparaison des *tantra* communs aux traditions « ancienne » et « moderne » n'est aujourd'hui encore qu'à peine esquissé.

Toutefois, il y a parmi ces « *tantra* des anciens » un texte dont l'authenticité a été reconnue par certains tenants des traditions « modernes » (introduites au 11e siècle) : le *Guhyagarbha-tantra*. Les spécialistes ont établi la parenté de ce *tantra* et de la littérature tantrique transmise en Chine au 8e siècle. Mais ce *tantra* comporte des éléments inconnus de la tradition sino-japonaise : tout l'ensemble de techniques du corps associées à ce que l'on appelle la « phase d'achèvement » (*sampanakrama*). Comme dans les méthodes de *kundalinî-yoga* du tantrisme hindou, il s'agit d'agir directement sur les souffles subtils (*vâyu*, censés être les supports des illusions et des passions) en les amenant dans le « canal central » pour qu'ils s'y dissolvent, occasionnant ainsi la vision directe de la nature ultime des choses.

Milarépa, moine du 11e-12e siècle, aux enseignements auxquels se rattache une importante tradition littéraire, notammnt le livre Les Cent Mille Chants.

Le bön se donne comme un autre bouddhisme

On a affaire là à quelque chose de bien différent du « yoga des trois mystères » du vajrayâna ancien : on sort du rituel et des visualisations (toujours présents, mais à titre plutôt d'arrière-plan) pour passer à des méthodes (postures, mouvements, respirations...) censées produire directement l'expérience spirituelle. Elles sont principalement de trois ordres : celles qui « prennent appui sur le corps propre » (notamment le fameux *tummo*, le « yoga du feu intérieur ») ; celles qui « prennent appui sur le corps d'autrui » (yoga sexuels) ; et enfin les yoga physiques avec postures et mouvements (*yantra-yoga*). Le *Gugyagarbha* est antérieur, selon toute probabilité, au 10e siècle. La tradition « ancienne » (*nyingma*) du bouddhisme tibétain situe même sa traduction au 8e siècle, sous l'empereur Trisong Detsen.

Les techniques que je viens d'évoquer seront également présentes, avec des différences de détail, dans les *tantra* introduits lors de la seconde diffusion du bouddhisme au Tibet. L'historiographie traditionnelle la fait commencer avec l'arrivée du maître indien Atisa (982-1054). Les *tantra* introduits des écoles « modernes » du bouddhisme tibétain se caractérisent par leur proximité encore plus grande avec des textes connus du tantrisme shivaïte (un rameau tantrique de l'hindouisme) – à tel point qu'un spécialiste comme Alexis Sanderson a pu dire que les *tantra* les plus réputés au Tibet chez les « modernes » étaient pratiquement tous des textes shivaïtes à peine adaptés (à l'exception du fameux *Kâlachakra*, qui paraît être purement bouddhique). Il y aurait d'ailleurs beaucoup à dire du monde des *yogi* auxquels est liée la littérature des « *tantra* supérieurs » (*Mahâsiddha*) : beaucoup de ces personnages sont revendiqués à la fois par le bouddhisme et par le shivaïsme.

Les biographies édifiantes de nombre de Tibétains partis chercher les traditions tantriques en Inde à cette époque nous sont parvenues : celles de Marpa « le traducteur » (v. 1012-1097), de son disciple Milarépa (1040-1123) – auquel sont attribués les *Cent Mille Chants* – ou de personnages plus inquiétants, tel Ra Lotsâwa (1016-1128).

Un peu avant l'époque du début de cette seconde diffusion du bouddhisme au Tibet, une religion qui se voulait héritière des traditions prébouddhiques, le bön, relevait la tête. Il faut en dire un mot ici : elle comporte une vaste tradition tantrique qui est, en somme, une autre branche du vajrayâna. Rien à voir avec les éléments de tantrisme bouddhique absorbés par le taoïsme* religieux en Chine, complètement assimilés dans un cadre taoïste : le bön se donne, lui, comme un « autre bouddhisme », enseignement d'un Bouddha antérieur à Shâkyamuni. Quoi qu'il en soit de ses origines historiques, à la prendre telle qu'elle est depuis un bon millier d'années, cette religion possède un vaste corpus tantrique, tout à fait homogène, du point de vue de la doctrine et des pratiques, à ce que l'on trouve dans les diverses branches du bouddhisme tibétain – mais avec une littérature indépendante, des divinités sans antécédents indiens connus, etc.

Il est difficile de reconstituer de manière fiable les premiers siècles du bouddhisme tibétain (8e-10e siècles) ; les maîtres indiens venus au temps des empereurs tibétains, tels Padmasambhava, Vimalamitra, Shantarakshita, etc., ainsi que leurs disciples tibétains, se perdent un peu dans une brume légendaire. On y voit plus clair en revanche à partir de la seconde diffusion : les diverses branches « modernes » du bouddhisme se constituent autour de transmissions tantriques particulières et de leur interprétation doctrinale.

Les maîtres individuels

Les traditions « modernes », *a priori* aussi nombreuses que les maîtres tibétains qui ont fait au 11e siècle le voyage en Inde ou au Népal, se sont peu à peu fondues en un petit nombre de grandes écoles (Sakya, Kagyü, Shangpa, Jonang...), dont certaines sont ramifiées en de nombreuses branches. La période du 11e au 14e siècle est celle du passage des maîtres individuels, avec autour d'eux quelques apprentis, à la constitution de grands monastères. En même temps que l'on s'acheminait vers ces institutions cléricales massives, l'appropriation de la pensée bouddhique indienne cheminait à travers la grande œuvre de traduction des textes et par la production de commentaires tibétains, tendant de plus en plus vers une synthèse encyclopédique du bouddhisme. Du Tibet, le vajrayâna a poursuivi sa diffusion vers le nord au temps de l'empereur sino-mongol Kubilaï Khan (1215-1294), quand il est devenu la religion d'État des Mongols.

On pourrait caractériser le bouddhisme tibétain en sa période de maturité, autant que par ses monastères de plus en plus massifs, par une orientation toujours plus cumulative dans la théorie comme dans la pratique : il n'a pas tendu à poser le vajrayâna comme un ésotérisme qui dispenserait, par exemple, de la voie monastique. Au contraire, il a présenté le tantrisme comme la cerise sur le gâteau de vastes constructions totalisantes, conduisant par degrés du discours du renoncement aux pratiques les plus « secrètes ». Ce processus historique culmine en quelque sorte avec l'apparition de l'école Gelug, dite « réformée », issue de l'enseignement de Tsongkhapa (1357-1419). C'est elle qui poussera à son paroxysme à la fois la construction institutionnelle (avec ses immenses monastères et avec la conquête du pouvoir politique par le 5e dalaï-lama [1617-1682]) et cet esprit d'ordonnancement systématique.

Dans le même temps, au sein de la tradition ancienne (et, parallèlement, dans la religion bön), se déployait une orientation singulière, d'esprit tout opposé, qui est peut-être la dernière phase de développement du tantrisme bouddhique – mais dans un sens inverse à tout ce que l'on vient de voir : le *dzogchen* (la « Grande Complétude » ou « Grande Perfection »), qui se présente comme la fine fleur du vajrayâna – mais n'est pas sans quelques affinités avec le zen : là aussi, il s'agit d'entrer abruptement dans la réalité ultime, d'une certaine façon toujours déjà connue, mais sans jamais l'apercevoir distinctement. Le *dzogchen* retient cependant du tantrisme un bon nombre de techniques yogiques. Mais elles n'y sont plus perçues que comme des moyens de raviver l'expérience brute de la condition naturelle. Dans sa forme la plus vivante de nos jours, sa pratique comporte des méthodes de développement de visions lumineuses, censées culminer dans la sublimation de tout le champ perceptif et du corps de l'adepte en lumières d'arc-en-ciel.

1959
Le bouddhisme tibétain entre en exil

RAPHAËL LIOGIER
Sociologue et philosophe, professeur à l'IEP-Aix-en-Provence, chercheur invité à Columbia University à New York, auteur notamment de *La guerre des civilisations n'aura pas lieu. Coexistence et violence au 21ᵉ siècle*, CNRS Éditions, 2016 (poche Biblis, 2018) ; *Souci de soi, conscience du monde*, Armand Colin, 2010 ; *À la rencontre du dalaï-lama. Mythe, vie et pensée d'un contemporain insolite*, Flammarion, 2008 ; *Le Bouddhisme mondialisé. Une perspective sociologique sur la globalisation du religieux*, Ellipses, 2004.

Un sondage allemand annonçait en 2008 que 33 % des citoyens de ce pays trouvent que Tenzin Gyatso, le 14e dalaï-lama, est l'homme public le plus sage du monde, alors que le pape ne convainc que 14 % des personnes interrogées. Étonnamment, si l'on ne garde que les réponses des catholiques dans ce sondage, l'écart se creuse encore : 37 % d'entre eux priment alors le dalaï-lama ! Ce dernier est devenu l'anti-Ben Laden : il symbolise le pacifisme face au terrorisme, la tolérance face au fondamentalisme, la spiritualité libératrice face à l'enfermement religieux totalitaire. Pourtant, il ne s'est imposé comme une personnalité mondiale positive qu'au tout début des années 1990. Issu d'une contrée mystérieuse et lointaine, source inspiratrice de romans et de récits de voyages, il est resté un personnage obscur, un activiste parmi tant d'autres, de 1959, date de sa fuite nocturne vers Dharamsala (Inde du Nord)

Tenzin Gyatso, 14e Dalai-Lama. à Anvers, 2006.

où il installa son gouvernement en exil, à 1989, année de la réception de son prix Nobel de la paix à Oslo. Ses revendications politiques ne sont alors pas prises au sérieux, malgré ses tentatives désespérées pour être entendu.

Les choses vont radicalement changer à la fin des années 1980, pour plusieurs raisons. D'abord l'actualité. Outre celle de l'obtention de son prix Nobel, 1989 est aussi l'année de Tiananmen : cet écrasement dans le sang d'une rébellion étudiante, retransmis dans le monde entier, ternit l'image planétaire de la Chine communiste, et met en lumière, par contraste, la cause tibétaine. Une telle tragédie n'est pourtant qu'un déclencheur superficiel. Depuis les années 1950, une lente transformation touche les croyances et les modes de vie des populations des sociétés industrielles avancées.

Souci de soi, conscience du monde

Cette nouvelle culture, que j'appelle l'« individuo-globalisme », conjugue souci de soi (dans les registres du bien-être, de la créativité et de la connaissance de soi) et conscience du monde (dans les registres de l'infinie complexité du monde, de la diversité culturelle - ethnodiversité - comme de la diversité naturelle - biodiversité). Elle a fini par s'imposer dans tous les domaines de la société. Comme toute mythologie, l'individuo-globalisme est aussi la source d'une morale. En l'occurrence,

Le Tibet virtuel

Le 14e dalaï-lama a progressivement érigé une sorte de Tibet virtuel. Sa capitale est Dharammsala, au nord de l'Inde, et ses préfectures sont les centres bouddhistes répandus sur l'ensemble de la planète, particulièrement sur les riches terres d'Europe et d'Amérique. Ce Tibet se déploie comme un territoire non pas utopique mais « omnitopique », virtuellement présent partout à la surface du globe, encerclant ainsi le Tibet physique grâce à des citoyens tibétains d'un nouveau genre. Ces citoyens virtuels de la république universelle bouddhique (une république écologique, humanitaire et spirituelle) suivent parfois des enseignements bouddhistes ; ils sont en tout cas sensibles aux causes globales et attentifs à leur développement personnel, et sont aussi – ce n'est pas un détail – des citoyens qui votent aux États-Unis, en France, en Allemagne, en Australie.

De sorte que le dalaï-lama occupe sans doute le plus vaste territoire symbolique actuel soutenu par ce nouvel acteur majeur, lui-même virtuel, qu'est l'opinion publique mondiale relayée par les médias internationaux. Il existe en effet aujourd'hui, à côté du pouvoir économique et politique, un pouvoir culturel [1], qui fait que l'on peut être dominant sur le terrain local, militairement et économiquement, mais dominé symboliquement dans le monde global. La Chine est ainsi dominante sur le terrain local, face aux forces autonomistes tibétaines, mais elle est dominée dans le monde symbolique global.

R. L.

1- R.H. Williams et N.J. Demerath, « Cultural power: How underdog religious and nonreligious movements triumph against structural offs », *in* N.J. Demerath *et al.* (dir.), *Sacred Companies: Organisational aspects of religion and religious aspects of organizations*, Oxford University Press, 1998.

celle-ci se présente plutôt comme une éthique destinée à favoriser la réalisation du bonheur individuel et l'autonomie personnelle, soulignant le fait que les actes, surtout dans les domaines humanitaire et écologique, sont interdépendants.

L'impact actuel du bouddhisme tibétain en Occident doit être compris dans cette matrice croyante. Le 14e dalaï-lama canalise dans sa personnalité deux aspirations : globalisme humanitaire et écologique d'une part, individualisme dans ses dimensions à la fois hédoniste (recherche du bien-être individuel), contemplative (recherche de la vérité intérieure) et d'accomplissement personnel (contrôle de soi, libération des énergies) d'autre part. Le dalaï-lama fait partie des nouveaux *leaders* du monde global symbolique, au même titre que nous avons les nouveaux *leaders* du monde global économique représentés par les dirigeants des multinationales. Il exprime dans sa personne à la fois l'authenticité supposée de l'Himalaya, de sa culture millénaire, d'une tradition meurtrie mais sauvegardée, et l'hypermodernité de l'homme de savoir ouvert à la science la plus avancée ; une science qui, justement, permettrait d'éclairer les vérités les plus profondes de la nature et non de l'asservir et pour finir de la détruire.

Cette distinction entre « bonne » science – authentique, tolérante, qui préserve la liberté, l'incertitude, amalgamant mécanique quantique, homéopathie, théorie du chaos, théorie des cordes – et mauvaise science – qui donne naissance à la bombe atomique, aux machines infernales, aux colorants cancérigènes et aux OGM – participe du métarécit individuo-global à travers lequel nous racontons de plus en plus nos vies. La nouveauté de la dogmatique religieuse individuo-globale – car il s'agit bien d'une dogmatique religieuse même si elle se présente opportunément comme « spirituelle » – est en effet de se nourrir de la rhétorique scientifique, et d'aboutir non pas comme dans le monde traditionnel à une simple orthodoxie, mais à une véritable « orthorationalité », une vue évidente et non critiquable de la rationalité authentique. La puissance du bouddhisme réside dans sa capacité à jouer un rôle majeur dans ce nouveau jeu religieux, singulièrement à travers les discours du dalaï-lama, ne serait-ce que dans ses livres-dialogues avec des physiciens, neurologues, biologistes, économistes, politiciens, politologues, sociologues, historiens et philosophes.

Chine, un peuple religieux, un État athée ?

VINCENT GOOSSAERT

Les signes d'une vie religieuse intense sont en évidence à tous les niveaux de la société chinoise: festivals traditionnels organisés avec une ampleur sans précédent; tourisme religieux florissant; références religieuses omniprésentes dans la culture populaire (films, romans, publicité...); littérature spirituelle distribuée massivement dans les kiosques et sur Internet; *megachurches* dont les dimensions et la fréquentation laissent pantois (et qui sont occasionnellement détruites au bulldozer par des autorités locales nerveuses); multiplication de maîtres à penser et de gourous de toutes sortes; flambées occasionnelles de ferveur collective comme autour du Falungong* (mouvement religieux réprimé depuis 1999); rapports complexes entre des revendications identitaires et religieuses dans diverses parties du pays (chez les Ouïghours et les Tibétains, notamment)...

Mise en regard de descriptions et d'analyses

Chinois brûlant de l'encens à Bouddha à l'occasion du nouvel an, Chengdu, Chine, 2011

courantes il y a encore deux générations, pour lesquelles les éléments religieux qui avaient pu faire partie de la culture chinoise avaient été totalement relégués dans les oubliettes de l'histoire, une telle vitalité entraîne spontanément un discours sur le « renouveau » ou le « retour » du religieux dans les sociétés postmodernes. Ce récit est en partie trompeur. Il est tout aussi pertinent de considérer que le religieux n'est jamais parti de la société chinoise, mais qu'il a pris différentes formes. La ferveur maoïste présentait de nombreux éléments de continuité avec l'effervescence religieuse qui avait caractérisé la période précédente, celle des années 1910-1940, marquée par le chaos et la violence, par la volonté d'une partie des élites de faire table rase de la culture « traditionnelle », mais aussi par de nombreuses formes de messianisme et d'aspiration au salut collectif. La désillusion postmaoïste et les nouvelles utopies qui l'ont suivie sont, là encore, autant en prolongement qu'en rupture avec les aspirations religieuses de la génération précédente.

Un acteur majeur de la globalisation du religieux

De fait, les propos naïfs que l'on lit parfois dans les médias sur une opposition entre la culture « traditionnelle » et la modernité communiste, et sur les tentatives

Devenir un dieu,
un choix de vie ?

Que deviennent les humains après la mort ? Les réponses chinoises à cette question sont nombreuses : les défunts deviennent, selon les cas (et selon des modalités variables entre hommes et femmes), des ancêtres, démons ou âmes souffrantes aux enfers, se réincarnent en d'autres humains (ou d'autres formes de vie), accèdent à un paradis, ou deviennent des dieux/déesses. Cette dernière possibilité, la divinisation, est sans doute la moins immédiatement facile à penser, quand bien même diverses cultures, des Grecs à l'Inde, ont formulé la possibilité pour l'homme de devenir un dieu. Elle a joué un rôle crucial, mais largement ignoré, dans la construction chinoise des idées du destin et du salut.

Âmes souffrantes et dieux

Des travaux anthropologiques menés dans les années 1970 ont proposé un modèle tripartite de l'autre monde chinois : les dieux, les démons et les ancêtres. Ce schéma sert toujours de vulgate, même si de nombreuses critiques l'ont remis en cause. Les gens normaux (qui ont eu un destin normal, ce qui implique d'avoir été marié[e] et d'avoir un fils) deviennent des ancêtres nourris par leurs descendants et protégeant ces derniers. Les « autres » sont des victimes de malemort et initialement des âmes souffrantes ; certains le restent, ce sont des démons (*gui*). D'autres, du fait de leurs mérites, ou d'une transformation opérée de l'extérieur, deviennent des dieux (*shen*). Dans ce modèle, devenir un ancêtre est le destin normal ; devenir un dieu est anormal et donc non souhaitable.

L'enquête que j'ai menée dans *Bureaucratie et salut. Devenir un dieu en Chine* (2017) montre qu'il n'y a en fait pas de répugnance chinoise à devenir un dieu. Si les familles font de leurs défunts des ancêtres, car telle est la solution qui leur convient le mieux, les individus ont souvent pour leur part d'autres projets que de devenir ancêtre. Ce livre vise à faire part aux aspirations individuelles, non seulement chez les élites, dont on connaît mieux la spiritualité, mais dans l'ensemble de la population. Il met en avant que les divers destins posthumes sont plus ou moins désirables, et que ces désirs entraînent des pratiques religieuses spécifiques. Le plus attirant est certainement la transcendance (sous des formes bouddhiques ou taoïstes : état de Bouddha, immortalité), mais elle nécessite une pratique spirituelle exigeante. L'ancêtre n'existe individuellement que pour quelques générations, avant de se fondre, sauf cas exceptionnel, dans une masse commune. La réincarnation implique l'oubli, imposé brutalement aux âmes qui s'apprêtent à renaître. Dès lors, la seule voie qui s'offre aux individus qui veulent persister dans leur singularité est de devenir un dieu inséré dans une bureaucratie contraignante, mais qui leur offre une promesse de salut au terme d'un long parcours fondé sur la méritocratie. *Bureaucratie et salut* présente le développement historique, entre le 4e siècle avant notre ère et le présent, de cette voie particulière des techniques de divinisation de soi, et de leur progressive ouverture à toutes les strates de la société chinoise.

V.G.

À LIRE
Vincent Goossaert,
Bureaucratie et salut. Devenir un dieu en Chine,
Labor et Fides, 2017.

contemporaines d'en faire une synthèse, ignorent largement à quel point que ce que l'on observe aujourd'hui est le fruit de plus d'un siècle de destructions et d'inventions continues. Deux aspects parmi d'autres : le mouvement « détruire les temples pour construire les écoles », qui commence en 1898 et qui a profondément marqué les consciences et les expériences de quatre générations de jeunes Chinois ; les mouvements messianiques et apocalyptiques qui ont rassemblé des dizaines de millions de personnes entre les années 1920 et 1940, et dont les héritiers continuent aujourd'hui à être très présents dans l'espace public et à façonner le discours sur l'écologie, sur la morale collective et sur l'identité chinoise.

De surcroît, la prise de conscience d'une dimension religieuse importante dans la société chinoise contemporaine n'est pas seulement le fruit d'une ouverture plus grande de la Chine au monde – y compris aux touristes, et de façon plus importante encore, aux Chinois d'outre-mer qui y reviennent. C'est aussi le résultat d'une expansion globale de la culture chinoise, qui outre ses aspects géopolitiques et économiques mieux connus, comporte aussi un aspect culturel et religieux. Dès les années 1980, la République de Chine à Taïwan, ouverte bien plus tôt sur le monde, commençait à exporter ses nouveaux mouvements religieux. Plusieurs sont désormais solidement implantés sur tous les continents et comptent des centaines de milliers, voire pour les plus importants des millions d'adeptes, sinophones ou non. La Chine populaire a emboîté le pas. Elle est aujourd'hui un acteur majeur de la globalisation du religieux.

Les nouveaux mouvements religieux

On compte en effet en région parisienne plusieurs grands temples bouddhiques. Ils appartiennent à des organisations transnationales qui font circuler leur clergé, des ressources, des textes et des images, et leur vision de la société, mais qui sont aussi très insérées dans la société locale. On compte aussi une dizaine de temples fondés par des associations de compatriotes issues des diverses régions de Chine ayant fourni d'importants contingents à l'émigration. Toutes s'organisent autour d'un temple consacré à leur saint régional. On trouve de nombreuses églises catholiques et protestantes chinoises. Certaines sont largement ouvertes sur des communautés d'autres langues et origines, d'autres en revanche très attachées à leur terroir d'origine. Des regroupements chinois dans les grands cimetières parisiens facilitent l'organisation des formes chinoises de rituels funéraires. Les devins, les médiums sont de plus en plus nombreux à offrir leurs services ;

et la cosmologie et des valeurs morales passent par les centres d'arts martiaux, de médecine, ou de méditation ouverts par des maîtres chinois (ou leurs élèves français). Tous les nouveaux mouvements religieux issus du monde chinois, qu'ils soient basés en Chine, à Taïwan, en Australie ou aux États-Unis, fondent des branches dans le Grand Paris. Les étudiants chinois, de plus en plus nombreux en France, apportent ces nouvelles pratiques religieuses avec eux, ou les emportent quand ils rentrent au pays. Parallèlement, des institutions religieuses (temples bouddhiques, églises) aussi bien que laïques (instituts Confucius) développent une offre toujours croissante dans le domaine de la langue et de la culture. Elles participent ainsi aux débats quant à la définition de la « culture chinoise » et de la place qu'y occupe le religieux.

Tout en étant multiforme et spectaculaire, cette présence de plus en plus visible du religieux reste très difficile à mesurer. Cette difficulté est d'abord liée à la nature politiquement très sensible des questions religieuses ; les sondages et enquêtes à ce sujet sont hautement contrôlés. Une seconde difficulté réside dans la nature même des appartenances et affiliations religieuses au sein de la société chinoise. De longue date, cette société fonctionne sur un modèle de pluralité régulée. Plusieurs traditions religieuses sont également reconnues comme valides, et coexistent, le plus souvent sur un mode de division des rôles, et non comme on le lit trop souvent sur celui du syncrétisme. Ce modèle est bien distinct de celui du pluralisme, au sens où toute nouvelle religion est bienvenue et jouit des mêmes droits que les religions établies. Un tel modèle, qui a présidé pendant des siècles à la politique religieuse de l'État impérial, a été repris, quoique largement modifiée, par ses successeurs jusqu'à l'État socialiste actuel. Même si l'on assiste à un phénomène de confessionnalisation (de plus en plus de Chinois s'affirment comme bouddhistes, et tendent à conduire tous les aspects de leur vie suivant des normes bouddhiques), seule une minorité (moins de 10 %) de Chinois en République populaire se déclare croyants d'une religion donnée. Mais en réalité un bien plus grand nombre a des croyances et pratiques religieuses. La croyance en la rétribution des actes (les bonnes actions sont récompensées, les mauvaises sont punies – que ce soit, suivant les interprétations, de façon naturelle ou par l'action de la bureaucratie divine), fondamentale dans la cosmologie et la morale religieuse commune, est très répandue. Un tiers environ semble être athée avec conviction ; la majorité se situe donc dans une posture où les rapports à la religion varient suivant les contextes.

Des politiques très sécularistes

Une telle configuration rend délicate l'application des paradigmes classiques de la sécularisation. Depuis la révolution de 1911, l'État chinois, sous ses diverses formes, a en effet mené des politiques très sécularistes, ou laïques – mais pas dans le sens de séparation, de neutralité et de non-intervention. Il s'est bien davantage agi d'une part de séparer de force, et largement avec succès, les autres domaines de la vie sociale de l'emprise du religieux : éducation, politique, droit, économie. Mais aussi de maintenir un contrôle étatique étroit sur les religions. Après une période où cette règle avait été quelque peu mise en sourdine, les dirigeants du Parti communiste chinois réaffirment à nouveau avec vigueur la nécessité pour les membres du Parti d'épouser l'athéisme. Or, pour un État qui se veut strictement laïque, le régime socialiste continue à intervenir directement non seulement dans la gestion des lieux de culte, mais aussi dans les questions doctrinales et théologiques.

De surcroît, de nombreux observateurs soulignent le retour grandissant des références religieuses dans le discours de l'État-parti. S'il est incontestable que l'on assiste à des formes très diverses (et à tous les niveaux de la hiérarchie politique) d'instrumentalisation, où le financement et le soutien à des temples et festivals (relevant des « trois enseignements » : bouddhisme, taoïsme, confucianisme) sert des buts de développement local et de propagande nationaliste, le contenu substantiel du discours officiel est moins univoque qu'on le lit parfois. La référence constante est à la « culture traditionnelle » largement glorifiée, mais les référents clairement religieux sont moins nombreux – il est incontestable que ce point fait débat chez les élites dirigeantes, où l'on peut trouver à la fois des idéologues très arc-boutés sur l'héritage athée du communisme et d'autres qui envisagent des visions utopiques d'une « religion civile » fortement teintée de confucianisme, qui elle-même peut être tolérante, libérale et inclusive, ou au contraire très patriarcale et autoritaire.

L'État est apparemment plus sécularisé que la société. Mais l'un comme l'autre sont traversés de tendances contradictoires, entre un athéisme communiste qui reste très prégnant et une culture religieuse qui demeure extrêmement présente, et notamment de façon diffuse : conceptions des destins posthumes – d'où les débats très tendus autour de la crémation et du traitement de la mort ; rétribution morale des actes, qui sous-tend une variété considérable de projets utopiques (étatiques ou privés) de remoraliser la société ; cosmologie classique restée très présente, qui irrigue les pratiques omniprésentes de divination et de manipulation du destin, etc. Des activistes religieux, souvent aux marges ou à l'extérieur des institutions religieuses officiellement reconnues, tiennent un discours de réforme morale nationale, sur un registre conservateur et parfois nationaliste qui rencontre un large écho dans la population. On trouve parmi eux des chrétiens, notamment protestants, dont les Églises connaissent une croissance importante, mais sans doute plus encore des prédicateurs se désignant comme bouddhistes ou confucéens.

L'affiliation aux dieux, une condition de la bonne vie

La vitalité religieuse chinoise contemporaine, enfin, associe de façon inédite des formes de religiosité nouvelles et traditionnelles. Les modèles courants de la sociologie religieuse qui mettent en exergue le déclin d'une organisation religieuse communautaire (paroissiale, dirait-on en contexte français) dominante jusqu'au milieu du 20e siècle, et son remplacement par des formes très individualisées s'articulant en réseaux peu institutionnalisés, ne sont qu'en partie convaincants pour expliquer ce qui se passe dans le monde chinois. Car les deux formes fleurissent l'une à côté de l'autre. Dans les grandes villes en effet, à Pékin et Shanghai comme à Taipei, Hong Kong et Paris, on trouve des réseaux religieux virtuels, se réunissant sur Internet, et faisant circuler idées, pratiques, textes et ressources. Les églises, temples, autels de maison fleurissent dans les tours HLM, et les quêteurs se retrouvent dans les restaurants végétariens, les locaux d'ONG ou les parcs publics. Mais la dimension territoriale de la vie et de l'identité religieuse n'est pas du tout oubliée, comme le montre la reconstruction massive des temples des dieux du terroir partout en Chine (quoique de façon très variable d'un lieu à l'autre). L'affiliation aux dieux *via* sa communauté d'origine reste une condition de la bonne vie. Car, dans la religion chinoise* commune, il n'est pas fait obligation d'être physiquement présent au temple. Or les villages sont en partie désertés (et rasés). Cela est sans doute le phénomène le plus important de la Chine en ce début de 21e siècle. Mais les anciens villageois, qu'ils soient cadre d'entreprise à Shanghai ou étudiant à Paris, restent recensés sur les registres des dieux par l'entremise d'un grand-parent resté au village. De ce point de vue, les Chinois – et ils ne sont nullement les seuls – ont toujours été et restent « religieux ».

Le chamane mondialisé

ROBERTE HAMAYON
Anthropologue, directrice d'études honoraire à l'EPHE, auteure de nombreux ouvrages sur le chamanisme, dont *Le Chamanisme. Fondements et pratiques d'une forme religieuse d'hier et d'aujourd'hui*, Eyrolles, 2015.

Étrange destin que celui du terme « chamane », venu de Sibérie orientale au 18e siècle et aujourd'hui répandu partout dans le monde. Longtemps auréolé de traits négatifs, le voici maintenant idéalisé jusque dans les sociétés occidentales. S'y afficher « chamane » peut couvrir toutes sortes d'offres : psychothérapie, quête spirituelle, *coaching*, festivals en pleine nature.

En quoi le personnage appelé ainsi par les Toungouses Evenks en est-il venu à servir si largement de référence ?

Il y a trois siècles, les Evenks vivent de chasse dans la taïga et fournissent les meilleurs guides aux voyageurs. Pour les premiers témoins, le chamane est un personnage extravagant : couronné d'une ramure et vêtu de peau, il fait des bonds, se déhanche, pousse des cris, bat du tambour. Mais religieux : il prétend, entre autres, faire l'avenir. Sa conduite leur paraît d'autant plus sauvage qu'elle s'oppose au recueillement chrétien. Les popes le voient d'emblée en rival et le jugent voué à disparaître car il « sert le diable ».

Le climat des Lumières fait changer le regard des observateurs. Diderot et d'Alembert rapprochent les chamanes sibériens des « jongleurs, sorciers, prêtres et médecins », les traitent d'« imposteurs qui exploitent la crédulité des leurs ». Les explorateurs veulent les démasquer. Pour leur échapper (comme aux percepteurs qui veulent les taxer, et aux missionnaires, les convertir), les peuples sibériens se cacheront désormais pour faire leurs rituels. Ils ne sauront pas que les penseurs romantiques voient leurs chamanes en nobles magiciens démunis face à la nature hostile. Car chez eux, au dernier tiers du 19e siècle, la colonisation russe avance. Il en résulte une abondance de sources qui permet de se faire une idée de ce qu'était alors la vie des Evenks : elle tournait autour du renne, leur principal gibier ; le chasser était inconcevable sans chamane.

La quête de « chance »

La comparaison avec les peuples voisins montre que seule la vie de chasse vaut à la fonction chamanique une place centrale. Le gibier étant pris dans le donné naturel, la chasse ne peut être une activité purement technique, sauf à passer pour un vol qui ferait fuir le gibier, comme en représailles. Pour rendre légitime la prise de gibier et en garantir la réapparition, la communauté confie à un chamane la direction de son plus grand rituel. Comme les humains ne sont, dans la « riche » forêt, qu'une espèce parmi d'autres et de ce fait partie prenante de la chaîne alimentaire, le rituel doit transformer la chasse en échange. Au chamane de conclure un accord et promettre de rendre.

L'accord doit se faire avec les « esprits » qui « animent » les membres vivants des espèces de gibier. En échange de leur chair, ce sont les esprits des espèces carnivores qui, au nom de toute la forêt, consommeront la chair des humains – d'où la mort. Or la chair, outre qu'elle nourrit le corps, porte la force vitale qui « nourrit » l'âme dans le vivant. Aussi, de chaque côté, seule la chair est prise. Les os sont conservés pour permettre aux âmes individuelles qui y sont logées de revenir, après un recyclage posthume, pour « animer » un nouvel être de la même lignée humaine ou de la même espèce animale. Ainsi, la circulation de la chair assure l'alternance de la vie et de la mort entre les deux mondes, et la préservation des os assure la perpétuation de chacun d'eux.

Pour légitimer la chasse par un cadre institutionnel, ce rituel met en scène le « mariage » du chamane avec un esprit cervidé femelle, chacun représentant son monde. Ce mariage lui donne sur le gibier les droits du mari, ainsi que les devoirs, dont celui de protéger son monde, la forêt. C'est la raison de son costume, des coups qu'il donne en l'air de sa tête couronnée, de ses brames et de ses bonds (le verbe evenk *sama-* veut dire, en parlant d'un animal, « remuer les membres postérieurs »). Tel un renne en rut, le chamane « joue » à repousser ses rivaux chamanes imaginés en cervidés, puis à « séduire son épouse » de façon à lui soutirer de la « chance », promesse de gibier pour les chasseurs. Ceci explique qu'une femme chamane ne puisse conduire ce rituel, et que la chance soit associée à l'amour, comme le gibier l'est à la femme.

À la fin de ce long rituel (qui peut durer un mois), le chamane s'étend à terre, inerte, offert en gage de contrepartie humaine à venir, car tel un cervidé, il doit finir en gibier – l'épisode est bref et silencieux. Le bon chamane est celui qui « joue » assez bien pour obtenir le plus possible de « chance » et ne promettre en retour que le moins de morts humaines et le plus tard possible. Si la saison est mauvaise et les morts trop nombreuses, il sera remplacé pour le rituel suivant. Cette obligation de résultat *hic* et *nunc* fonde le pragmatisme reconnu au chamanisme, et l'objectif de l'emporter sur les esprits des espèces sauvages et sur les chamanes rivaux explique sa limitation politique : il ne peut y avoir ni « pape » ni « roi » chamane. Ceci n'entame en rien, au contraire peut-être, l'atmosphère joyeuse et optimiste qui règne tout au long de ce rituel, alimentée par les « jeux » de la jeunesse qui se tiennent en parallèle, luttes entre hommes et danses mixtes ; ils incitent tous et chacun à jouer de son mieux pour avoir de la chance tout en leur inculquant les idéaux de défense et de perpétuation.

Les femmes chamanes font, comme leurs homologues masculins, des rituels privés, d'ordre réparateur. Ceux-ci impliquent surtout des relations avec des âmes de morts qui, faute de descendant, ne peuvent revenir pour une nouvelle vie ; vouées à l'errance, ces âmes sont soupçonnées de se venger sur les vivants ; des compensations leur sont offertes pour les empêcher de nuire. Cet aspect réparateur croît avec l'adoption d'une économie productive.

La réparation des désordres

La fonction chamanique se marginalise quand se développe l'élevage dans la steppe ou la toundra (l'agriculture dans d'autres régions d'Asie). Les esprits qui comptent sont dès lors ceux des ancêtres, de qui sont hérités troupeaux, pâturages ou champs. La direction des rituels collectifs revient aux chefs politiques. Y apparaissent le sacrifice et la prière. Produire de quoi remplacer l'offrande de chair humaine épargne d'avoir à finir en gibier. Mais dépendre d'ancêtres à vénérer et obéir est pesant, et l'atmosphère s'en ressent : elle est hantée par cette contrainte et par la crainte des maux que les ancêtres infligent à leurs descendants indociles ; complaintes et requêtes se multiplient.

L'activité chamanique, toujours plus féminine, se limite à des rituels privés de divination et de cure. Les esprits impliqués sont surtout des âmes de morts qui n'ont pu ni devenir ancêtres ni revenir pour une nouvelle vie. Ces âmes frustrées rendent les vivants malades en s'installant dans leur corps à la place de leur âme. Les expulser impose de les identifier et de les attirer ailleurs, autant de manipulations à travers lesquelles l'activité chamanique peut prendre un tour transgressif et constituer un contre-pouvoir.

Si les « réparations » prolifèrent, c'est aussi que le pouvoir colonial n'a pas encore mis en place un véritable système médical. Or, pour ses administrateurs, les chamanes sont des psychopathes et leurs pratiques, des sortes de thérapie collective. Ayant compris que leurs rituels seront tolérés s'ils sont dits « de guérison », les autochtones les multiplient. Ainsi s'étend l'usage des mots « cure » et « séance » pour les décrire.

L'époque coloniale voit aussi naître les sciences sociales, qui forgent le concept de chamanisme. Perplexité générale : partout, les pratiques autochtones changent au contact des religions universalistes et se mêlent à leurs formes populaires. Comment y reconnaître ce qui reviendrait à un éventuel « chamanisme » originel ? On n'y retrouve aucun des traits d'une religion : doctrine, clergé, liturgie, sanctuaire... Surtout, la pratique varie d'une société à l'autre, d'un chamane à l'autre dans une même société, d'un rituel à l'autre chez un même chamane. L'essor de la psychanalyse vient renforcer l'idée que le chamanisme est une affaire de psychologie et, en 1903, l'ethnologue Arnold Van Gennep tranche : « Il n'y a pas de religion chamanique, seulement une certaine sorte d'hommes. »

Entre-temps, « chamane » a été étendu aux devins, guérisseurs, sorciers, rencontrés chez d'autres peuples colonisés. Bien commode, ce terme exotique, pour les colonisateurs qui ont eu des sorciers et ont peut-être toujours des guérisseurs et des voyants.

Ils vont s'en servir pour désigner leurs « autres » sur le plan psychique, comme ils l'avaient utilisé auparavant pour désigner leurs « autres » en religion ou en culture. Sergei Shirokogoroff, médecin et anthropologue, a beau affirmer (*Psychomental Complex of the Tungus*, 1935) qu'aucune société ne saurait confier ses rituels à des fous, la vue psychothérapeutique domine jusqu'au milieu du 20e siècle.

D'autres pays d'Asie comptent des spécialistes qui ont bien des points communs avec les chamanes sibériens, mais qui sont restés dénommés sous leurs noms vernaculaires. Ainsi l'*itako* japonaise, en général aveugle et « mariée » très jeune à un *kami** esprit, reçoit en privé des familles souhaitant se relier à leurs morts récents. La *kamisama*, dite « épouse de *kami* », fait danser des figurines de *kami* lors de rituels pour la prospérité dans les temples de certaines « voies » bouddhiques. Quant à la Corée, elle a classé dans son patrimoine national de grands rituels, qui sont donnés sur scène à l'étranger, sous la direction d'une *mudang* entourée d'assistantes, de danseuses et de musiciennes. C'est au domicile des *mudang* que se tiennent les rituels privés qui visent à résoudre un conflit, lancer un commerce, réussir un examen, ou – mais en ce cas clandestinement – s'affranchir d'une règle sociale contraignante.

Des esprits à l'« énergie »

Les bouleversements des années 1960 – décolonisation, déclin des grandes idéologies, refus des hiérarchies, libéralisme, individualisme – entraînent un renversement de valeurs. En pleine contre-culture californienne, Carlos Castaneda érige en quête spirituelle sa pratique des champignons hallucinogènes au Mexique. Mircea Eliade (*Le Chamanisme et les Techniques archaïques de l'extase*, traduit en 1964) offre une vue du chamane plus acceptable en pays chrétien : il l'idéalise comme modèle du mystique incarnant l'expérience religieuse à l'état brut, précurseur de l'artiste créateur. Se forment alors un courant de spiritualité individualiste et un courant écologiste de « retour à la nature » ; leur fusion dans le *New Age* conforte leurs ambitions universalistes. Proche en est le néochamanisme, fondé par Michael Harner en 1979. Aux pratiques d'inspiration amérindienne qu'il propage, l'Europe préfère d'abord celles nées sur son propre sol (d'inspiration nordique, celtique) ; elle identifie des chamanes dans son histoire (Socrate, Jésus, Merlin l'enchanteur...) et dans sa *psychè* (« l'autre en soi » de chacun).

Dès 1991, M. Harner va en Sibérie raviver le chamanisme et proclame quatre chamanes locaux « trésors vivants » en 1994. Son influence imprègne le renouveau qui jaillit alors du vide laissé par les répressions religieuses et la propagande athéiste de l'ère soviétique.

Ce renouveau est très divers et mouvant. Les Evenks n'ont plus de chamanes, mais disent « jouer » à la manière chamanique lors de grands rituels pour l'« harmonie avec la nature ». Partout, les « jeux » des anciens rituels chamaniques ont traversé l'ère soviétique et constituent aujourd'hui, récupérés, les principales fêtes ethniques ou nationales.

Chez ceux des peuples sibériens qui ont une République à leur nom, les chamanes réunis en associations (rivales entre elles) organisent des rituels collectifs et tiennent des cabinets privés. Ils proposent des rituels à payer d'avance pour « réparer » un malheur (alcoolisme, chômage, dette, querelle conjugale, médisance…) ou « appeler la chance ». La quête de chance, survivant à la disparition de la chasse, s'est reportée sur tout ce qui, tel le gibier, ne peut être produit : pluie, fécondité, amour, succès aux examens, en affaires, en bourse… Ces chamanes, souvent des intellectuels qui s'autoproclament comme tels, sont ouverts au « tourisme chamanique » et s'adaptent aux attentes spirituelles des étrangers. Dans leur discours, la quête de forces revitalisantes, « énergie », « aura », « bio », a remplacé les appels aux « esprits » locaux. Il arrive à certains d'entre eux d'être invités à participer à des stages ou des festivals aux États-Unis et en Europe.

Cependant la grande majorité des adaptations de formes chamaniques dans les sociétés occidentales n'est pas d'inspiration sibérienne, mais sud-amérindienne, d'où la présence de psychotropes dans les pratiques qui s'en réclament.

Universalité et adaptabilité

Toute l'humanité ayant d'abord vécu de chasse, des éléments chamaniques peuvent être identifiés partout, dans tous les types de sociétés. Partout, des pratiques de type chamanique prennent place aux marges des religions dominantes ; se voulant non doctrinales et adaptées aux occasions singulières, elles se renouvellent constamment. Elles consistent à créer par la fiction un cadre virtuel où à établir, sans médiation ni hiérarchie et de façon personnalisée, des relations virtuelles avec des entités virtuelles. Un tel cadre permet d'explorer, sans contraintes, des solutions pour mieux s'accommoder de la réalité vécue. Ce cadre doit donc avoir un rapport – « être comme, mais pas tout à fait » – avec la réalité présente, qui n'est plus la vie de chasse. Aussi la fiction du chamane « mari d'esprit d'espèce gibier » n'a-t-elle plus lieu d'être. Mais le monde naturel reste l'arrière-plan favori des nombreuses « réalités virtuelles » chamaniques d'aujourd'hui.

Si les pratiques de type chamanique et les fictions qu'elles occasionnent sont chaque fois différentes, elles ont aussi généralement en commun de susciter une attitude positive pour vivre mieux « ici et maintenant » (par contraste avec un salut posthume) et de donner l'espoir d'une « chance » immédiate, gage de revitalisation.

Qu'est-ce que le chamanisme ?

CHARLES STÉPANOFF
Ethnologue, professeur à l'École pratique des hautes études, il est l'auteur notamment de *Voyager dans l'invisible. Techniques chamaniques de l'extase* (Les Empêcheurs de tourner en rond/La Découverte, 2019).

Le terme « schamanisme » fait son entrée dans la science occidentale en 1776 sous la plume de Johann Gottlieb Georgi. Ce savant allemand entend alors décrire ce qu'il pense avoir été la « religion » commune des divers peuples autochtones de Sibérie, avant sa décadence et sa fragmentation. Il s'efforce de la reconstituer en lui attribuant des dogmes et un clergé, sur le modèle du bouddhisme et du christianisme. Cette idée de recréation d'un chamanisme originel reste tenace aujourd'hui en Occident, comme en témoigne le *core shamanism* que certains auteurs ont imaginé en mélangeant des éléments amazoniens, sibériens et africains.

En russe et dans les langues autochtones de Sibérie, les termes équivalents à notre « chamanisme » désignent plutôt une pratique rituelle menée par un spécialiste, le ou la chamane, qui chante et s'agite pour invoquer des esprits. Le chamanisme est avant tout un mode d'agir sur le monde dans ses dimensions invisibles. Il implique une division du travail, entre un individu capable de percevoir l'invisible et d'entrer en contact avec lui, et des gens dont les compétences sont plus limitées. Les notions de doctrine sur le monde ou de sagesse naturelle en sont absentes. Chaque chamane a sa vision et son expérience, il constitue son panthéon particulier et ses techniques rituelles tirées de ses rencontres, ses rêves et ses visions depuis son enfance.

Les chamanes sibériens perçoivent des entités subjectives invisibles : dans le feu, ils voient la chevelure d'une femme-esprit ; sur la montagne, ils discernent le galop d'un cavalier maître des lieux ; dans la maladie, ils diagnostiquent les ravages des démons ; et en chaque individu, ils identifient une ou plusieurs âmes. Ils engagent des relations directes avec ces entités invisibles en leur adressant des chants, des louanges ou des insultes, en négociant avec elles, en les flattant, en les avalant ou en les frappant.

Le statut de chamane n'est pas garanti par une institution cléricale. Il repose avant tout sur le prestige et le charisme. Un chamane doit convaincre son entourage de son talent en donnant les preuves de ses dispositions visionnaires. On met souvent les chamanes à l'épreuve, car il y a un scepticisme profond dans le chamanisme. On teste empiriquement leur talent divinatoire ou leur capacité à retrouver un objet préalablement caché. L'accès au statut de chamane prend des formes variables selon les sociétés.

La cure vécue comme voyage cosmique

Un scénario typique des rituels de cure thérapeutique consiste pour le chamane à se mettre en quête de l'âme égarée du malade. Plusieurs modalités de « voyage de l'âme » sont possibles. Le voyage allongé, pratiqué par un grand nombre de peuples du monde boréal, consiste pour le chamane à s'allonger et s'endormir. Il raconte ensuite à l'assemblée s'il a pu récupérer ou non l'âme du malade. Le voyage en direct, plus courant dans les traditions hiérarchiques, permet au public de suivre ses aventures : le chamane décrit les étapes de son périple dans son chant et en mime physiquement les épisodes. Il traverse une vaste steppe jaune, s'envole sur le dos d'une oie, puis franchit en canot le fleuve des enfers, il boit de l'alcool avec un esprit pour l'amadouer, il se métamorphose en ours et dévore un démon. Les péripéties sont nombreuses et la scène palpitante.

Un dispositif rituel est partagé par les traditions hétérarchiques de Sibérie et d'Amérique du Nord : c'est la tente sombre. Le groupe se réunit dans l'obscurité autour du chamane, qui fait entendre les voix de nombreux animaux : cancanement du canard, sifflement de l'écureuil, grognement de l'ours. Chacun peut adresser la parole aux esprits de ces animaux en leur demandant de l'aide, des conseils ou en s'excusant pour une action irrespectueuse. Les participants cultivent ainsi dans l'obscurité une relation sociale animiste avec les animaux qu'ils pourchassent pendant la journée. À l'issue du rituel, les participants vont se coucher et tentent de retrouver dans leur sommeil les êtres qu'ils ont entendus : la tente sombre se fait antichambre du rêve.

Savoir explorer l'invisible

L'anthropologie identifie et étudie des traditions chamaniques au-delà de la Sibérie : en particulier chez différentes sociétés autochtones d'Amazonie, d'Amérique du Nord, d'Océanie, ou encore chez les chasseurs-cueilleurs d'Afrique. D'une façon générale, les savoirs chamaniques se distinguent par leur caractère incorporé : l'activité chamanique implique une transformation du corps qui le rend perméable à des visions et des circulations entre les mondes. Le corps chamanique a un rôle d'interface entre le visible et l'invisible.

L'invisible, d'un point de vue chamanique, ce sont les subjectivités cachées du monde. Insaisissables par les sens, elles demandent un effort d'exploration mentale pour être perçues au-delà des réalités matérielles. À cette fin, les traditions chamaniques ont développé une riche gamme de techniques fondées sur des mécanismes neuropsychologiques efficaces. Limiter les perceptions sensorielles en se plaçant dans l'obscurité, jeûner, consommer des substances hallucinogènes, tout cela permet de démultiplier les capacités d'imagerie mentale. Le rêve et le fantasme érotique sont des chemins d'exploration particulièrement mobilisés pour tisser des relations émotionnelles intenses avec les personnes non humaines qui peuplent le monde. Dans les traditions chamaniques, l'imagination est une clé du rapport des sociétés à leur milieu vivant. Ma conclusion est que les sociétés modernes, en mettant largement sous le boisseau l'activité onirique et la puissance imaginative, sont aussi celles qui désocialisent leur rapport à leur environnement en le transmuant en ressource inerte, exploitable à volonté.

Tente sombre
et tente claire

En matière de chamanisme existent deux types de traditions : hiérarchique et hétérarchique, symbolisées respectivement par la tente claire et la tente sombre. Dans les traditions hiérarchiques, l'identité chamanique est enracinée dans le corps. On est généralement chamane de naissance et par héritage des ancêtres, féminins ou masculins. Le chamane qui a fait ses preuves est investi par sa communauté lors d'une série de cérémonies au cours desquelles elle lui remet successivement les instruments de son activité : un tambour, un costume, une couronne, puis une crosse. Ces chamanes hiérarchiques ont un rôle communautaire : ils accomplissent de grands rituels collectifs pour le bonheur d'un groupe territorial ou clanique.
Ailleurs, dans le monde qu'on peut appeler hétérarchique, celui de la tente sombre, les chamanes ont un statut plus transitoire. La différence entre spécialiste et profane est de degré plutôt que de nature. Les chamanes n'ont pas le monopole sur l'usage du tambour puisque chaque famille en possède un et en use à loisir pour appeler les esprits. Les profanes sont capables d'accomplir de nombreuses actions magiques et entretiennent des liens avec des esprits personnels à travers le rêve. Dans ce contexte hétérarchique, la fonction des chamanes est assez modeste, cantonnée à la divination et à la cure. La tente sombre est la marque de sociétés plus égalitaires, où chacun peut expérimenter les techniques cognitives d'accès à l'invisible.

C. S.

Quand des chamanes officiaient à la cour des khans mongols

MARIE-DOMINIQUE EVEN
Chercheuse au Groupe Sociétés, Religions, Laïcités (CNRS/EPHE-PSL).

En 1206, Gengis Khan jette les bases du plus grand État que le monde ait jamais connu. Avec ses 26 millions de km², l'Empire mongol s'étendra de la Russie occidentale à la Corée, connectant l'ensemble de l'Asie à l'Europe. C'est à la faveur de l'établissement de ce gigantesque espace politique que les Occidentaux découvrent les chamanes des peuples des steppes. Les plus diserts à ce sujet sont deux moines franciscains mandatés à la cour des souverains mongols, les grands khans. Le premier, Jean de Plan Carpin, est missionné par le pape Innocent IV en 1245. Le second, Guillaume de Rubrouck, est porteur d'une missive du roi de France Saint Louis en 1253.

Plan Carpin ne cite qu'accessoirement le chamane lui-même, qu'il appelle « sorcier », mais il mentionne son appellation turque – toujours actuelle – de *kam*, et non la mongole (*böö*) attestée dans l'*Histoire secrète des Mongols* (une chronique de la première moitié du 13e siècle). Il énumère les croyances et les rites des Mongols: conceptions de la survie des défunts dans un au-delà miroir du monde d'ici-bas, enterrés de ce fait avec tout l'équipement utile (tente, jument laitière, chevaux de monte, voire un serviteur); croyance en une divinité supérieure, lointaine dispensatrice des biens et souffrances en ce monde; offrande des prémices des nourritures et boissons aux diverses « idoles » anthropomorphiques confectionnées en feutre ou tissu, qui protègent la famille, ses troupeaux ou un malade; culte plus élaboré d'imposantes statues du fondateur de l'Empire mongol, Gengis Khan (v. 1162-1227), par ses descendants; nombreux interdits sur le foyer, les cours d'eau... ; crainte permanente des souillures, en particulier celles associées à la mort, et purification par le feu des visiteurs et des objets entrant dans les demeures; importance de la divination et des présages dans les décisions politiques et les conduites individuelles; absence d'une doctrine religieuse qu'ils imposeraient aux autres nations, etc.

Ces « devins qui sont leurs prêtres »

Rubrouck, lui, parle davantage des chamanes. Ces « devins qui sont leurs prêtres » sont des personnages influents dont les prescriptions « sont accomplies sans délai » – mais l'on sait que Gengis Khan n'hésita pas à éliminer le plus puissant d'entre eux, preuve de la suprématie du politique sur le religieux dans le contexte impérial mongol. Ils sont les gardiens des idoles et de leur culte, effectuent les rites de purification, désignent les responsables de grands froids, officient lors des grands sacrifices saisonniers, valident toute entreprise du khan, entre autres ses campagnes militaires.

Rubrouck raconte comment des devins interviennent pour guérir un proche du khan, recourant à un tour de magie pour faire apparaître un objet insolite sur le corps du malade, à la clairvoyance pour identifier le « sorcier » ou l'esprit fauteur de trouble, à la divination pour déterminer l'avenir; il souligne l'importance des rêves, dans lesquels se manifestent les esprits des morts, fort craints des vivants. C'est enfin Rubrouck qui, sans en avoir été lui-même témoin, nous livre la première description d'une séance nocturne au cours de laquelle l'un des devins invoque les « démons » en vue d'obtenir des réponses, frappe un tambour et, retenu par des liens, entre « en fureur ». En revanche, nulle mention du costume aux bruyantes pendeloques métalliques, support des esprits auxiliaires du chamane et « armure » de ce dernier contre les esprits néfastes, ni de sa coiffe à ramure ou à plumes, qui impressionneront les futurs observateurs.

Les descriptions de pratiques chamaniques se multiplient aux 18e et 19e siècles, au fur et à mesure de la pénétration russe en Sibérie. Les observations portent cette fois sur les petites populations dispersées dans la toundra ou la taïga, chasseurs de gros cervidés (voire de mammifères marins pour les Tchouktches maritimes ou les Esquimaux yupik), pêcheurs, parfois aussi éleveurs de rennes ou de chevaux. Chez ces peuples, qu'ils soient samoyèdes, turcs (Iakoutes, Touvines ou Altaïens), toungouses ou mongols (Bouriates), le chamanisme est alors une institution centrale de la société. Il n'a pas encore été marginalisé par la colonisation russe et constitue bien, selon l'expression de l'ethnologue Marcel Mauss, un fait social total. Il diffère à cet égard du chamanisme pratiqué au 13e siècle à la cour des khans mongols, exercé sous contrôle du pouvoir impérial et dans un contexte de pluralisme religieux.

Un chamanisme
multiforme

Les recherches récentes de Laurence Delaby et de Roberte Hamayon ont mis en lumière l'importante dimension symbolique et sociale des pratiques, des comportements et des représentations du chamanisme de chasse. Le chamane s'y révèle un élément crucial pour la survie collective. C'est à lui qu'il incombe de gérer les difficiles relations d'échange entre les humains et les esprits de la surnature (entités supérieures dispensatrices de gibier, esprits d'animaux, esprits de morts). Il marchande, lors de grands rituels annuels, la promesse de gibier ou d'enfants avec l'esprit-maître qui les accorde, repousse les attaques des esprits néfastes en érigeant une barrière symbolique autour de sa communauté, recherche dans le monde des esprits les âmes des siens qui s'y seraient égarées ou y auraient été capturées, cause principale des maladies – car l'âme, mobile, peureuse, est le gibier des esprits, comme les animaux sont le gibier des humains. Enfin, il est parfois psychopompe : il accompagne les âmes des défunts dans leur dangereux voyage au village des morts. Pour cette raison, la légitimation du chamane par sa communauté est nécessaire. C'est elle qui l'assiste dans la préparation de son équipement et qui fournit les offrandes lors des rituels d'investiture.

Dans les sociétés où l'élevage prédomine, les relations avec les esprits se vivent sur le mode de la filiation plus que de l'alliance : les esprits des ancêtres sont les garants de la prospérité et les rituels collectifs qui leur sont adressés sont pris en charge par des anciens, tandis que le chamane se spécialise dans la cure symbolique et la lutte contre les esprits fauteurs de troubles qui requièrent encore l'incorporation d'esprits et le « voyage » dans la surnature.

Les religieux russes qui « découvrirent » les chamanes à partir du 17e siècle voyaient dans les chamanes des rivaux au service du diable, tel l'archiprêtre orthodoxe Petrov Avvakum (v. 1620-1682) qui le premier utilisa l'appellation toungouse *šaman* (associée à l'idée de bondir).

Depuis, le regard s'est fait moderne, et l'explication rationaliste (le chamane est un imposteur) ou psychopathologique (c'est un hystérique, un épileptique, un sujet perturbé qui se guérit par la technique chamanique, puis guérit les autres). L'interprétation psychiatrique se fonde sur les troubles de comportement du futur chamane élu par les esprits – souvent des ancêtres – et tourmenté jusqu'à ce qu'il

se résigne à faire son apprentissage, et de la « transe » chamanique, en fait une « animalisation » du chamane au moment où, se faisant lui-même support d'esprits, il incorpore ses esprits auxiliaires sous leur forme animale.
D'autres interprétations sont aussi centrées sur la personne davantage que sur l'institution. Le mythologue roumain Mircea Eliade (1907-1986), dont l'œuvre s'axe sur l'idée d'un sacré primordial, voit ainsi en lui le maître d'une technique archaïque de l'extase, capable d'atteindre dans son expérience mystique le sacré universel des origines. Les théories de Eliade, de même que l'appropriation de traditions indigènes par quelques ethnologues occidentaux controversés, tels les États-Uniens Carlos Castaneda – qui se disait l'élève d'un chamane mexicain dont il popularisait le savoir ésotérique – ou Michael Harner – qui propose des stages de chamanisme réduit à des universaux techniques produisant un état de conscience altéré, clef de l'accès à une « réalité cachée » – alimentent les spiritualités mystico-ésotériques du *New Age* et en particulier du courant néochamaniste.
Avec la mondialisation, ces spiritualités nouvelles se répercutent sur les chamanismes autochtones renaissants, qui constituent pour elles de nouveaux lieux d'expérience. Elles contribuent, depuis la fin de l'URSS, à leur transformation. Les principaux facteurs de ce processus sont la rupture de la transmission du savoir des chamanes, la forte urbanisation, la nouvelle situation de pluralisme religieux et les modèles de religions institutionnalisées, ainsi que les revendications identitaires.
À côté des généralisations prématurées sur le chamanisme, de son instrumentalisation au service de spéculations mystiques ou de techniques d'épanouissement personnel, de nouvelles générations d'observateurs mieux préparés, parlant les langues des sociétés étudiées et appréhendant le chamanisme dans son cadre socioculturel, n'ont cessé de faire avancer la connaissance de ses manifestations, qu'elles soient asiatiques, eurasiatiques, amérindiennes... Seule l'Afrique est à cet égard isolée, les spécialistes des religions africaines préférant les termes de sorcellerie et de possession à celui, jugé connoté et réducteur, de chamanisme. Or ce dernier est multiple dans ses formes comme dans ses définitions ; quant à la possession et à la maîtrise des esprits, elles ne sont pas exclusives l'une de l'autre mais existent parallèlement dans une même société ou successivement chez le même individu. Ainsi la mise en perspective du chamanisme avec d'autres phénomènes religieux comparables, sans préjuger de leur localisation géographique ou des traditions disciplinaires, ne peut qu'être féconde à leur étude respective.

M.-D. E.

Le shintô, une religion première au 21e siècle ?

FRANÇOIS MACÉ
Professeur émérite de l'Institut national des langues et civilisations orientales (Inalco). Auteur, avec Mieko Macé, de *Le Japon d'Edo*, Les Belles Lettres, 2006.

Au Japon, c'est une scène relativement fréquente. Elle semble pourtant issue d'un autre temps : un homme, coiffé d'un étrange chapeau noir conique, vêtu de vêtements d'allure antique, officie au milieu d'un paysage urbain contemporain avec immeubles de verre et d'acier, lignes électriques, circulation automobile. Il est en train de procéder au rite de pacification du sol, *jichinsai.* Quand on a dit qu'il s'agit d'un prêtre qui accomplit un rite shintô, le mystère reste entier. Comment des rites si anciens d'apparence peuvent-ils se maintenir ? De quelle religion s'agit-il ?

Les dictionnaires et les journaux répondent alors sans hésitation par des définitions simples et claires en apparence : le shintô, religion première du Japon, vénère la nature et les ancêtres. Certes, il est toujours difficile de définir un objet aussi complexe qu'un système religieux en quelques mots. Mais le problème se complique dans le cas du Japon. Non seulement par l'emploi de concepts européens pour définir une réalité longtemps perçue comme exotique. Mais aussi par l'intériorisation, au Japon, de certaines catégories occidentales comme la religion, et par le détournement de certains concepts comme celui d'animisme.

Tous les termes des définitions ordinaires que je viens de citer sont problématiques, sans être pourtant entièrement faux. Je voudrais revenir sur chacun d'eux.

Shintô, la voie des dieux

Au sens strict de courant religieux se désignant lui-même comme tel, le shintô ne peut remonter au-delà du 13ᵉ siècle. Il est alors le fait de lettrés souhaitant doter le Japon d'un courant religieux comparable au bouddhisme, avec des livres sacrés et une théologie. Auparavant, les textes parlent des dieux, des rites, des sanctuaires, des mythes. Mais le système qui les sous-tendait ne peut être reconstitué qu'*a posteriori*. Aucune source ne nous renseigne sur une quelconque théologie. Fort probablement, personne n'en éprouvait le besoin. Ce que l'on appelle parfois par facilité le shintô primitif, ou prébouddhique, n'est qu'une façon de parler d'un état des croyances japonaises que l'on ne connaît que très imparfaitement. Cette façon de faire renforce l'affirmation de continuité depuis les origines jusqu'aux temps présents. Mais ce n'est pas parce qu'une divinité est attestée très anciennement que le système de croyances qui l'accompagne est resté inchangé.

L'emploi de *dô* (ici écrit et prononcé *tô*), la voie, dans le mot shintô laisse entendre une démarche réfléchie conduisant à l'accomplissement personnel. Le terme et le concept viennent de Chine (*Dao**) où ils s'appliquaient aussi bien au bouddhisme, au confucianisme qu'au taoïsme qui en tire son nom. Rien ne permet de penser qu'il existât de telles préoccupations dans les croyances japonaises antérieures au bouddhisme.

Shûkyô, la religion

Le concept de religion est encore plus récent au Japon. C'est un terme de traduction adopté au 19ᵉ siècle pour rendre compte de la réalité occidentale. Il servit ensuite à penser un certain nombre d'éléments de la culture japonaise en fonction de ce nouveau critère de civilisation. Toute civilisation se doit de posséder une religion. Le Japon se retrouva donc avec deux religions : bouddhisme et shintô. La première d'origine étrangère, l'autre autochtone. Au moment de la restauration de Meiji en 1868, certains dirigeants pensèrent pouvoir imposer le shintô comme unique et véritable religion du Japon. Les mesures en ce sens firent long feu. Le gouvernement fut obligé de reconnaître que le bouddhisme, sous ses diverses formes, représentait l'écrasante majorité de la population. Il dut aussi accepter le christianisme sous la pression des puissances occidentales. Le terme de religion tel qu'il est employé alors recouvre les conceptions occidentales. Le shintô officiel ne fut plus inclus dans cette définition. Émanation de l'essence nationale, il était situé au-dessus des religions.

Cette conception moderne de la religion remplaça un concept d'origine chinoise, celui des trois enseignements, *sankyô*, concept adapté à la réalité japonaise et associant le bouddhisme, le confucianisme et le shintô.

Shizen, la nature

Le culte de la nature pose encore plus problème puisque, comme pour la religion, le concept de nature utilisé actuellement au Japon est d'origine occidentale. Les termes japonais qui lui correspondaient en partie avant son adoption sont, eux, d'origine chinoise comme par exemple *banbutsu* (chinois *wanwu*) les dix mille êtres, ou *sansen* (chinois *shanchuan*) monts et rivières. S'il est exclu de chercher au Japon un culte de la nature qui n'existe sans doute nulle part, il n'en reste pas moins que certains objets naturels sont toujours vénérés au Japon.

Il suffit d'y voyager un peu, ou même de feuilleter quelques recueils de photos, pour trouver des marques d'un culte à certains aspects de la nature. Les plus connus sont les arbres et les rochers. Tout le monde a en souvenir l'image d'un arbre vénérable, entouré d'une corde de paille de riz qui le sépare du monde profane et le range dans l'espace sacré. Les gens du shintô le nomment *shinmoku*, arbre des dieux. Je ne peux m'empêcher de le rapprocher des arbres aux fées. Autre cliché, celui de deux rochers dans la mer, entourés chacun d'une corde mais surtout reliés entre eux, lien bien naturel puisqu'ils sont considérés comme mari et femme, ainsi les deux récifs de la baie d'Ise, Meotoiwa. Dans le même ordre d'idée, on fait souvent remarquer que les sanctuaires du shintô sont souvent entourés d'arbres. Ces arbres sont comme des portions d'une forêt qui semble indispensable au confort des dieux. Le terme même de *mori*, bois, forêt, servait aussi à désigner l'enclos des sanctuaires. Les bois sacrés des Romains ne sont pas loin.

À y regarder de plus près, les éléments naturels qui connaissent le plus de succès sont, comme on pouvait s'y attendre, ceux qui entretiennent un rapport direct avec les hommes et leur survie : l'eau des sources et la pluie pour les rizières, le feu avec son ambivalence, le Soleil bien sûr. Mais d'une part, il ne s'agit qu'assez exceptionnellement de l'élément naturel divinisé tel quel. Le Soleil est une déesse célébrée dans un sanctuaire à Ise. Elle fut longtemps perçue comme la déesse locale. Elle est aussi l'ancêtre de la maison impériale. La divinité de la montagne, *yama-no-kami*, maîtresse de l'eau et des animaux sauvages, peut descendre dans les vallées et devenir divinité des rizières.

D'autre part, il reste difficile de réduire le shintô à ce seul aspect de sacralisation de la nature. Les trois dieux célébrés dans le plus grand nombre de sanctuaires ne sont pas des éléments naturels divinisés. Hachiman est devenu le dieu tutélaire du principal clan de guerriers au Moyen Âge. Tenjin, un des très rares hommes divinisés de la période antique, est considéré comme le patron des lettrés, mais il est aussi guérisseur. Inari, le plus populaire, était à l'origine une divinité du riz, mais très tôt, il a été invoqué pour toutes sortes de motifs. Comme la plupart des dieux, il est polyvalent au point que son lien avec le riz peut maintenant paraître secondaire. Tous les trois ont entretenu des liens fort étroits avec le bouddhisme. Hachiman fut honoré du titre de *bodhisattva**. Inari – assimilé à la divinité bouddhique Dakiniten – fut en partie patronné par une branche du bouddhisme zen. Tenjin est célébré dans un sanctuaire dont l'architecture est d'inspiration bouddhique, le Gongenzukuri.

Sosen sûhai, le culte des ancêtres

Le terme de culte des ancêtres évoque le système religieux chinois, dont il est issu. Celui-ci a pénétré au Japon avec sa composante confucianiste, assez peu marquée en surface, et son volet bouddhique, au contraire très présent. La quasi-totalité des rites funéraires est bouddhique, depuis le 8e siècle pour les élites et un ou deux siècles plus tard pour l'ensemble de la population.

Que, sous les rites et les conceptions bouddhiques, d'autres éléments confucéens ou indigènes aient pu continuer d'exister est une évidence. Mais cela ne remet pas en cause le fait massif de la domination absolue du bouddhisme dans ce domaine. Du côté du *shintô* proprement dit, on voit se multiplier les déifications d'hommes éminents à partir de la fin du 16e siècle. Le phénomène était extrêmement rare auparavant. Jusqu'au 19e siècle, les empereurs décédés eux-mêmes n'ont pas été considérés comme des divinités à célébrer comme des dieux. L'hommage qui leur était rendu se faisait dans le cadre du bouddhisme. C'est l'empereur Meiji (1868-1912) qui rompit cette tradition. Il fit construire plusieurs sanctuaires en l'honneur de certains de ses prédécesseurs, à commencer par son premier ancêtre humain, le (légendaire) empereur Jinmu. L'empereur Meiji fut aussi le premier souverain à recevoir un culte dans un sanctuaire aussitôt après sa mort. Les tentatives pour promouvoir des funérailles shintô au sein de la population à partir de la restauration de Meiji n'ont pourtant pas réussi à remettre en cause le quasi-monopole du bouddhisme dans ce domaine. Comment alors parler d'un culte des ancêtres qui serait déconnecté des rites funéraires ?

Animizumu, l'animisme revisité

Avec le renouveau de fierté nationale qui a accompagné la haute croissance et les succès économiques, le shintô est réapparu comme un élément central de la spécificité japonaise dont il ne fallait plus avoir honte. C'est à ce moment-là que certains essayistes ont repris le terme d'animisme, *animizumu* en japonais, pour en tirer gloire face à l'Occident. Cet *animizumu* correspond à une vision assez angélique d'un Japon où régnerait le respect de la nature. Les monceaux d'ordures laissés par les touristes sur le mont Fuji permettent d'en douter. L'emploi de ce terme ne correspond pas, bien évidemment, à l'acception que lui a donnée récemment Philippe Descola. Il ne se retrouve pas non plus dans celui, assez péjoratif, qu'il avait jusqu'à présent dans l'histoire des idées religieuses. Il y désignait un système de croyances antérieur aux polythéismes, où tout objet naturel ou fabriqué serait détenteur d'une force ou d'un esprit. Cette dernière utilisation était bien connue au Japon depuis longtemps. Kume Kunitake[1] (1839-1931) avait fait scandale en 1891 à cause d'un article intitulé « Le shintô, une vieille coutume de célébration du ciel », où il comparait le shintô aux religions primitives décrites par les spécialistes occidentaux des religions. Un peu plus tard, Katô Genchi (1873-1965), professeur à l'université impériale de Tôkyô, reprendra le terme dans les années 1930. Il lui trouvera une place dans le shintô, mais comme vestige d'une étape dans la construction de celui-ci. Pour lui, le shintô aurait le privilège de regrouper et de garder vivants tous les éléments du développement religieux, depuis les formes les plus primitives jusqu'aux élévations des grandes religions. Il pensait au bouddhisme et surtout au christianisme.

Je ne suis pas sûr que ceux qui usent du mot *animizumu* actuellement au Japon connaissent cet arrière-plan. Pour eux, il s'agit plutôt de prendre un terme qui leur permette de mieux s'opposer à la vision qu'ils ont de l'Occident, celle d'une

1- Dans les articles de François Macé et Michel Brousse, nous avons respecté l'usage japonais de mettre le patronyme devant le nom personnel.

opposition tranchée entre la culture et la nature, opposition qu'ils rattachent à la prééminence du christianisme, religion monothéiste comme chacun sait. Ces définitions ne sont donc pas souvent adéquates et, sans en avoir l'air, elles portent un message idéologique dont il faut être conscient.

Si les définitions courantes sont récusées, il faut bien essayer de proposer autre chose. Pour ce faire, je pense qu'il est nécessaire de bien sérier les emplois du mot shintô d'une part, et, d'autre part, d'élargir le regard à l'ensemble des attitudes religieuses par-delà les étiquettes.

Kokka shintô, le shintô officiel

Au lendemain de la défaite japonaise, dès décembre 1945, le shintô fut séparé de l'État par une directive de l'armée d'occupation américaine. Celle-ci fit face à un dilemme. Il fallait punir le shintô d'avoir soutenu l'impérialisme japonais. On pensa à l'interdire. Mais comment le supprimer sans mettre en danger le système impérial dont il constitue un élément central ? Il y avait aussi l'obligation d'une certaine cohérence. Le vainqueur lui-même devait se soumettre aux nouvelles règles de liberté religieuse apportée par la démocratie qu'il voulait imposer.

Le shintô visé par cette directive est celui que l'on nomme depuis lors le shintô d'État, *kokka shintô*. De la fin du 19e siècle à 1945, on parlait plutôt du shintô des sanctuaires, *jinja shintô*, pour le distinguer des courants de type nouvelles religions qualifiés de shintô des écoles, *kyôha shintô*. Dans le premier cas, ce sont le lieu et l'institution qui sont mis en avant ; dans le second, le contenu de la croyance. Dans les deux cas, il n'est guère question des pratiques populaires non encadrées par un clergé. Ce que les folkloristes japonais ont appelé les croyances populaires était considéré comme un ensemble de superstitions par la très grande majorité des autorités, qu'elles soient administratives ou religieuses.

Le shintô officiel, soutien du système impérial (l'empereur est présenté comme le descendant de la grande déesse solaire), fut créé pour forger l'unité nationale au moment de la restauration de Meiji. Il servit de religion civile au nouvel État-nation. Les desservants des sanctuaires étaient des fonctionnaires. Un certain nombre de rites étaient obligatoires pour tous les sujets de l'empire quelle que soit leur religion. Le shintô dans ce contexte ne pouvait être que la religion première du Japon. Sa singularité et sa supériorité s'expriment dans le slogan si souvent répété : le Japon est un pays divin.

C'est dans ce cadre du shintô officiel que s'organisa un des aspects les plus controversés du shintô contemporain, le culte rendu aux soldats morts pour l'empereur au sanctuaire de Yasukuni. Les visites officielles de Premiers ministres japonais à ce sanctuaire, surtout dans les années 2000, ont soulevé de vives polémiques en Asie orientale, à cause surtout de la présence, parmi les morts pour la patrie, de criminels de guerre exécutés à l'issue des jugements du tribunal de Tôkyô. La divinisation des soldats morts au combat est une création de la seconde moitié du 19e siècle, qui ne correspondait à aucune pratique antérieure. Mais cette divinisation ne s'accompagna d'aucun discours sur un quelconque paradis du type Walhalla, ou une autre forme d'existence que celle d'être l'objet d'un culte dans ce sanctuaire. Le Yasukuni, et les sanctuaires départementaux qui dépendaient de lui, jouent le rôle des monuments aux morts de la tradition républicaine française, avec la même connotation patriotique.

Le terme de shintô employé actuellement renvoie, pour l'immense majorité des Japonais, à ce shintô qui fut officiel avant-guerre et qui perdure dans les sanctuaires. La plus grande partie de ceux-ci est affiliée à une association, le *Jinja honchô* (le siège central des sanctuaires), qui s'affiche clairement comme l'héritière du shintô d'État. Elle œuvre pour une reconnaissance officielle au moins partielle du shintô, en réaction à la séparation du religieux et du politique imposée par les Américains.

Longtemps le monde du shintô institutionnel n'a guère eu de succès auprès du grand public. Les souvenirs de la guerre et des contraintes qu'il imposait étaient trop présents. Mais depuis une vingtaine d'années, le nombre de publications relatives au shintô augmente régulièrement, surtout celles qui visent un large public et qui se réclament peu ou prou du shintô officiel. Elles offrent une image très lisse d'un shintô en harmonie avec la nature.

Minzoku shintô, les pratiques populaires

Pour rendre compte de pratiques et de croyances populaires ignorées ou méprisées par le shintô officiel, des ethnologues ont récemment créé le terme de shintô populaire, *minzoku shintô*. Certains ne sont pas loin de croire qu'il s'agit là du shintô authentique. Il n'est pas question de rentrer dans la problématique biaisée de l'authenticité. Ce qui est important, c'est que ces études montrent un monde religieux d'une incroyable diversité, loin de l'uniformisation imposée par les formes officielles. Mais encore plus que les formes savantes, ces pratiques populaires ne peuvent être séparées des autres éléments du système religieux japonais. Comment parler du culte des pierres sans évoquer les statues bouddhiques, qui semblent bien jouer un rôle homologue aux autres marqueurs du paysage que sont les statues des divinités des chemins par exemple ? Plutôt que de se limiter à ce qui relève strictement des *kami**, il est préférable d'observer des pratiques sans trop s'attacher à leur étiquette.

Le soir du Nouvel An, des millions de personnes se rendent dans les sanctuaires shintô pour accomplir la première visite, *hatsumôde*. En plein Tôkyô, dans la forêt qui entoure le sanctuaire de Meiji, la foule est canalisée par la police. On peut se demander à quelle divinité ils vont rendre hommage. Il est peu probable que ce soit à l'empereur Meiji lui-même dont c'est pourtant le sanctuaire. Les mêmes personnes pourront aller le lendemain à un autre grand lieu de « première visite », le monastère Sensôji dans le quartier populaire d'Asakusa. On y vénère Kannon, *bodhisattva* de la compassion. La presse est peut-être encore plus vive qu'au sanctuaire de Meiji. On adresse aux *kami* et *bodhisattva* le même vœu, une année heureuse.

Dans les sanctuaires d'une certaine importance, il n'est pas rare de voir un emplacement délimité par quatre bambous reliés par une corde de paille de riz. Cette place est réservée aux voitures que l'on y dépose pour qu'elles reçoivent la protection des *kami*. À cette occasion, le prêtre récite une prière dans un style archaïque incompréhensible au commun des mortels mais bien destinée à l'automobile. Est-ce si particulier ? Ailleurs on baptise bien les bateaux. Pourtant on peut observer un traitement particulier des objets. J'ai déjà évoqué les arbres centenaires ou les rochers insolites.

Le traitement s'étend aux objets fabriqués. L'époque d'Edo (1603-1868) a laissé de très belles illustrations d'objets animés ou hantés. Ces œuvres entrent plus dans le domaine du fantastique assumé comme catégorie artistique que dans celui des croyances. Il n'en reste pas moins que les objets ne sont pas toujours neutres. Cette conception donne lieu à des pratiques comme celle du *hari kuyô*, rite pour les aiguilles des couturières qui ont fini leur vie d'aiguille. Ces services d'inspiration bouddhique s'étendent aux vaches qui ont vaillamment servi en donnant leur lait, aux cadavres anonymes utilisés dans les salles de dissection des facultés de médecine. On peut les interpréter comme une expression de la gratitude aussi bien qu'une précaution contre une vengeance possible. Il me semblerait forcé de les faire entrer dans la catégorie animisme.

Quoi qu'en disent certains de ses représentants, le shintô ne peut être compris en dehors de toutes les autres composantes du système religieux japonais. Si par un extraordinaire concours de circonstances des pratiques très anciennes ont pu survivre, c'est que, d'une part, le bouddhisme n'a pas voulu ou pas pu supplanter les dieux, et que, d'autre part, la politique religieuse appliquée de 1868 à 1945 créa un shintô moderne, fier de sa spécificité, au moment du choc de la modernité et de l'occidentalisation.

Plutôt que de les nier, le bouddhisme a préféré englober les *kami* dans son explication du monde en leur laissant une sphère d'influence, les intérêts immédiats de ce bas monde, les récoltes, la fertilité, la richesse. La permanence des cultes rendus aux *kami* permit aux dirigeants de Meiji de les mettre au service de l'unité nationale. Mais ils s'efforcèrent de les présenter sous une forme honorable, par rapport aux normes occidentales de la bienséance. Les aspects les plus crus comme les cultes phalliques furent en partie camouflés. Grâce à ce patronage officiel, des formes plus humbles ont pu survivre au choc de la modernisation. Mais la symbiose entre bouddhisme et *shintô* demeura vivante dans les pratiques populaires. On continua d'invoquer dans le même élan les dieux et les bouddhas en cas de malheur.

Évoquons, en fin de compte, la puissance des dieux. Non seulement les grands sanctuaires ont résisté à l'absorption complète par le bouddhisme, mais les humbles chapelles d'Inari se sont maintenues en pleine ville, au sommet d'un immeuble, dans le coin d'un parking...

La divinité Inari, souvent représentée sous la forme d'un renard.

Inari,
divinité syncrétique

Inari, l'une des divinités shintô les plus populaires, était à l'origine une divinité du riz. Très tôt invoqué pour toutes sortes de motifs, il est devenu polyvalent au point que son lien avec le riz peut maintenant paraître secondaire. Son culte a emprunté nombre d'aspects au bouddhisme, comme en témoigne cette statue. Le renard est le messager d'Inari (d'où le rouleau tenu en bouche). Ce renard, sous forme de statue, garde l'entrée d'un sanctuaire d'Inari. Ce rite-là est d'inspiration bouddhiste : diverses divinités (statufiées par paires, sous forme de chiens, de lions, de singes, de terribles guerriers…) empêchent les démons de venir polluer temples et sanctuaires de leur présence. L'écharpe rouge rappelle cette fonction, cette couleur tenant les mauvais esprits à distance.

Laurent Testot

La métaphysique des mangas

FABIEN TRÉCOURT
Journaliste scientifique.

En 2014, le « Walt Disney japonais » prend sa retraite. Miyazaki Hayao annonce que son nouveau long-métrage – *Le vent se lève* – serait aussi le dernier. À l'instar du dessinateur hollywoodien, il aura su donner du sens et de la profondeur à un genre souvent jugé infantile. Car, non, ça n'est pas que de la bande dessinée basse de plafond : c'est aussi du cinéma, du dessin animé ; et sur le papier comme à l'écran, il y a des chefs-d'œuvre. Il suffit d'ailleurs de lire le synopsis du *Vent se lève* pour balayer quelques clichés. Le scénario s'inspire de la vie d'un personnage historique : Horikoshi Jirô, un ingénieur connu pour avoir créé les avions de guerre de l'armée japonaise dans les années 1930. En toile de fond, la marche du Japon vers la Seconde Guerre mondiale se traduira *in fine* par le bombardement nucléaire de Hiroshima et Nagasaki. La politique de modernisation du Japon, initiée sous l'ère Meiji (1868-1912) et la guerre technologique qui s'ensuivit est également en ligne de mire. « Les mégalopoles tentaculaires, la dévoration du corps par la cybernétique, la pollution des sols, des eaux et des airs sont pour Miyazaki une course à l'abîme », analyse l'historien de l'art Pierre Pigot, auteur d'*Apocalypse manga* (2013). C'est à ce titre que l'avion, objet de fascination pour l'ascension spirituelle pouvant se retourner en machine de mort, prend tout son sens dans *Le vent se lève*.

« Miyazaki affronte directement les étapes menant à ce qu'il considère comme un point de non-retour, poursuit Pigot, celui où la folie destructrice des hommes atteint un tel niveau que les dieux shintô ne peuvent plus constater la descente aux enfers qu'avec indifférence. » Les catastrophes technologiques ou naturelles apparaissent comme l'ultime conséquence d'une brisure entre le monde des hommes et celui de divinités traditionnelles japonaises.

Esprits de la forêt et *kami*

Ces esprits appelés *kami** résident en toute chose, selon le shintô : les êtres vivants, mais aussi les objets inanimés et tous les phénomènes de l'univers. Ils peuplent également les films de Miyazaki – et d'ailleurs bien d'autres mangas – : ce sont les sorcières et les dragons dans *Le Voyage de Chihiro* (Miyazaki, 2001), les *tanuki* et les renards anthropomorphes dans *Pompoko* (Isao Takahata, 1994), les esprits de la forêt dans *Princesse Mononoké* (Miyazaki, 1997), etc. « Depuis les temps anciens, renchérit Yamakage Motohisa dans *Shintô. Sagesse et pratique* (2012), le peuple japonais a toujours, dans sa vie quotidienne et sans recourir à une philosophie complexe, révéré la nature comme un don des *kami* (...), les gens sentaient que les *kamis* résidaient dans les belles montagnes et les rivières. » Les sociétés dépeintes par Miyazaki, elles, ont au contraire tendance à occulter ou à détruire cette dimension spirituelle de l'univers, engendrant notamment le péril écologique.

Quête de soi

Seuls les héros de Miyazaki s'efforcent de rétablir des ponts entre les deux mondes. En apprenant à discerner les esprits qui résident en chaque être, à entrer en relation avec eux et à les respecter, ils prennent conscience du *kami* qui réside en eux-mêmes et s'accomplissent en tant que personnes. Cette mythologie se retrouve en filigrane dans bien d'autres mangas, notamment ceux destinés aux adolescents en quête d'identité. Dans *Dragon Ball*, *Naruto* et *One Piece* – les trois titres les plus vendus au monde –, les personnages partent en quête d'un but bien précis, qu'ils perdent peu à peu de vue au profit d'une illumination intérieure. Selon l'historien Jean-Marie Bouissou, auteur de *Manga. Histoire et univers de la bande dessinée japonaise* (2010),

un tel accomplissement de soi revient parfois à « suivre sa voie ». Les personnages choisissent leur destin et s'y tiennent, quelles qu'en soient les conséquences. À la fin des années 1980, la crise a notamment fait la fortune du héros mû par le *junjô*. « Ce terme désigne un esprit naïf et sincère, qui se jette d'instinct dans le combat pour la justice, avec un grand cœur "typiquement japonais" et une énergie brute que ne brident ni calculs ni souci des convenances. » On décrirait difficilement mieux les trois plus célèbres héros de *shônen* – des titres pour adolescents – : Sangoku, Naruto et Monkey D. Luffy.

« Même tuer ne saurait être interdit *a priori* pour qui suit sa voie avec sincérité », observe Jean-Marie Bouissou – une éthique qui s'inspire du *bushidô* (litt. voie du guerrier) et de la culture samouraï. Friedrich Nietzsche résumait une idée similaire lorsqu'il écrivait : « Choisis un maître, peu importe lequel, et obéis longtemps. » Le shintô est également loin de défendre une conception manichéenne de la morale. « Dans ce que le judéo-christianisme définit comme le "mal", estime Jean-Marie Bouissou, les Japonais ne voient que l'une des deux faces de la réalité, la part d'ombre présente en chacun de nous. » Yamakage compare en ce sens le « bien » à une ligne droite : « Elle n'a pas besoin d'être strictement droite, mais elle doit aller résolument de l'avant, d'une manière positive qui suggère la croissance organique, la clarté et l'honnêteté. »

Monstres
et créatures fantastiques

Les hommes côtoient des animaux qui parlent, des vampires s'intègrent à la société de consommation, les robots sont bourrés de sentiment et d'émotion… L'entremêlement du réalisme et du fantastique est constant dans le manga. « Au Japon, où les *kami* (esprits) du shintô investissent sans façon, depuis toujours, pierres, arbres, mais aussi miroirs et autres objets artificiels, le "techno-animisme" n'a rien que de très naturel », remarque à cet égard l'historien Jean-Marie Bouissou, spécialiste du manga. Chaque chose ayant un esprit, la séparation des ordres spirituel et temporel est moins marquée que dans la culture européenne ; les auteurs de mangas se sentent spontanément plus libres d'imaginer des créatures surnaturelles ou hybrides. C'est ce qui a nourri la mauvaise réputation du manga en Occident, estime J.-M. Bouissou, comme les accusations d'« absurdité ». Mais c'est aussi ce qui a contribué à leur succès, les adolescents de tous pays ayant besoin de réenchanter le monde. « Le technoanimisme y pourvoit à sa manière, en disséminant les esprits divins dans toutes les catégories d'où la pensée moderne et classificatrice les avait chassés. »

F.T.

Succès commercial

Néanmoins, beaucoup de mangas privilégient des scénarios conformistes pour séduire un large public et satisfaire des critères commerciaux : les personnages masculins rêvent d'être sacrés dans un sport ou un art - souvent martial -, les filles de réussir dans la mode, le mannequinat ou la chanson, etc. Il est à la fois difficile de réunir tous ces archétypes sous une même enseigne, et difficile de ne pas pressentir une unité de style. Les milliers de mangas édités chaque année sont à l'image du shintô tel que le décrivait l'orientaliste Jean Herbert, l'un des premiers chercheurs français à avoir travaillé sur cette religion : « J'ai rencontré plus d'un millier de prêtres shintô et de shintoïstes, et aucun ne m'a dit la même chose », et pourtant, « quand je relie entre elles les paroles de tous, je vois émerger une philosophie et un ensemble de principes. » Comme le résume un adage shintô : l'un est multiple, et le multiple est un.

À LIRE

P. Pigot, *Apocalypse Manga,* Puf, 2013.

M. Yamakage, *Shintô. Sagesse et pratique*, Sully, 2012.

J.-M. Bouissou, *Manga. Histoire et univers de la bande dessinée japonaise*, Philippe Picquier, 2010.

Arts martiaux : sport des sages ?

MICHEL BROUSSE
Docteur en Staps, professeur agrégé, Université de Bordeaux, il est l'auteur notamment de *Les Racines du judo français. Histoire d'une culture sportive*, Presses universitaires de Bordeaux, 2005. http://michelbrousse.fr

La nomenclature des activités physiques utilisée en France de nos jours par le ministère des Sports et l'Insee distingue une famille des « arts martiaux ». La même désignation se rencontre dans les textes juridiques, les encyclopédies et les dictionnaires depuis près d'un demi-siècle. La reconnaissance sociale de pratiques qui, selon les estimations, rassemblent près d'un million et demi d'adeptes et 7 % de l'ensemble des licences sportives en France, se double ainsi d'une large reconnaissance institutionnelle, tant nationale qu'internationale. Par leurs origines et leur spécificité, les arts martiaux, au même titre que les activités de pleine nature, les activités de loisirs et aujourd'hui le e-sport, contribuent au renouvellement permanent du paysage des activités physiques et sportives. Ces arts venus d'ailleurs traduisent les transformations de la société française, de ses modes de consommation et de loisirs.

L'originalité de la place grandissante des arts martiaux tient au contraste des cultures et des usages du corps. Plusieurs questions se posent quant à la définition de ces pratiques, à l'antériorité de leur origine ainsi qu'à leur appropriation et à leur fonction dans une société collectivement initiée aux exercices physiques seulement depuis la fin du 19e siècle par le biais de l'école et des sports modernes.

De l'art de faire la guerre...

L'art martial est un art de la guerre. Dans le langage courant, la notion renvoie prioritairement aux méthodes de combat japonaises puis par extension chinoises et ensuite asiatiques. Les techniques de combat des guerriers nippons, les *bujutsu* (de *bu, bushi,* guerrier et *jutsu*, art, technique), forment un ensemble cohérent répondant aux diverses situations de l'affrontement sur le champ de bataille. Comme son nom l'indique, le samouraï est « celui qui sert ». Tour à tour rustre ou raffiné, déprécié ou admiré, exemple de loyauté et de désintéressement, mais parfois vil et corrompu, le guerrier a occupé plusieurs rôles et plusieurs fonctions dans la société japonaise, allant du simple homme de main au plus illustre des généraux. C'est autour de lui que s'est écrite l'histoire des arts martiaux. Les aléas de son influence et de son statut expliquent les transformations successives de ces pratiques.

Les études historiques sur les arts martiaux ont l'habitude de distinguer trois stades, qui correspondent aux étapes principales de l'histoire du Japon. Dans une analyse remarquée, l'expert en arts martiaux Donn F. Draeger établit l'influence de chacune de ces époques sur les pratiques du combat. Il différencie les *bujutsu* et les *budô* classiques, des *bujutsu* et des *budô* modernes.

Les *bujutsu* classiques correspondent à la période qui va de l'installation du gouvernement militaire au début de l'époque Kamakura en 1185 jusqu'à l'établissement du shogunat Tokugawa en 1603. Ce sont des systèmes de combat créés pour assurer la protection des individus. Le *bujutsu* réunit l'ensemble des *jutsu,* c'est-à-dire des systèmes de combat dont les noms incluent le suffixe *jutsu,* comme le *kenjutsu,* art du sabre, le *sôjutsu,* art de la lance, le *suieijutsu,* art de la natation de combat, le *ninjutsu,* art des techniques d'espionnage... Les *bujutsu* classiques reflètent les priorités d'une société expérimentant la guerre sur une base régulière. Ces arts sont l'apanage des classes sociales supérieures. Transmis exclusivement au samouraï, ils symbolisent sa force et sa puissance. La philosophie zen dont ils sont imprégnés façonne le comportement du samouraï. École indépendante du bouddhisme, le zen s'est développé au Japon dès la fin du 12e siècle et a profondément pénétré la culture japonaise pour rapidement devenir le *credo* des aristocrates, des lettrés et des guerriers. Les samouraïs sont séduits par la discipline mentale, l'ascèse et l'harmonie avec la nature, car le zen fortifie leurs idéaux suprêmes : la fidélité et l'indifférence aux souffrances physiques.

... à la recherche de la voie

Les *budô* (ou voies martiales) classiques apparaissent durant le shogunat de la dynastie Tokugawa (1603-1868) dans une période différente de l'histoire du Japon. La paix relative imposée à l'ère Edo (autre nom donné à l'époque Tokugawa) réduit considérablement les possibilités offertes au samouraï d'exercer son art dans un affrontement réel. La stabilité politique et sociale transforme l'activité du guerrier. Les maîtres de *bujutsu* s'efforcent alors de lutter contre l'oisiveté engendrée par la disparition des guerres de clans. Dans leur enseignement, ils renforcent les principes éthiques et philosophiques. Ce changement d'orientation est affirmé par la substitution du suffixe *dô* (voie) au suffixe *jutsu.* Draeger écrit : « Les *budô* sont des systèmes spirituels (...) pour l'accès, par l'individu, à la perfection de soi ». Privés de fait de leur fonction principale, les arts martiaux vont alors développer des formes qui seront détournées de leur efficacité combative originelle. L'écrivain américain poursuit l'analyse. Il décode une hiérarchie des priorités clairement définie dans le *bujutsu* classique qui privilégie le combat, la discipline et l'éthique. Dans l'examen du *budô* classique, il met en lumière la transformation des objectifs dans un ordre qui devient l'éthique, la discipline et l'esthétique.

En 1868, à partir de la Restauration Meiji, l'ouverture du Japon à l'Occident entraîne un changement de société. Créées pour la guerre, les techniques sont adaptées aux conditions de la vie civile. Le réalisme du champ de bataille s'estompe. La cité devient le nouveau lieu du combat à mains nues. Non autorisées à porter le sabre, craignant le samouraï sans maître, les classes dominées se préoccupent de leur défense individuelle. Techniquement, l'évolution se traduit par une spécialisation des formes étudiées et une tendance marquée à approfondir l'aspect défensif dans des circonstances inspirées par les agressions de la vie quotidienne. L'effondrement du régime Tokugawa et l'occidentalisation du Japon font perdre, pour un temps, leur crédit et leur noblesse aux arts du combat. Le renouveau est dicté par les ambitions du Japon moderne de l'ère Meiji (1868-1912). Yamagata Aritomo, responsable en chef des armées, ne fait-il pas du *bushidô* (code des samouraïs qui définit ce qui est loyal ou non) la base morale commune de la nouvelle armée, dans l'intention de transformer chaque citoyen en samouraï ?

La reconstruction des arts martiaux participe à la transmission des valeurs prioritaires, la discipline et la morale. À la suite des combats victorieux menés en Corée contre la Chine en 1894, le pays connaît une recrudescence des sentiments nationalistes. En 1895, une institution gouvernementale, la *Dai Nippon Butoku Kai* (Association pour la vertu martiale du Grand Japon), est créée dans le but de faire « renaître l'esprit *bushidô* », de « promouvoir le *bujutsu* parmi les soldats et de renforcer la puissance militaire nationale ». Au fil du temps, les styles de combat se séparent. De manière très globale, on peut dire que le *judô* a approfondi les modes de projections, le *karatedô*, les percussions à l'aide des poings, des pieds, l'*aïkidô*, les esquives, les luxations. L'accent est mis sur les valeurs. Le *bushidô*, code d'honneur du samouraï, devient une référence morale. Élevé au rang de mythe, il s'ancre au plus profond de la culture japonaise.

La construction d'un imaginaire

Un Japon mystérieux, sans égal au monde et riche de la figure mythique du samouraï, est offert aux yeux des lecteurs occidentaux dans les récits des premiers observateurs qui, tel le célèbre écrivain Lafcadio Hearn, en donnent une image romantique et idéalisée. Ainsi, le terme « *martial art* » se rencontre-t-il dans la littérature anglo-saxonne dès la fin des années 1890. Dans leur version française, ces récits de voyages et ces descriptions dévoilent à un public avide de curiosité les mystères du pays du Soleil Levant. Ils forgent dans les imaginaires occidentaux la figure du héros impassible et invincible. De fait, pour le grand public, les arts martiaux, quelles que soient leur nature initiale et leur évolution, ont ceci de particulier d'être irréductibles à une simple dimension technique ou compétitive. Expert ou maître sont les seuls vocables utilisés pour désigner celui qui sert de guide. Le champion appartient au champ de la performance mesurable. Les arts martiaux ne sont, dans leur essence, en aucun cas assimilables à un sport.

Pour reprendre les termes d'un expert francophone, l'universitaire Kenji Tokitsu, n'appréhender que l'action du corps reviendrait à « jeter la chair de l'orange pour n'en garder que la peau ».

La philosophie et les valeurs que les pratiquants revendiquent distinguent nettement les arts martiaux des sports de combat. L'union recherchée du geste et de la pensée doit conduire au perfectionnement de soi, à l'élévation de la personne et à sa contribution à l'amélioration de la société dans un esprit d'entraide et de prospérité mutuelle. La rigueur de l'entraînement et la persévérance sont à la base de l'effort qui conduit le pratiquant à vaincre son moi intérieur, à contrôler ses émotions et à fondre dans l'action l'esprit (*shin*), la technique (*gi*) et le corps (*tai*). La trilogie *shin gi tai* est à la base du concept même de grade qui détermine la hiérarchie de l'expertise et les différents degrés de la ceinture noire du premier au dixième *dan*. Dans les arts martiaux, la maîtrise de l'énergie vitale ou *ki* est indispensable à l'union du corps et de l'esprit. Elle passe par le contrôle de la respiration et du *hara*, le centre d'équilibre du *ki*, situé sous l'ombilic. Une illustration de ce principe unissant les énergies peut être donnée par le tir à l'arc ou *kyudô* dans lequel on considère que la flèche est indissociable de la cible à laquelle elle appartient avant même d'être décochée.

L'avènement des arts martiaux en France est consécutif à l'essor du judo, qui est le premier du genre à être introduit dans l'hexagone. Au début du 20e siècle, l'intérêt majeur que suscite le Japon, tant par l'admiration et la crainte qu'inspirent ses armées que par son influence irréversible dans le monde de l'art, a attiré ceux qui voient dans son style de combat la promesse d'une invincibilité acquise par la maîtrise de ses techniques. À l'engouement initial succède rapidement une période d'indifférence. Mais, dans les années 1930, la méthode japonaise redevient un centre d'intérêt. Progressivement, l'art de défense s'enrichit de la dimension éducative chère au fondateur du judo, Kanô Jigorô. Le sensationnel et l'invincibilité s'effacent alors devant les lois de la physique et de l'équilibre. Le judo forge les esprits et les corps. Les journaux annoncent une science, une école de sang-froid, une amélioration certaine de la civilité du caractère et du corps. En s'imposant comme la plus efficace mais aussi la plus cultivée et la plus intellectualisée des disciplines de combat, le judo bouleverse l'image socialement insécurisante de la confrontation physique. La tenue qui efface la distance sociale accentue le renouvellement de l'image du corps combattant. L'élitisme du judo n'est pas un élitisme social. C'est un élitisme culturel et intellectuel dont la force réside dans l'union établie entre la pensée et l'action, l'intelligence et l'efficacité, l'élégance et la virilité.

Savoir-faire et savoir-être

La nouveauté de la discipline se situe dans sa double capacité à euphémiser l'affrontement et à viriliser la préoccupation esthétique. Pour les puristes, le « vrai judo » est celui où la forme ne le concède en rien à la fonction, où l'emploi de la force ne peut que signifier l'intelligence du muscle. Le philosophe et sémiologue Roland Barthes en traduit le sens lorsqu'il écrit : « On dit que le Judo contient une part secrète de symbole : même dans l'efficience, il s'agit de gestes retenus, précis mais courts, dessinés juste mais d'un trait sans volume. » L'intérêt pour le corps est autrement affirmé. Il représente une invitation à poursuivre une quête personnelle dans l'étude appliquée des traités du philosophe mystique Georges Gurdjieff, du penseur bouddhiste Daisetz Suzuki ou des philosophes hindous. Ne sont pas rares les ceintures noires qui effectuent des retraites dans un ashram* ou se rapprochent de maîtres zen, dévoilant de la sorte l'aspect spirituel de leur attirance pour cette nouvelle technique du corps. Nombreux sont ceux qui lisent l'ouvrage de Lily Adams-Beck, *Zenn, amours mystiques.* L'auteure y définit le judo comme « une puissante discipline pour préparer la voie au *satori*, qui est le nom que nous donnons à l'illumination, et qui constitue l'essence même du Zenn. » Dans leur diversité, les judokas se passionnent pour cet Orient mystérieux et méconnu. Des années 1940 jusqu'au début des années 1970, qu'elle soit recherchée ou rejetée, la dimension philosophique est une des caractéristiques fortes de la culture du judo français, un centre d'intérêt accepté, bon gré mal gré, par l'ensemble des pratiquants. La compétition tient alors une place certes grandissante mais toujours réduite et relativisée. Dans le contexte d'un affrontement où les actions n'ont de valeur que dans le strict respect des codes, le judo donne une dimension spirituelle à la performance.

Après la Deuxième Guerre mondiale, porté par la période favorable des « Trente Glorieuses », le judo connaît un essor exceptionnel dans l'espace des sports français. La réduction du temps de travail, l'accès aux loisirs, le souci grandissant du corps et de la santé poussent une partie de la population vers le stade, le gymnase et le *dôjô*. Dans cette croissance globale des pratiques sportives, la progression des arts du Japon s'accélère et les styles se diversifient. En 1947, la venue à Paris d'un expert japonais, Mochizuki Minoru, a ouvert aux professeurs de judo français de nouvelles perspectives. Mochizuki a étudié le judo sous la direction de Kanô Jigorô. Il est aussi un élève direct de Ueshiba Morihei, le fondateur de l'*aïkidô*, et de Funakoshi Gichin à l'origine du style de *karatedô* le plus répandu, le style *shôtôkan*. La révélation de ces nouvelles pratiques encourage certains passionnés à entreprendre de longs séjours au Japon. André Noquet se rend à Tôkyô chez Ueshiba, Jim Alchiek à Shizuoka chez Mochizuki… Ces premiers initiateurs sont à leur tour rapidement suivis par d'autres judokas soucieux d'éclectisme. Claude Hamot, Alain Floquet, Henry Plée s'écartent de leur discipline d'origine. C'est sous leur impulsion que se développent le *kendô*, l'*aïkidô* et le *karatedô*. Alors que le judo s'engage vers la voie sportive, les nouvelles disciplines mettent l'accent sur la dimension culturelle et les valeurs fondatrices des arts martiaux.

Réunies de manière institutionnelle au sein de la Fédération française de judo, ces pratiques ont des destinées diverses. Étroitement liés à l'essor du judo français, la plupart des arts du combat japonais partagent avec la méthode de Kanô Jigorô les mêmes lieux, les mêmes enseignants et les mêmes attentes, celles d'un public en quête de savoir-faire et de savoir-être orientaux. Imprégnés de culture et faiblement concernés par la compétition sportive, l'aïkido et le kendo s'affirment peu perméables aux adaptations culturelles et sociales. Dès le milieu des années 1960, le sacré glisse vers le profane. En judo comme en karaté, la voie sportive devient synonyme de massification et de démocratisation. Pour ces disciplines, malgré les querelles de conceptions, de styles et de personnes, la croissance est au rendez-vous et l'évolution sans retour.

Au début des années 1970, ce sont les arts martiaux de l'Empire du Milieu qui attirent tous les regards. Une première production télévisée américaine, *Kung Fu*, dont David Carradine est le héros, aide à populariser la philosophie qui anime les styles venus de Chine. Suivent les exploits cinématographiques de Bruce Lee et de Chuck Norris. Enrichies du talent des réalisateurs, leurs prouesses scénarisées contribuent largement à diffuser la mystique réinventée qui entoure les arts martiaux. Auréolés du prestige de la civilisation dont ils sont issus, les arts du Japon et de la Chine représentés à l'écran continuent de façonner l'imaginaire collectif des nouvelles générations comme en témoigne les succès d'audience planétaire de *Karate Kid* ou de *Kung Fu Panda*. Cette publicité inattendue sert largement la commercialisation d'un enseignement aujourd'hui suivi par un nombre croissant d'adeptes de plus en plus jeunes.

La question de la définition des arts martiaux surgit à nouveau. Elle porte sur le sens d'une pratique qui se centre sur l'individu, tant sur la personne que sur l'être social, et sur la finalité de l'action, pour mieux se distinguer de la priorité accordée ailleurs à la performance sportive. Ici, l'importance du geste n'est pas dans le résultat, mais dans la quête d'un perfectionnement de soi qu'implique la recherche de l'excellence. Des logiques utilitaires, parfois conservées *a minima,* persistent à habiller les logiques philosophiques, démontrant ainsi la permanence d'un double espoir, celui de pouvoir se défendre et celui de maîtriser au mieux ses actions et ses émotions dans la quête d'une sagesse du corps, résultat mais aussi origine de la sagesse de l'esprit.

Doctrine insolite du corps, le judo et après lui les arts martiaux dans leur ensemble possèdent une altérité absolue et fascinante qui rend l'ailleurs de l'Orient accessible. Parce qu'ils fournissent une alternative aux modèles d'éducation en vigueur, ils revendiquent une préférence de culture. Ils offrent l'expérience d'un exotisme et proposent un autre idéal de l'homme et de la société. Extérieurs à la mesure de la performance et aux activités sportives d'inspiration anglo-saxonne, les arts martiaux affirment leur spécificité culturelle dans des lieux qui affichent la rupture. En délaissant la salle de sport et les directives de l'entraîneur, celles et ceux qui ambitionnent l'efficience et la sagesse du corps ont fait le choix des enseignements d'un Maître dans le cadre ritualisé d'un dojo, la « salle où l'on étudie la voie ».

Pensées Indiennes

Introduction aux philosophies de l'Inde, Marc Ballanfat, Ellipses, rééd. 2017.
L'Hindouisme. Anthropologie d'une civilisation, Madeleine Biardeau, Flammarion, rééd. 2009.
Shankara et la non-dualité, Michel Hulin, Almora, 2017.
Un milliard d'hindous. Histoire, croyances, mutations, Ysé Tardan-Masquelier, Albin Michel, 2007.
Comprendre la culture hindoue, Brigitte Tison, Chronique sociale, 2005.
Dieux de l'Inde. Images et signes, Jean Delmas, CNRS, 2018.
Comment la philosophie indienne s'est-elle développée ? La querelle brahmanes-bouddhistes, Michel Hulin, Panama, 2008.
Aux origines de la philosophie indienne, Johannes Bronkhorst, Infolio, 2008.
La Philosophie indienne. La contribution d'un continent à la vie de l'esprit, François Chenet, Armand Colin, rééd. 2019.
Le Mahâbhârata. Un récit fondateur du brahmanisme et son interprétation, Madeleine Biardeau, Seuil, 2 t., 2002.
Le Mahâbhârata. Conté selon la tradition orale, Serge Demetrian, Albin Michel, 2006.
L'Esprit du Yoga, Ysé Tardan-Masquelier, Albin Michel, 2014.
Petite spiritualité du Yoga, Ysé Tardan-Masquelier, Bayard, 2018.
Le Nouvel Hindouisme occidental, Véronique Altglas, CNRS, 2005.
L'Oubli de l'Inde. Une amnésie philosophique, Roger-Pol Droit, Points, rééd. 2014.
Les Jaïna. Critiques de la mythologie hindoue, Jean-Pierre Osier, Cerf, 2005.
Les Sikhs. Histoire et tradition des « Lions du Panjab », Denis Matringe, Albin Michel, 2008.
Le Jaïnisme. Critiques de la mythologie hindoue, Jean-Pierre Osier, Cerf, 2005.
Géopolitique de l'Inde. Védisme, laïcité et puissance nucléaire, Denis Lambert, Ellipses, 2007.
Politique et religions en Asie du Sud. Le sécularisme dans tous ses états ? Christophe Jaffrelot et Aminah Mohammad-Arif (dir.), EHESS, 2012.
Un autre islam. Inde, Pakistan, Bangladesh, Marc Gaborieau, Albin Michel, 2007.
Les Ismaéliens. Des communautés d'Asie du sud entre islamisation et indianisation, Michel Boivin, Brepols, 1998.
L'Âghâ Khân et les Khojah. Islam chiite et dynamiques sociales dans le sous-continent indien (1843-1954), Michel Boivin, Karthala, 2013.
L'Islam de Chine. Un islam en situation minoritaire, Élisabeth Alès, IISMM-Karthala, 2013.

Bouddhisme

Dictionnaire encyclopédique du bouddhisme, Philippe Cornu (dir.), Seuil, 2006.
Petite histoire du bouddhisme, Jean-Noël Robert, Librio, 2008.
Manuel de bouddhisme. I : Bouddhisme ancien et theravada ; II : Le Bouddhisme mahayana ; III : Le Bouddhisme vajrayana, Philippe Cornu et Louise Bressollette, Éditions Rangdröl, 2019.

Le Bouddha, Véronique Crombé, Desclée de Brouwer, 2000.
Bouddha, Sophie Royer, Gallimard, coll. « Folio », 2009.
Le Bouddha historique. L'époque, la vie et les enseignements de Gotama, Hans Wolfgang Schumann, Sully, 2012.
Les Dieux du bouddhisme. Guide iconographique, Louis Frédéric, Flammarion, rééd. 2001.
50 fiches pour comprendre le bouddhisme, Fabrice Midal et Alexis Lavis (dir.), Bréal, 2011.
Idées reçues sur le bouddhisme, Bernard Faure, Le Cavalier Bleu, 3e éd. 2020.
Les Mille et Une Vies du Bouddha, Bernard Faure, Seuil, 2018.
Souci de soi, conscience du monde, Raphaël Liogier, Armand Colin, 2010.
À la rencontre du dalaï-lama. Mythe, vie et pensée d'un contemporain insolite, Raphaël Liogier, Flammarion, 2008.
Le Bouddhisme mondialisé. Une perspective sociologique sur la globalisation du religieux, Raphaël Liogier, Ellipses, 2004.
https://bouddhanews.fr/

Pensées Chinoises

Les Trois Sagesses chinoises. Taoïsme, confucianisme, bouddhisme, Cyrille J.-D. Javary, Albin Michel, rééd. 2012.
L'Espace de la pensée chinoise. Confucianisme, taoïsme, bouddhisme, Alexis Lavis, Oxus, 2010.
Cent mots pour comprendre les Chinois, Cyrille J.-D. Javary, Albin Michel, 2008.
Paroles de sages chinois, Alexis Lavis, Seuil, 2013.
La Souplesse du dragon. Fondamentaux de la culture chinoise, Cyrille J.-D. Javary, Albin Michel, 2017.
Entrer dans une pensée. Ou Des possibles de l'esprit, François Jullien, Gallimard, 2012, rééd. 2018.
Confucius, Rémi Mathieu, Entrelacs, 2006.
Entretiens, Confucius, traduit par Jean Levi, Les Belles Lettres, 2019.
Confucius. Un sage en politique, Annping Chin, trad. fr. Sylvie Taussig, Seuil, 2010.
Sagesse de Confucius, Cyrille J.-D. Javary, Eyrolles, 2016.
Philosophes confucianistes, Charles Le Blanc et Rémi Mathieu, Gallimard, « La Pléiade », 2009.
Grandir avec Confucius, Cyrille J.-D. Javary, Eyrolles, 2019.
Le Taoïsme. La révélation continue, Vincent Goossaert et Caroline Gyss, Gallimard, 2010.
Le Taoïsme. Chemins de découverte, Pierre-Henry De Bruyn, CNRS Éd., 2014.
L'Usage du vide. Essai sur l'intelligence de l'action, de l'Europe à la Chine, Romain Graziani, Gallimard, 2019.

BIBLIOGRAPHIE

Yin yang. La dynamique du monde, Cyrille J.-D. Javary, Albin Michel, 2018.

Le Discours de la tortue. Découvrir la pensée chinoise au fil du Yi Jing, Cyrille J.-D. Javary, Albin Michel, 2003.

La Question religieuse en Chine, Vincent Goossaert et David A. Palmer, CNRS Éd., 2012.

Bureaucratie et salut. Devenir un dieu en Chine, Vincent Goossaert, Labor et Fides, 2017.

Le Chamanisme. Fondements et pratiques d'une forme religieuse d'hier et d'aujourd'hui, Roberte Hamayon, Eyrolles, 2015.

Le Chamanisme, Michel Perrin, Puf, « Que sais-je ? », 2017.

Voyager dans l'invisible. Techniques chamaniques de l'extase, Charles Stépanoff, La Découverte, 2019.

La Chamane à l'éventail. Récit de vie d'une mudang coréenne, Alexandre Guillemoz, Imago, 2015.

L'Art de la méditation, Matthieu Ricard, Nil, 2008.

La Méditation, Fabrice Midal, Puf, « Que sais-je ? », rééd. 2014.

3 minutes à méditer, Christophe André, L'Iconoclaste, 2017.

Plaidoyer pour l'altruisme. La force de la bienveillance, Matthieu Ricard, Nil, 2013.

Foutez-vous la paix ! Et commencez à vivre, Fabrice Midal, Pocket, 2018.

Précis de médecine chinoise, Éric Marié, Éditions Dangles, 2008.

Le Tai chi chuan, Marianne Plouvier, Bruno Gérentes, Puf, « Que sais-je ? », 2012.

Les Racines du judo français. Histoire d'une culture sportive, Michel Brousse, Presses universitaires de Bordeaux, 2005.

Ashram
Lieu de retraite ou de résidence d'un *gurû*. Les aspirants s'y engagent dans l'étude religieuse.

Âtman
« Souffle », substrat de l'individu qui a vocation à se fondre dans le *Brâhman*.

Âyurveda
Sagesse originaire de l'Inde, aujourd'hui pratiquée dans d'autres parties du monde comme médecine non conventionnelle puisant ses principes dans les Veda.

Bhakti
Dans l'hindouisme, pratique de dévotion intense, qui consiste à s'abandonner au Seigneur suprême.

Bhagavadgîtâ
Portion de l'épopée du *Mahâbhârata* dans laquelle la divinité Krishna (avatar – incarnation – de Vishnou, aujourd'hui vu par certains courants hindous comme le dieu suprême) instruit son disciple Arjuna sur la nature du divin, l'Univers et le Soi.

Bodhisattva (japonais *Bosatsu*)
Terme signifiant Être d'Éveil. Caractéristiques des bouddhismes mahâyâna et vajrayâna, ces entités sont des êtres en mesure d'atteindre l'état de Bouddha, qui choisissent de retarder leur accès au *nirvâna* afin d'aider les autres à progresser vers la délivrance. Puissances protectrices vénérées comme autant de divinités, les nombreux *bodhisattva* sont regroupés en véritables panthéons.

Bouddha(s) (japonais *Butsu*)
Au singulier, le Bouddha (« l'Éveillé ») est l'homme qui posa les fondements du bouddhisme voici vingt-cinq siècles. Au pluriel, le terme désigne ceux qui ont réussi à atteindre l'éveil. À leur mort, ils peuvent ainsi s'affranchir du cycle douloureux des réincarnations et parvenir au nirvâna, l'extinction.

Bouddha Shâkyamuni
Dans le bouddhisme, un bouddha est un humain qui a atteint l'état d'Éveil. Shâkyamuni, ou le « sage de la tribu des Shâkya », dit aussi le Bouddha « historique » ou Siddhârta Gautama/Siddhâttha Gotama, est un bouddha qui a choisi d'enseigner à ses disciples, pour qu'ils en fassent part à l'humanité, la voie de la Délivrance, acte à la base de la religion bouddhique.

Brâhman
En hindouisme et bouddhisme, avec une majuscule, l'« Absolu », le « Tout », unité cosmique et principe suprême de l'univers. Avec une minuscule, en contexte hindou, *brâhman* (pluriel *brâhmana*) réfère aux savoirs védiques détenus par les brahmanes.

Brahmane
Membre de la classe sociale des prêtres hindous.

Calife
En arabe, « successeur », personne ayant vocation à exercer le rôle de commandeur des croyants, en héritier de Mahomet.

Chi'isme

Rameau de l'islam qui estime que le calife doit être un descendant de 'Alî, cousin et gendre de Mahomet, héritier de son charisme. Il s'oppose en cela au sunnisme. Le chi'isme est divisé en plusieurs rameaux suivant le nombre d'imams (descendants par générations successives de 'Alî) dont il se revendique (cinq pour les zaïdi, sept pour les ismaéliens, douze pour les duodécimains).

Classiques chinois

Corpus de livres canoniques rédigés depuis l'Antiquité, dont les commentaires s'étendent à de multiples aspects de la vie sociale ou du développement personnel.

Darshana

Concept hindou des six points de vue sur le monde, permettant de classifier les écoles de pensée de l'hindouisme, leur attribuant une spécialité théorique, en les présentant par paires : **Nyâya** (tourné vers la logique et le raisonnement)/ **Vaisheshika** (spéculant sur la cosmologie et dressant des catégories de l'être) ; **Sâmkhya** (système dualiste axé sur la connaissance des principaux constituants de l'univers et de l'individu)/ **Yoga** (terme sanskrit renvoyant à l'idée d'« union ») ; **Purvamîmâmsâ** (exégèse des Veda, traite des rituels, des sacrifices et du Dharma)/ **Uttaramîmâmsâ** ou **Vedânta** (« achèvement des Veda »).

Déobandisme

Courant de réforme traditionaliste de l'islam sunnite, apparu au nord de l'Inde et au Pakistan en réaction au colonialisme britannique, qui inspire aujourd'hui les talibans afghans et d'autres groupes conservateurs du Monde indien.

Dharma

Terme sanskrit utilisé dans les religions dérivées du védisme. Dans l'hindouisme, ordre socio-cosmique que le brahmane a le devoir de maintenir par ses actes sacrificiels. Dans le bouddhisme, enseignement du Bouddha, souvent défini par extension comme la Loi bouddhique, expliquant le fonctionnement du cosmos et de l'esprit.

Éveil

Finalité du bouddhisme, par laquelle le sage parvient à un état de compréhension du monde lui permettant d'échapper au *samsâra* et de dissoudre son individualité dans le *nirvâna* (délivrance).

Falungong

Groupe de qi gong fondé par Li Hongzhi en 1992, qui s'orienta vers un discours millénariste et contesta le Parti communiste en 1999, déclenchant une féroce répression.

Feng shui

Art chinois d'inspiration taoïste édictant des prescriptions visant à harmoniser l'énergie environnementale d'un lieu, de manière à favoriser la santé, le bien-être et la prospérité de ses occupants.

Gurû

Terme sanskrit, désignant dans le monde indianisé un maître religieux qui initie des disciples et les guide dans leur vie spirituelle.

Ismaélisme
Rameau de l'islam chi'ite, qui reconnaît sept *imâm* (successeurs du Prophète en ligne directe via 'Alî).

Kami
Terme japonais qui désigne une divinité vénérée dans le cadre du *shintô*. On dit volontiers qu'il existe huit cents myriades de *kami*, qui sont l'esprit de sources, rochers, arbres, phénomènes naturels, ancêtres divins, mais aussi divinité de tel ou tel lieu dont le rayonnement peut s'étendre à tout le Japon...

Karma/Karman
En hindouisme, bouddhisme, jaïnisme, tout acte entraînant un asservissement au cycle des réincarnations.

Mahâbhârata
Épopée sanskrite de la mythologie hindoue. Ce livre sacré, qui relate la guerre à laquelle se livrent deux branches d'une famille royale (Pândava et Kaurava), est un des fondements mythiques de l'hindouisme.

Mantra
En hindouisme et bouddhisme, formule courte qu'il faut répéter en vue d'entrer en méditation. La plus célèbre est la syllabe AUM.

Mâyâ
Dans les religions issues du védisme, illusion cosmique qui conduit l'homme à penser que l'Univers est constitué de ce qu'il saisit avec ses sens, l'empêchant d'accéder au *Brahman*.

Nirvâna
Dans les religions issues du védisme, état d'extinction du désir et donc de cessation de la souffrance.

Pâli
Langue indo-aryenne autrefois parlée en Inde, aujourd'hui utilisée comme langue liturgique dans le bouddhisme theravâda.

Paria
Nom d'une des castes d'« intouchables » du sud de l'Inde. Popularisé à l'époque des premières missions chrétiennes, il a depuis pris un sens international pour désigner les exclus du système des castes, qui préfèrent à présent être appelés *dalits* (opprimés). Gandhi parlait des *harijan* (fils de Dieu). En raison de mesures de discrimination positive, ils sont aujourd'hui désignés comme SC *(scheduled castes)*.

Patañjali
Compilateur du recueil des *Yoga sûtra*, ce sage indien aurait vécu vers le 4e siècle de notre ère.

Qi gong
Terme chinois devenu d'usage courant depuis les années 1950 pour désigner un grand nombre de techniques du corps, de la gymnastique au contrôle du souffle en passant par la méditation et les arts martiaux, jusqu'à la maîtrise de forces paranormales.

Râmakrishna
Ce mystique bengalî hindou (1836-1886) professait que « toutes les religions recherchent le même but » et plaçait la spiritualité au-dessus du respect des rites.

Reiki
Technique de soins alternative, mise au point dans les années 1920 par le guérisseur et mystique japonais Usui Mikao, Le reiki repose sur l'idée, nourrie d'influences bouddhiques, que le corps est parcouru par des énergies dont il convient de réguler le flux par des pressions manuelles.

Religion chinoise
Ensemble pluraliste, non organisé mais cohérent de pratiques et de représentations, comprenant des traditions instituées et lettrées (taoïsme, bouddhisme, confucianisme), des cultes aux saints locaux, des rituels communautaires et des pratiques de perfection de soi.

Samsâra
En hindouisme, bouddhisme et jaïnisme, cycle des renaissances d'un individu, conditionnées par le *karman*.

Sangha
Terme bouddhique synonyme de communauté, il désigne tantôt:
1) le groupe formé par les saints bouddhistes;
2) la communauté monastique bouddhique (qui à l'origine rassemble les hommes nés nobles, prononçant les vœux et se rapprochant ainsi de l'Éveil);
3) l'ensemble des croyants bouddhistes.

Sanskrit
Langue du Veda, de la prêtrise et des textes. Diverses langues indo-européennes sont parlées dans les régions du nord de l'Inde. Les locuteurs du sanskrit védique seraient des migrants qui ont occupé le nord-ouest du sous-continent vers les 2e et 1er millénaires avant notre ère. Au sud de l'Inde, les langues « dravidiennes » (à l'origine incertaine) ont intégré une partie du vocabulaire sanskrit.

Soufi/Soufisme
Branche mystique de l'islam. On englobe sous ce terme de nombreuses écoles, qui offrent à leurs adeptes des voies actives de recherche spirituelle, par exemple la transe ou le culte des saints, rejoignant en bien des points des démarches similaires de l'hindouisme.

Sunnisme
De l'arabe *sunna* (tradition), rameau majoritaire de l'islam, qui défend que le calife doit être désigné par la communauté des croyants comme le plus sage d'entre les musulmans. Les sunnites regroupent 80 à 90 % de la population musulmane actuelle.

Sûtra
Terme usité dans le bouddhisme et l'hindouisme pour désigner un texte canonique, et par extension tout traité, religieux ou non.

Swâmi
Dans un contexte hindou, titre de respect placé avant le nom d'un moine ou d'un renonçant (ermite).

Tao/Dao

Terme de spiritualité chinoise, souvent traduit par le mot Voie, le Tao qualifie le cours que suivent tous les êtres dans leur processus d'avènement et de disparition.

Trois Joyaux

Bouddha (Shakyâmuni), *Dharma* (voie que le Bouddha a montrée) et *Sangha* sont les trois soutiens fondamentaux dans lesquels tout bouddhiste prend refuge pour le guider vers l'Éveil.

Upanishad

Ensemble de textes métaphysiques hindous sur le sens de la vie et la nature de l'univers.

Veda

Mot sanskrit signifiant « savoir », « vision », « gnose », il désigne une somme de quatre livres saints, mémorisés il y a environ vingt-cinq siècles en regroupant les commentaires qui en ont été faits. Ce corpus repose sur un ensemble d'hymnes (éloges aux dieux et aux princes) et de spéculations sur les règles du culte et notamment sur le sacrifice. Considéré comme Révélation pour l'hindouisme, le Veda n'a pas le statut de dogme, ce qui en autorise de multiples lectures. En dérive le terme de védisme, substrat cultuel commun des religions issues de l'Inde : brahmanisme/hindouisme, bouddhisme, jaïnisme… Toutes postulent que l'univers est cyclique, et que l'âme est enchaînée à un cycle de réincarnations infinies qu'il faut trouver moyen d'abroger.

Vedânta

Un des six *darshana*, signifie littéralement « Fin des Veda », réinterprétation des principes essentiels des Veda à la lumière de la révélation des *Upanishad*.

Vishnouiste

Adepte du dieu hindou Vishnou. Associé au sacrifice rituel, Vishnou est associé aux dieux Brahma et Shiva pour constituer la *Trimourti* (dite aussi « trinité hindoue »). Une interprétation fréquente présente cette association comme symbolisant le cycle de la vie : Brahma crée, Vishnou préserve, Shiva détruit.

Wahhabisme

Courant ultraconservateur de l'islam, développé en Arabie saoudite en réaction au colonialisme occidental.

Yin/yang

Dans la philosophie chinoise, le yin et le yang forment une catégorisation dualiste, que l'on peut retrouver dans tous les aspects de la vie et de l'univers. Dans le symbole associant classiquement yin et yang, le yin, tracé en noir (parfois en bleu), représente entre autres le féminin, la Lune, le sombre, le froid, le négatif, etc. Le yang, en blanc (parfois en rouge), figure entre autres le masculin, le Soleil, la clarté, la chaleur, le positif, etc. Cette dualité est associée à une longue série d'oppositions complémentaires.

Yoga

Vus aujourd'hui en Occident comme des techniques de développement personnel, les *yoga* indiens sont initialement un ensemble de démarches visant à se détacher du monde.

Ce livre est une version revue et augmentée des Grands Dossiers des Sciences Humaines, n° 51, *Les Sagesses orientales* (juin-juillet-août 2018).

Achevé d'imprimer en octobre 2020 par la SEPEC - 20917200643
Dépôt légal : troisième trimestre 2020

IMPRIM'VERT®